俾彌呼と神武天皇

瓶姜と衛懿公

山田　勝

目録

第一章

俾彌呼相関図

　瓶姜（俾彌呼）は三国志巻四　魏書四　三少帝記第四　四年春正月、帝加元服、賜羣臣各有差。で始まり……冬十二月倭國女王俾彌呼遣使奉獻。に登場します。同じく三国志　魏書三十　烏丸鮮卑東夷傳第三十には、倭人在帯方東南大海之中、……其國本亦以男子為王、住七八十年、倭國亂、相攻伐歷年、乃共立一女子為王。名曰卑彌呼、事鬼道、能惑衆、年已長大、無夫婿、有男弟佐治國。自為王以來、少有見者。

　倭（倭 Wō）人は帯方（Dài fāng）の東南（Dōngnán）の海の中に在ります。……其の国本は亦に以って男子（景行天皇）が王を為す、住むこと七、八十年、倭国は混沌としている、相攻撃相伐は暦年続く、再び一人の女子（俾彌呼・瓶姜）が女王に為る。大和の磯城で俾彌呼は王に為るが私は本当の王では無いと言って娘の神功皇后に後を託し妹の文昭瓶皇后（瓶蜜）の待つ魏に還ります。名前は曰はく卑彌呼、鬼道、鬼神道、天空夜叉、地獄道、餓鬼道、畜生道で事を進める、民衆は鮮卑の檀石槐（137〜181年）が鬼道で国を治める：困惑する、己は歳をとっている、夫はいない、卑弥呼（袁紹の后、劉）には国を治めるため手助けする弟（買尊・素盞鳴）がいる。自ら国王（景行天皇）の后（卑彌呼・瓶姜）に為る、少数の者が知っている。

　無夫婿＝独身です。夫は袁譚です、がここでは既に亡くなっていると答えていますが、俾彌呼は夫袁譚と南皮に向かう途中、譚は斬られ妻子

3

刺殺と三国志には載っています。父の安國亭侯袁基が董卓に宮殿で襲われた時から袁譚はいなかったことが分かります。記載はされていませんが事件時に長男袁譚は何処に居たのでしょうか？　董卓がみすみす長男の袁譚を見逃すわけはありません。三国志では俾彌呼と卑彌呼は同一人物で書かれていますが、初めの卑彌呼（劉夫人）が亡くなりその後に俾彌呼（瓶姜）が現れて天岩戸の話として長く語り継がれています。

　卑彌呼（劉夫人）は袁紹の后、俾彌呼（瓶姜）は袁紹の兄の袁基の長男の嫁、それに加わっているのが袁基の末っ子、袁譚の弟の買（須佐能袁）です。瓶姜は日本でことを成し遂げ妹（文昭瓶皇后）の待つ魏に劉夫人と須佐能袁を杵築神社（出雲大社）にお祀りし帰ります。

　以婢千人自侍、唯有男子一人給飲食、傳辭出入。居處宮室樓觀、城柵嚴設、常有人持兵守衛。女王國東渡海千餘里、復有國、皆倭種。又有侏儒國在其南。人長三四尺。去女王四千餘里。又有裸國、黑齒國復在其東南、船行一年可至。參問倭地、絕在海中洲島之上、或絕或連、閻旋可五千餘里。

　以って婢（戦争未亡人）千人が仕える、唯一人の卑弥呼に飲食を世話する男子（男装の瓶姜）がいて、事を伝えたりする。居る處は見晴らしの良い宮室、城柵は厳しく設置している、常に人がいて守備兵が待機している。女王国から東に向かって海を千餘里渡ると、和解している国（大和・纏向）がある、皆倭の人。又は其の南に小人の国が在る。人の身長は三〜四尺。女王が四千餘里行きますと。又、東南に複数の裸人の国、歯を黒くした国が在る、船で行くと一年はかかる。倭の地かと尋ねると、之は海の上に在る絶壁の洲島、或いは絶壁、或いは連なる、まわると五千餘里ととんでもない距離。

　景初二年六月。倭女王遣大夫難升米等詣郡、求詣天於朝獻、太守劉夏遣吏將送詣京都。其年十二月、詔沼書報倭女王曰：制詔親魏倭王卑彌呼：帶方守劉夏遣使送汝大夫難升米、次使都市牛利奉汝所獻男生口四人、女

4

生口六人、班布二匹二丈、以到。

　景初二年六月（238年6月）。倭女王遣す大夫難升米（米の研究者・難姓は鮮卑の姓）等群に詣でる。捧げる未知の相手を求めて向かって詣でる、太守劉夏（Liú xià）を遣わし官史と将軍を送り京都（三國の魏で以って長安、譙、許昌、鄴、洛陽で五都）に詣でる。その年12月、皇帝（曹叡・明帝：俾彌呼［瓶姜］の妹の瓶蜜・曹叡の生母文昭瓶皇后）に勅令を報じる女王曰く：布告親魏倭王卑彌呼：帯方の守劉夏が大夫難升米を使者として送る、次に牛利（牛の利用を研究する人）を都の市に使わす、汝（瓶蜜）の所には男生口四人、女生口六人（生口は宮殿で働く人）、班布二匹二丈を奉じる、以って至る。

　二人の難升米と牛利の説明をしますと、
　汝來使難升米、牛利渉遠、道路勤勞、今以難升米為率善中郎將、牛利為率善校尉，假銀印青綬，引見勞賜遣還。

　難姓：主な源の要は鮮卑族、出自は古鮮卑族の吐難氏部族、属は以って於ける部族名稱為氏。
　難：難しい　…したくない　厄介だ　……を困らせる　可能性がひくい　難：災難　災い
　升：上がる　昇
　米：米　もみ殻を取り去った穀物
　灘升米は精米を考え昇進した。牛利は牛の利用を考え昇進した。と訳して見ました。
　当然三国志魏書三十　倭の項は人の名を隠しています、未知の地、どの様な敵がいるか注意がいります。難は鮮卑性で、鮮卑の檀石傀が鬼道で以って国を治めます。俾彌呼もそれに習って同じことをしています。

　汝所在逾遠、乃遣使貢獻、是汝之忠孝、我甚哀汝。今以汝為親魏倭王、

假金印紫綬、裝封付帶方太守假授汝。其綬撫種人、勉為孝順。汝來使難升米、牛利涉遠、道路勤勞、今以難升米為率善中郎將、牛利為率善校尉、假銀印青綬、引見勞賜遣還。今以絳地交龍錦五匹、絳地縐粟罽十張、蒨絳五十匹、紺青五十匹、答汝所獻貢直。又特賜汝紺地句文綿三匹、細班華罽五張、白絹五十匹、金八兩、五尺刀二口、銅鏡百枚、真珠、鉛丹各五十斤。皆將封付難升米、牛利還到錄受。悉可以汝國中人、使知國家哀汝、故鄭重賜汝好物也。正治元年、太守弓遵遣建中校尉儁等奉詔書印綬詣倭国……其四年、倭王複遣使大夫伊聲耆、掖邪狗等八人、上獻生口、倭錦、絳青縑、綿衣、帛布、丹木、犿、短弓矢。掖邪狗等壹拜率善中郎將印綬。其六年，詔賜倭難升米黃幢、付郡假授。其八年、太守王頎到官。倭女王卑彌呼與狗奴國男王卑彌弓呼素不和、遣倭載斯、烏越等詣郡說相攻擊狀。

　汝の所は遠く限界を超えて在る、再び貢献に使者を遣わす、是汝之忠孝、我は甚だ汝が哀しい。今以って汝が親魏倭王と為す、假（同じような品）の金印を紫綬、封をして帶方太守から假を汝に授ける。其の平安な人々、従順に勉め為せ。汝の使い難升米が來たる、牛利（牛の利用法を調べる人）も共に遠くから、道中はゆっくりと、今以って難升米は率善中郎將と為す、牛利は率善校尉と為す、假銀印青綬、遣いは引見の勞を賜わり還る。今以って絳地交龍錦五匹、絳地縐粟罽十張、蒨絳五十匹、紺青五十匹、答汝所獻貢直。又特に賜る汝の紺地句文綿三匹、細班華罽五張、白絹五十匹、金八兩、五尺刀二口、銅鏡百枚、真珠、鉛丹各五十斤。皆將封付難升米、牛利は錄を受け還るに到る。以って汝の國の並みの人に示せば分かってくれる、知ると汝の国家を哀れむ、故に汝の好物なので丁重に賜る。正治元年、太守弓遵（〔？―245或246年〕三國時代魏帶方郡の太守）。遣建中校尉儁（Jùn）等奉詔書印綬詣倭国……其四年（243年）、倭王複遣使大夫伊聲耆（yī-shēng-qí）、掖邪狗（Yē xié gǒu）等八人、上獻生口（宮廷で働く人）、倭錦、絳青縑、綿衣、帛布、丹木、犿、短弓矢。掖邪狗（Yē xié gǒu）等壹拜率善（Yī bài lǜ shàn・白日依山 Bái rì yī shān）中郎將印綬。其六年，詔賜倭難升米（米の研究者）黃幢、付郡假授。其八年、太守王頎（三

國時代魏國將領）到（玄菟郡）官。倭女王卑彌呼（瓶姜）與狗奴國（熊本）男王卑彌弓呼（劉封）素不和、遣倭載斯（Zài sī）、烏越等詣郡説相攻撃狀。

遣塞曹掾史張政等因齎詔書、黄幢、拜假難升米為檄告之。卑彌呼以死、大作家、徑百餘步、徇葬者奴婢百餘人。更立男王、國中不服、更相誅殺、當時殺千餘人。復立卑彌呼宗女壹與、年十三為王、國中遂定。政等以檄告喻壹與、壹與遣倭大夫率善中郎將掖邪狗等二十人送政等還、因詣台、獻上男女生口三十人、貢白殊五千孔、青大句珠二枚、異文雜錦二十匹。

遣塞曹掾史（官命、漢王朝と魏王朝の国境郡を設置し婢、使節を派遣するよう命じられる）張政等貢献のため詔書、黄旗、拜假灘升米為檄告喻之。卑彌呼（劉）以って死、大きな家をつくる、徑百餘り步く、葬儀を奴婢百餘人で行う。更に立つ男王、國中は不服、更に相手を誅殺、當時殺されたのは千餘人。再び卑彌呼（瓶姜）の宗女壹興が立つ、年は十三で王に為す（男子 15 歳女子 13 歳で結婚する）、國中説定する。政等以檄告喻壹與、壹與遣倭大夫率善中郎將掖邪狗等二十人送政（Zhèng）等還、因詣台、獻上男女生口三十人、貢白殊五千孔、青大句珠二枚、異文雜錦二十匹。更に立つ男王と云えば成務天皇になります、景行天皇は親戚関係を多く作り其の為に多くの女性と婚姻関係をつくっています。言わば皇位継承権は多くの人がもっていますから、当然、倭国大乱はあったでしょう。

日本の豊後国風土記には：日田郡　郷伍所里一十四　駅壱所昔者　纏向日代宮御宇大足彦皇　征伐球磨贈於　凱旋之時発筑後国生葉行宮　幸於此郡　有神名袁久津媛　化而為人参迎　弁増國消息　因斯袁久津媛之郡　今謂日田郡者　訛也。

有神名袁久津媛（比佐津媛）とあります。袁（爰）の文字が見えます。宮殿から避難できなかった劉は天災によって命を落とします。災害の証の一つは有明海です。遠浅の海岸は何処でも砂地ですが有明海は泥が湾

に流れ込み泥が溜まっている浅瀬です。火山の噴煙か上流から多量の泥が流れ込んだのでしょうか、他の地域では見られない現象で一度でなく数回かも知れません。長い年月が過ぎています。その時には瓶姜は何処に居たのでしょう？　同じ場所ではありません。

　葬儀を行った人々も何処から来たのでしょうか？　埋葬者によって無い遺体を埋葬されています、此れは二度と同じ事故が起きたら困りますから大分の日田に移した？　もしくは災害の後には御遺体は既に無かった。または後始末の葬儀を行った人が亡くなった人を許せなかった。まだまだ様々な理由があるでしょう。卑彌呼と本名を伏せているのも少しは納得できます。

　劉が亡くなり瓶姜が次の俾彌呼です、此の話が天岩戸として長く語り継がれました。この文書の要点は "唯有男子一人給飲食、傳辭出入" ほとんど宮室で暮らしている卑彌呼（劉）の世話を何故、近親者の男子がするのか、文章の流れとしても不自然ですし "以婢千人自侍" "卑彌呼以死、大作家（劉の永眠の家を作る、古代文章で使われている文字に決められた正確な読みはありません。前後の文章を鑑みてその文字を理解します。）、徑百餘歩、徇葬者奴婢百餘人。" 婢が千人も共に来ているのに何故に奴婢百餘人で葬式を行うのか？　時代と所に依って奴婢と婢は違っています奴婢は初めから雑役仕事をしていますが婢は成人してから雑役をしています、多くの婢は災害で亡くなったから奴婢で葬儀を決行したことを表しています。ただ、書によっては奴も婢も意味がはっきりと分かれていません、徇葬者は葬儀を行った人のことです。幸いなことに方形墓陵が近年北方民族の地域で多く発見されています、この発掘された墓陵が卑彌呼の永眠の家です。

"景初二年六月。倭女王遣大夫難升米等詣郡、求詣天於朝獻、太守劉夏遣吏將送詣京都。"

　景初二年六月は曹丕から幼帝曹叡に権力が移りますが曹叡の生みの親

である文紹瓶皇后が実権を握ります。俾彌呼（瓶姜）は妹に倭で暮らした生涯を伝えて妹の居る魏に帰りますが、倭に残した、共に倭に来て既に亡くなった劉と買を木次大社（出雲大社）にお祀りして我が身は共に来た三人ではなくて一人で魏に帰ります。

　此の三国志の物語は乱れた漢末時代に否応なく戦乱に巻き込まれ倭に渡り数奇な運命に翻弄され、共に倭に渡ってこの地で亡くなった二人（天照大神：須佐能袁）を残し後ろ髪を惹かれながら晩年に妹（文昭瓶皇后）が待つ故郷に帰った女性（瓶姜）の物語です。

　もしも漢が平穏なら瓶姜：俾彌呼・中山無極人は宮殿で優雅な日々を過ごし、何不自由なしに、高官と言われた東漢の安國亭侯袁基を義父に、袁基の長子の袁譚は夫で、その弟は袁買・素戔烏と名門の一人の女性で生涯を終えたでしょう。東漢王朝末の宮殿内は権力闘争にあけくれ地方政府の指示に民衆は苦難な生活を強いられます、此れを張角、張梁、張寶兄弟三人が祈祷（太平道）に依って信者を集めます。

　黄巾の乱は張角が 184 年（嘉子年）に蜂起しますが、9 ケ月の反乱は北京近郊で鎮圧されました。黄布の乱を制圧するために漢の霊帝は地方の軍閥や政府に力を持たせ各地で収拾できていない黄布族の制圧を任せますがそれがかえって軍閥に力をつけさせてしまい混乱は東漢末期まで続き、権力を各地に委譲政策により各地の英雄が権力を持ち衝突を繰り返し東漢王朝の最期まで混乱が続き沈静化が出来ませんでした。

　瓶姜（俾彌呼）は安国亭侯袁基の長史袁譚の后です。譚の弟が買（素戔鳴）です。幼少で日本に来ていますので三国志では買未詳と称されていますが日本では多くの書に記載されています。漢王朝末期 189 年に袁基は当時権力を握っていた董卓に殺されます。買は女官によって童女に扮し瓶姜と共に脱出し遥か遠く離れている烏丸の爰に居を構えている袁基の弟、袁紹の元に避難し袁紹が挙兵すると南に移動します。

　三国志では袁紹が挙兵をしたとき、袁紹、自統に袁譚が袁紹幕府長史の位で曹操と袁紹が覇権を争う官渡の戦いに参加します。此処も疑問です。袁譚なら将軍の位です。何故、幕府長史なのか？　幕府長子は中国

でも分かっていません。私流の幕府を分解して訳してみました。幕と布、戦場の幕で囲った作戦本部や兵士の休むところ等の年長者となりました、董卓が宮殿を包囲し袁基を殺しますが、おめおめと董卓が息子の袁譚を見逃がしますか？　袁譚の后の瓶姜が男装し参戦しているなら話の辻褄が会いますし袁紹が敗れて残った兵を連れて帰りますが袁譚（瓶姜）だけ曹操の元に残します。曹操は袁譚に冀州の刺史（知事）を任せますが、本当の袁譚ならありえません。女性だから瓶姜だから郁々は我が男子に嫁がせば良いだけの話です。それに瓶姜は青州の刺史まで経験しています。

　三国志巻三十二　蜀書二　先主傳第二から
　先主走青州。青州刺史袁譚、先主故茂才也、將步騎迎先主。先主隨譚到平原、譚馳使白紹。紹遣將道路奉迎，身去鄴二百里、與先主相見。　：魏書曰：備歸紹，紹父子傾心敬重。：駐月餘日，所失亡士卒稍稍來集。曹公與袁紹相拒於官渡、汝南黃巾劉辟等叛曹公應紹。紹遣先主將兵與關等略許下。關羽亡歸先主。曹公遣曹仁將兵擊先主、先主還紹軍、陰欲離紹、乃說紹南連荊州牧劉表。紹遣先主將本兵復至汝南、與賊龔都等合、衆數千人。曹公遣蔡陽擊之、為先主所殺。

　宮廷から逃れて袁家に逗留している瓶姜（俾彌呼）は袁紹の命令で青州刺史をしていますと、三国志では劉備（先主）が兵を連れて青州の袁譚を見舞いに来ます。民衆は大歓迎でそのままに一月以上、劉備一行は逗留します。袁譚と劉備は何の繋がりもありませんが青州の民衆も瓶姜も劉備も既に亡くなった國（地域）、中山の人達です。
　三韓征伐の宝物も乳児を抱える神功皇后が短期間で手に入れることは不可能です。この話も三国史巻一　魏書一　武帝操に載っています。袁紹が病で亡くなり曹操が墓を作り劉に袁家の宝物は還し、その他を与えます。文章の終わりの方に記載されています。

九年春正月、濟河、遏淇水入白溝以通糧道。二月、尚復攻譚、留蘇由、審配守鄴。公進軍到洹水、由降。既至、攻鄴、為土山、地道。武安長尹楷屯毛城、通上黨糧道。夏四月、留曹洪攻鄴、公自將擊楷、破之而還。尚將沮鵠守邯鄲、沮音菹、河朔閒今猶有此姓。鵠、沮授子也。又擊拔之。易陽令韓範、涉長梁岐舉縣降, 賜爵關內侯。五月、毀土山、地道、作圍塹, 決漳水灌城: 城中餓死者過半。秋七月、尚還救鄴, 諸將皆以為 "此歸師、人自為戰, 不如避之"。公曰: "尚從大道來, 當避之: 若循西山來者, 此成禽耳。"尚果循西山來, 臨滏水為營。曹瞞傳曰: 遣候者數部前後參之。皆曰 "定從西道、已在邯鄲"。公大喜、會諸將曰: "孤已得冀州, 諸君知之乎？" 皆曰: "不知。"公曰: "諸君方見不久也。"夜遣兵犯圍, 公逆擊破走之、遂圍其營。未合、尚懼。故豫州刺史陰夔及陳琳乞降、公不許、為圍益急。尚夜遁、保祁山、追擊之。其將馬延、張顗等臨陣降、衆大潰、尚走中山。盡獲其輜重、得尚印綬節鉞、使尚降人示其家、城中崩沮。八月、審配兄子榮夜開所守城東門內兵。配逆戰、敗、生禽配、斬之, 鄴定。公臨祀紹墓、哭之流涕: 慰勞紹妻（劉・卑彌呼）、還其家人寶物、賜雜繒（絹織物）絮、廩（米・栗）食之。孫盛雲:

　曹操が袁紹の墓を作り袁家の宝物（三韓征伐のお宝）その他を持たせて倭に卑彌呼（劉）、俾彌呼（瓶姜）、須佐能袁（袁買）と奴婢 1000 人（袁紹が北部の覇権を握るための戦争未亡人を含む）と倭の吉野里に送り出します。残した息子の熙と尚は烏丸の首領蹋頓の所に逃げ込みますが曹操の討伐によって柳城迄追われ闇夜に脱出するも遼東太守の公孫康に捕らえられて殺されます。曹操は無念だったでしょう、折角柳城迄追い詰め、闇夜に脱出させたのに南に下るとは思っていなかったでしょう。その地区には親を袁紹に殺された公孫康が居たのです。二人の首級を持ってきた公孫康を曹操はどんな思いで会ったでしょうか。漢書、後漢書では曹操を悪く捉えています。袁家は漢の高官を出した家柄です。それを滅ぼしたのですから曹操の評価が悪いのは仕方がありません。

　卑彌呼・劉一行は佐賀の吉野里で居城を構えます。天災で卑彌呼と婢

は亡くなり一部生存者で葬儀を済ませます。俾彌呼・瓶姜は豊・神功皇后と倭武・大和健、それに袁買・須佐能袁と仲哀天皇亡き後に穴戸から播磨国で皇位継承戦を麛坂皇子と争い、俾彌呼は豊（神功皇后）を前面に立てて破り大和国に行きます。大和磯城の瓶姜は仲哀天皇から応神天皇まで少し天皇の在位が空き、その間は女王（皇帝を三国志では王にしています）として君臨します。応神天皇が皇位に就くと私は本当の王では無いと言って妹（文昭瓶皇后）が君臨する魏に向かいますが、共に来た叔母の劉、義弟の買も帰るときは既に居りません。遠く離れた故郷の烏丸が晴れ渡ったら見えて一望できる背の高い社を買が暮らした出雲国に造って帰ります。そこで倭で暮らした俾彌呼の相関図を書いてみました。

　　瓶姜……袁紹：袁紹の兄の袁基の長男袁譚の后、三国志では名を伏せた主人公です。娘神功皇后に後を任せ文昭瓶皇后の元に戻りますが、妹に味方し女族と戦い、帰っても大人しくしていません。

　　瓶姜……曹操：官渡との闘いの後、冀州の刺史（知事）を任せられ三国志では袁譚ですが、袁譚は父と共に早く命をおとします。

　　瓶姜……劉備：同じ中山の人です。袁紹から青州の知事を任せられる。劉備が青州の知事に為った袁譚に見舞いに行きますが、袁譚と劉備は関係が無く、瓶姜だから劉備が兵を連れてきたのです、百姓が歓迎します、何故なら百姓（民衆）も中山の人達です。

　　瓶姜……劉封：倭では卑彌弓呼で、劉備の養子の息子です。伊勢神宮では月読帝、斎王として小さなお社で祀られています。魏に帰り、魏の叡の後に斎王になります。

　　瓶姜……瓶蜜・文昭瓶皇后：3人兄弟5人の姉妹の一人で瓶姜が長女です。文は文帝の妻、昭は袁紹家の昭、始めの夫は袁熙で曹丕に奪われ曹丕との間のお子が曹叡で実権を握ります、袁瓶は姓名。

　　瓶姜……景行天皇の妃。景行天皇は多くの妃を抱えることで姻戚関係を増やしていきます。

　　瓶姜……倭武（ヤマトタケル）と壹興（神功皇后）の母。瓶姜は倭に到着

し暮らし始めた時期は二十歳前後。

　瓶姜（俾彌呼）と袁紹の后、劉（卑彌呼）と壹興は宋女（同族）になりますが、瓶姜は中山人で劉は漢人で壹興は倭で生まれたので倭人です。

俾彌呼の系図（紀元2世紀）

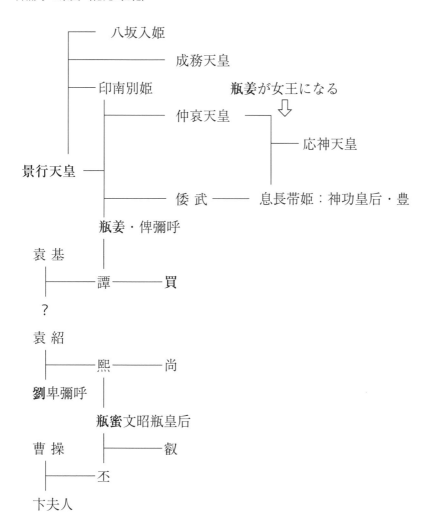

仲哀天皇（大碓）

倭武（小碓・日本健・播磨国の印南別姫が育てる・常陸国では天皇）伊吹山で自害）

息長帯姫（神功皇后・息長帯宿祢が育てる・仲哀天皇と穴門で８年共に暮らす）

瓶姜（卑彌呼・早津江媛・比売・袁譚の后・日本で景行天皇と結ばれる・男装の麗人・息長帯姫の母親）（俾彌呼・三国志、三少帝記第四に記載）（劉備と同じ中山人・劉備の息子劉封は斎王・卑彌弓呼）

袁基（安国亭侯・漢の高官・袁紹の兄・董卓に殺される）

袁紹（？〜202年・４世３公・大将軍邟郷侯・兄が亡くなり挙兵する・官渡の戦い［200年］で曹操に敗れ202年病で亡くなる）

熙（袁紹の長男・后瓶蜜を曹操の長男丕に奪われる・公孫康に弟の尚も共に殺され首級を曹操に届ける）

袁譚（袁基の長男・袁紹に命じられ青州の知事になる、南皮で譚斬られ妻子刺殺とある？・父と共に董卓に殺されたのでは？）

買（出雲国風土記・須佐能袁、先代旧事本紀・素戔烏＝烏丸、袁の人・童女に扮し宮殿を脱出・女装で短気・倭Wōで亡くなる、大国主尊）

劉（袁紹の后・卑彌呼・夫、息子を亡くし失意のうち倭で亡くなる・天照大神）

瓶蜜（文昭瓶皇后・俾彌呼の妹・叡の生母・曹丕の亡き後実権を握る、始めは袁紹の長男、熙の后の後に曹操の長男丕の后に為る）

曹操（155年？〜220年３月15日・魏の太祖・三国志の主人公）

丕（魏文帝曹丕・187年〜226年６月29日・220年〜226年在位・袁紹の長男、熙から熙の后瓶蜜を奪う）

卞夫人（曹操が故郷に戻り芸人で放浪生活者、潘の娘の卞を側室に迎え卞は曹丕を出産してから置かれている立場が変わります）

　今も多くの人が気づかないだけで卑彌呼・劉の社は大分県日田市にお祀り、吉野里の墓陵に永眠しています。袁久津媛神社の祭神は・応神天皇：誉田別命。神宮皇后：息長足姫命。仲哀天皇：足仲彦命・大碓。大足彦忍代別命：景行天皇。比佐津媛神：袁久津媛神・卑彌呼・劉（Ryū）。

大己貴命（おおなむちめい）：燕王喜・大国主：須佐能袁・袁買

　豊後國風土記に袁家の袁久津姫と記載されていても三国志が分からなければこれほど分かりやすい出来事を何故、今まで分からなかったのか不思議です、この流れが分かれば天の岩戸物語は決して難解な話ではありません。もし一つの望みが叶うなら、袁紹のお墓は河北省滄県高川郷前高龍華村、伝説の墓です。故郷を離れて二千年経っています、此処に帰したい、卑彌呼（袁紹夫人・劉）を、佐賀県吉野里から、または大分県日田の袁久津姫社から夫の元に。現在は袁紹の墓は碑です、郷の社が欲しい。吉野里から日田の社から帰すものが無ければ土だけでもいい。離れ離れは悲しすぎます。

　豊後風土記から
　日田郡　郷伍所里一十四　駅壱所
　昔者　纏向日代宮御宇大足彦天皇　征伐球磨贈於　凱旋之時
　発筑後国生葉行宮　幸於此郡　有神名袁久津媛　化而
　為人参迎　弁増国消息　因斯袁久津媛之郡　今謂日田
　郡者　訛也

　大分県日田　郷は伍ヵ所、里は十四　駅壱ヵ所（連絡用の馬がいる）
　昔の者　纏向日代宮御宇大足彦天皇（景行天皇）が熊襲（楚の人で熊王の熊姓を忘れない［襲名］）を征伐する、之の凱旋の時　築後国生葉行宮を発つ　幸い此の群に於ける　神名袁久津媛（劉・比佐津姫）花である而人の参り迎えを為す　弁増国の消息に　基づき袁久津媛此れ郡　今謂う（言う）日田郡の者　訛る也
　注釈：古代文の化は花で、青い葉から花に変化する姿を云います。
　豊後國風土記では袁久津姫、出雲国風土記では須佐能袁、播磨国風土記では佐比、瓶姜は比売、瓶姜は日本書紀では爰（袁）女人有日神華磯姫です。しかし三国志の卑彌呼の社にしては規模が違います、近年新た

15

に発見された吉野里の墓陵が卑彌呼の墓で、お社が日田に祀られている
のは吉野里の墓陵をお守りする為でしょうか？

　速見郡　郷伍所里一十三　駅弐所　烽壱所
　昔者　纒向日代宮御宇天皇（景行天皇）　欲誅球磨贈於　幸於筑紫　従
　周防国佐婆津　発船而渡　泊於海部郡宮浦　時　於此村有
　女人　名曰速津媛　為其処之長　即聞天皇行幸　親自奉
　迎　奏言　此山有大磐窟　名曰鼠磐窟　土蜘蛛二人住之
　其名曰青白　又　於直入郡祢疑野　有土蜘蛛三人　其名
　曰打猿八田国摩侶　是五人　並為人強暴　衆類亦多在　悉皆
　謡云　不従皇命　若強喚者　興兵矩焉　於茲　天皇遣兵
　遮其要害　悉誅滅　因斯名曰速津媛国　後人改曰速見郡

　速見郡　郷伍ヵ所里は十三　駅は二ヵ所　烽火壱ヵ所
　昔の者　景行天皇　熊襲を討たんと欲し贈る、ああ　筑紫に願う、あ
あ　従って周防国佐婆津　船は発し而渡る　海部郡宮浦（別府湾）泊る、
ああ　その時　ああ、この村に女人有り　名曰く早津媛（俾彌呼）其処
の之長を為す　天皇の行幸で即聞く　親しく自ら奉迎　奉り言う　此の
山に大きな岩窟が有る　名曰く鼠岩窟　土蜘蛛（女真族は半地下式の洞窟
を住居にしている）二人之に住む　其の名曰く青と白　また　直入郡祢疑
野ああ　土蜘蛛三人　その名曰く打ち猿、八田、国麿艫　是五人　並び
に人に強暴　多類の衆亦多く在る　皆しっていろいろと云っている　天
皇の命令に従わない　若くて強く叫ぶ者　そこで兵を興すと決める
　ああ、これ　天皇兵を遣わす　其の要害を遮る　すべて誅殺する　其
の名によって曰く速津媛（俾彌呼）国　後の人改め曰く速見郡

　日本の話ですが古代に漢字で書けば古代漢語です。日本語ではありま
せん。気を付けて調べていけば周の時代に使った言葉や満洲語もあれば
女真語も、それに鮮卑語も残っています。まだまだ古代語があるでしょ

う。お隣漢字の国の中国語にしても一部簡体文字に変っていますので古
代文は難解だと思います。それは気が付かないだけです。

三国時代全図（262 年）

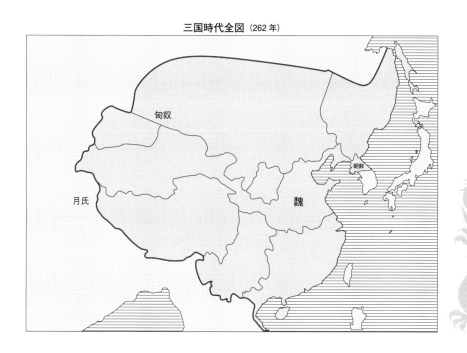

第二章

鮮卑帝国

　　三国志では巻三十　魏書三十　烏丸鮮卑東夷傳第三十　に記載してい
ます。何故早々と鮮卑を取り上げたのか？　日本人の祖は鮮卑だと言わ
れていますが、華夏族・楚越斉燕、白水＋騎馬民族・鮮卑烏丸女真満洲
＋秦・その他等です。旧石器時代から延々と続き新石器時代になると神
話天皇誕生説も生まれ桃山時代の北魏形式（北魏は鮮卑の孝文帝が建国）に
続きそれからも延々と続く歴史を守っています。

　　三国志の烏丸鮮卑東夷傳第三十の烏丸から始めます、本文は注釈が入
りますが省略して本文から始めます。

　　漢末、遼西烏丸大人丘力居、衆五千餘落、上谷烏丸大人難樓、衆九千
餘落、各稱王、而遼東屬國烏丸大人蘇僕延、衆千餘落、自稱峭王、右北
平烏丸大人烏延、衆八百餘落、自稱汗魯王、皆有計策勇健。中山太守張
純叛入丘力居衆中、自號彌天安定王、為三郡烏丸元帥、寇略青、徐、
幽、冀四州、殺略吏民。靈帝末、以劉虞為幽州牧、募胡斬純首、北州乃
定。後丘力居死、子樓班年小、從子蹋頓有武略、代立、總攝三王部、衆
皆從其教令。袁紹與公孫瓚連戰不決、蹋頓遣使詣紹求和親、助紹擊瓚,
破之。紹矯制賜蹋頓、峭王、汗魯王印綬、皆以為單于。

　　漢の末の出来事、遼西烏丸の領主は兵力居（中山の刺史張春と東漢王朝に
反抗する）、五千餘の集落、上谷の烏丸の領主は難樓（東漢靈帝［在位167

年〜189年］の初め、部落は9000餘、自称王、烏垣の中では最多。献帝初平［190年〜193年］の中頃、蹋頓（卑彌呼・劉の父）遼西烏桓の九代目の領主、總攝三郡烏桓の後、難樓亦に命令に従う。建安四年（199年）、蹋頓と共に袁紹を助け公孫瓚を破る、袁紹から單于と授けられる。後に蹋頓は王に為る。建安十二年（207年）、蹋頓は柳城（今遼寧錦西西北）に於いて曹操に敗れる、袁紹の熙と尚は柳城を闇に紛れ脱出するも公孫瓚の息子の公孫康に殺される。部落の衆は九千餘、それぞれが王と呼ばれるが、而に遼東の屬國烏丸の領主は蘇僕延（［？〜207年］自称峭王、袁紹と公孫瓚の戦いに袁紹を助ける、烏丸の三王は單于を授かる）右北平烏丸の領主は烏延、衆八百餘の集落、自稱汗魯王、皆別々の計画を持っている。中山の領主は張純で丘力居の仲間、自から號、彌天安定王、三郡烏丸元帥に為る、侵略者が青、徐、幽、冀の四州の役人を殺す。霊帝の末、以って劉虞は幽州で牧場を為す、胡が募る純の首を斬る、北州は再び安定する。後に丘力居は死ぬ、子の樓班はまだ小さい、息子の蹋頓は戦略がある、代わりに立つ、三王すべての話に、大衆は皆その布告に従う。挙兵した袁紹は公孫瓚と戦うが決着はつかない、蹋頓は袁紹に遣いを出し和睦を進めるも、袁紹は助けを借りて公孫瓚を、破る。袁紹は皆の意見を感謝して蹋頓、峭王、汗魯王に印を綬ける、皆は以って為す單于に。

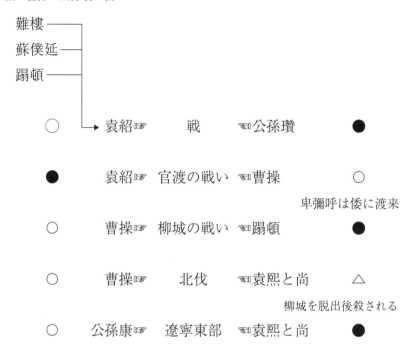

　三国志、魏書巻三十では記載されている話の鮮卑国の歴史は古くはありません。匈奴を倒した檀石傀が鬼道（鬼神道）で国を治めた、その後の話です。

魏書巻三十　烏丸鮮卑東夷傳から鮮卑の項

　鮮卑步度根既立、衆稍衰弱。中兄扶羅韓亦別擁衆万為大人。建安中太祖定幽州、步度根與軻比能等因烏丸校尉閻柔上貢獻。後代郡烏丸能臣氐等叛、求屬扶羅韓、扶羅韓將萬餘騎迎之。到桑乾、氐等議、以為扶羅韓部威禁寛緩、恐不見濟、更遣人呼軻比能。比能即將萬餘到、當共盟誓。比能便於會上殺扶羅韓、扶羅韓子泄歸泥及部衆悉屬比能。比能自以殺歸泥父、特又善遇之。步度根由是怨比能。文帝踐阼、田豫為烏丸校尉、持節並護鮮卑、屯昌平。步度根遣使獻馬、帝拜為王。後數與軻比能

更相攻擊、步度根部衆稍寡弱，將其衆萬餘落保太原、雁門郡。步度根乃使人招呼泄歸泥曰「汝父為比能所殺、不念報仇、反屬怨家。今雖厚待汝，是欲殺汝計也。不如還我、我與汝是骨肉至親、豈與仇等？」由是歸泥將其部落逃歸步度根、比能追之弗及。至黄初五年、步度根詣闕貢獻、厚加賞賜、是後一心守邊、不為寇害、而軻比能衆遂強盛。明帝即位、務欲綏和戎狄、以息征伐、羈縻兩部而已。至青龍元年、比能誘步度根深結和親、於是步度根將泄歸泥及部衆悉保比能、寇鈔并州、殺略吏民。帝遣驍騎將軍秦朗征之、歸泥叛比能、將其部衆降、拜歸義王、賜幢麾、曲蓋、鼓吹、居并州如故。步度根為比能所殺。

　鮮卑の步度根（漢靈帝光和四年［181 年］、鮮卑單于［匈奴の主君の称号で匈奴を檀石傀が倒します、三国志では称号を変えている］檀石槐が亡くなり、其の子、和連が継ぎますが、能力が無く民衆の支持もなく。靈帝の末年に和連は殺されます）を立てますが、民衆は衰弱する。其の中、兄の扶羅韓が民衆を擁護し領主になります。建安中期太祖（曹操）は幽州を制定する、步度根と軻比能は烏丸の大佐閻柔に貢献する。代郡烏丸能臣氏その後反逆する、扶羅韓の一族を求める、扶羅韓は萬餘騎でこれを迎えると決めます。桑幹に至る、氏等と議論する、以って為す扶羅韓は部所を要求する、役にたたず恐れられる、軻比能は更に遣わす人を呼ぶ。既に比能の元に將と萬餘騎が到着する、共に同盟を誓う。比能は扶羅韓に遣い簡単に殺す、扶羅韓の子泄歸泥及部落の衆一族と比能は知っている。比能は自ら以って殺し昔気質の父の元に帰る、特に又之は偶善。是は步度根によるので比能は怨む。東のきざはしで文帝（曹丕）は能弁である、田豫は烏丸校尉を為す、節を待ち並びに鮮卑を護る、屯の昌平に。步度根は献馬を使わし派遣する、王は帝に拝謁する。其の後軻比能は更に攻撃を仕掛ける、步度根の部落の衆は貧弱で弱い、將は其の衆萬餘落を太原に保、雁門郡。步度根は再び使人招を呼び泄歸泥曰「汝の父は所の者比能を殺す、思いは変わらず仇を打つ、此処の人は皆怨んでいる。今汝を手厚いもてなしをするけれども、是汝が殺すつもりの計略也。我は還るつもりだ、我は

興す骨肉の争いの親、どうして仇討ちなど興すのか？」歩度根から是帰泥将其の部落逃げ帰る、比能追う之出来るだけ早く。至る黄初五年（224年）、歩度根は助けに趣く、厚く褒美を賜る、是後一つの心で辺境を守る、侵略者の害を防ぐ、而に軻比能の衆は強い。明帝（実権は文昭瓶皇后が握る）即位、狄の軍隊は努めて穏やかな平和を欲す、以って討伐を辞める、双方をつなぐ而時。至る青龍元年（233年）、比能は歩度根を誘う深く結ばれ親密になる、於是歩度根は将泄帰泥及部落の民衆を全て比能が責任を持つ、并州に侵略者、殺略す官吏と民衆。帝遣わす勇猛な騎馬将軍秦朗は之を征服す、比能に帰泥が反逆する、将は其の部落の民衆を降伏さす、帰義王に拝礼、軍隊を指揮する旗を賜る、他に頭飾類、鼓や吹奏楽器、気に入ったので并州にいる。歩度根は比能をそこの所で殺す。

　歩度根：漢末魏初め鮮卑單于の一人、魁頭の弟。卒於魏青龍元年（233年）の終わりに并州の太原や雁門等に民衆は広がった土地に軻比能が攻撃し抑える。歩度根はこの年に没する。
　檀石槐：鮮卑と言えば檀石槐です、匈奴に勝てない漢も朝貢していました。鮮卑は生口（官邸で働く人）も朝貢の品に入れていました、俾彌呼も魏に朝貢の品の中に生口を入れています。鮮卑と烏丸を檀石槐が率いる軍勢で匈奴を倒します。檀石槐は鬼道で鮮卑帝国を統治しました。私にとっては俾彌呼の物語を教えてくれた、初めての言葉です。著書『播磨物語』を書き終わって疑問が残りました。何故、乳児を抱えた14～16才の神功皇后が皇位継承を戦えるのか？　何故、軍資金は三韓征伐のお宝なのか、これが私の泥沼に足を入れる第一歩でした。
　とりあえず亜馬孫中国から鬼道を調べるために新編仏教辞典を購入します。其処には鬼神鬼指六道中的（の）鬼道と記載されています、決して怪しげな教えではありません。六道とは天、空、夜叉、地獄道、餓鬼道、畜生道でむしろ現在の神道、仏教の源と言えるでしょう。
　扶羅韓：太祖（曹操）は幽州を建安に制定し歩度根や阿比能に烏丸の武官を命じます。扶羅韓は鮮卑の歩度根の兄で数万の民衆を引き連れ自

ら棟梁を名乗り烏丸の統治を求めます。

　鬼道・鬼神道も現代に受け継がれています、あまりにも身近で、それ等は気が付かないだけです。古代に難しい話は通用しません。桃太郎の鬼ヶ島の鬼退治。節分の「鬼は外」「福は内」です。それに閻魔様の使い鬼です。後は自然のコントロールは出来ない其の姿が風神・雷神です。他にもあるでしょうか、これらは分かり易い形にして後世に繋いできました。

胡～鮮卑・烏丸

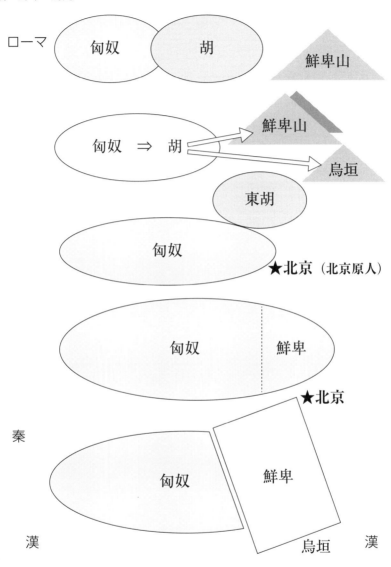

☆この後　鮮卑の檀石傀が烏丸と共に匈奴を滅ぼし鮮卑帝国を創ります。
　檀石傀が国を鬼道（鬼神道）で治め、匈奴の朝貢に生口を加えています。

第三章

袁家滅亡

袁家の家族構成から

初代	二代	三代	四代	五代	六代	七代	八代	九代
			袁賞					
						袁閎		
				袁彭	袁賀	袁忠	袁秘	
						袁弘		
					袁平 早卒			
					左中郎将 袁成 早卒			
						邭郷侯 大将軍 袁昭 成	袁譚	
袁良	袁～	司徒 袁安	侍中 蜀郡太守 袁京	安国康侯 袁湯	安国宣文侯 司空 袁逢		袁熙	
							袁尚	
							袁買	
						安国亭侯 太僕 袁基		
							袁耀	袁氏 孫奮妻
						后将軍 袁术	袁氏 孫権后宮	
							袁氏 黄猗妻	
						袁氏 楊彪妻	楊修	
						袁氏 高躬妻	高干	
					太傅 袁隗	袁満来		
						袁懿達		
						袁仲達		
			司空 袁敞	光禄勲 袁盱				

巻六　魏書六　袁紹　子譚　子尚

袁紹字本初、汝南汝陽人也。高祖父安、為漢司徒。自安以下四世居三公位、由是勢傾天下。紹有姿兒威容、能折節下士、士多附之、太祖少與交焉。以大將軍掾為侍御史、稍遷中軍校尉、至司隷。

　　袁紹の別名は本初、汝南（河南省駐馬店市汝南区）汝陽（汝陽県西伏牛山区）の人也。身分の高い祖先の父の安、漢の司徒（高官）を為す。安から数えて自ら四世三公の位、是勢い天下に傾きに基づく。紹の容貌は威容な姿である、下の兵に大切なことをたたき込む、兵多くは従う之に、太祖（曹操）は少し国境で興す。以って大將軍は旧時の属官（下官、補佐。古来、高官は自ら補佐を任命することができた。例えば、郡奉行の下官：春秋時代の戦国時代に決められた）を為す。中軍校尉（中佐）はやや還る、司隷（「周礼」の所属は秋官）に到る。

靈帝崩、太后兄大將軍何進與紹謀誅諸閹官太后不從。乃召董卓、欲以脅太后。常侍、黃門聞之、皆詣進謝、唯所錯置。時紹勸進便可於此決之、至於再三、而進不許、令紹使洛陽方略武吏檢司諸宦者、又令紹弟虎賁中郎將術選溫厚虎賁二百人、當入禁中、代持兵黃門陛守門戶。中常侍段圭等矯太后命、召進入議、遂殺之、宮中亂。術將虎賁燒南宮嘉德殿青瑣門、欲以迫出圭等。圭等不出、劫帝及帝弟陳留王走小平津。紹既斬宦者所署司隷校尉許相、遂勒兵捕諸閹人、無少長皆殺之。或有無須而誤死者、至自發露形體而後得免、宦者或有行善自守而猶見及。其濫如此。死者二千餘人。急追圭等、圭等悉赴河死。帝得還宮。

　　靈帝は崩れる、太后（封建社会の帝王の母の尊称）の兄大將軍何進（［？～189年］、別名遂高、南陽県［今の河南省南陽市］の出身。東漢時代の外戚、靈思皇后の兄）は袁紹を誅殺すると興（挙兵）すが諸宦官や太后は従わない。董卓は再度呼ぶ、欲を以って太后を脅かす。常に仕える、黃門（秦

漢の時代、宮殿の門は黄色に塗ら黄門と呼び役人もいました）が之を聞く、皆詣
で進に礼をつくす、ただ此の所間違っているので放て置く。時に<u>紹</u>は<u>進</u>
に勧め如何にしても此の決意は之、再三に於いて至、而進は許可しな
い、袁尚は洛陽の武吏（軍事関係者）検司（検察官）諸宦者（宦官）に特使
を送る、又袁紹は弟の虎賁中郎將（漢王朝の官職）<u>術</u>に温厚な虎賁（古代
の勇士や武士）二百人選べと命じる、常時出入りを禁止する、兵は代表し
て黄門の階段と門戸を守る、中には常に<u>段圭等</u>（東漢の宦官である端桂［？
〜189］と、張譲、趙忠、鳳玄、侯蘭、建朔、曹潔、陳光、夏雲、郭生など10人の
宦官で、東漢末期の「十常侍・宦官集団」の中心人物です）変人の太后に命令
される、呼び寄せ進は入るか議論する、遂に此れ殺す、宮中の亂。術は
怖い顔で大きな南宮嘉徳殿青瑣門を焼こうとする、<u>圭</u>（公孫瓚［？〜199
年］、字伯圭、伯珪、<u>遼寧省西部の霊芝</u>［現在の河北省前安］出身。<u>公孫瓚</u>は袁紹
と何度も戦い、始めの戦いは勝っていましたが龍口の戦い以降は袁紹に追い詰めら
れて敗れます）等を追い出す欲を以って。<u>圭等</u>は出ていかない、脅迫する
帝及び弟の陳留王（曹歡［246〜302年］）、本名は曹黃、字は景明、沛果県橋
県［現在の安徽省亳州亳州市］に生まれます）、<u>魏</u>の曹操のお子です。三国史
時代の最後の魏国の皇帝（紀元260年〜265年）の在位です。甘魯3年（紀元
258年）、長島郷公に叙せられます。甘魯5年（260年）、魏皇帝の民間人
の<u>曹茂</u>が程紀によって殺害されます。

　咸熙二年（265年）、<u>司馬昭</u>の死後、息子の<u>司馬炎</u>が晋王となり魏国を
乗っ取り、魏国を滅ぼします、そして<u>曹歡</u>を<u>陳留王</u>として倭に追放しま
す。

　此のくだりが、水戸の黄門さん（源（徳川）光圀）の大日本史

　巻之一百七列傳第三十四　阿知使：……胸形大神欲得之，阿知留兄媛
而去。到攝津武庫，會帝崩，因獻三女於仁德帝。履中帝之為皇太子也、
……

　阿知衆：……宗像（一族のようだ）大神は之を得るのを欲す、阿知（日
本に来てから原田姓を名乗る、佐賀の嬉野の<ruby>立伝寺<rt>りゅう</rt></ruby>に伝わっています）陳留王の

兄嫁は去る、摂津武庫は尼崎北部に小規模の古墳群があり遺跡が多くあります。吉野里に出土したゴボウフラ貝の腕輪も田能の遺跡から1ケ出土しています。

　泰安元年（302年）、曹歓（58歳で死去し、諡号は元帝と呼ばれました）は小平津（古津の渡しの名、現代の河南省猛津の北東、黄河の中心的な場所）に走る。紹は宦官の所署司隷校尉許相（[？～189年]東漢の時代、官職は侍中、司徒、[古代官職名] 河南尹 [河南省は東漢時代の行政区画]）を斬る、遂に勤勉な兵と諸々の官宦の人を捕らえる、老いも若きも皆殺しにする。或いは必要でない而誤って死者にする、至に自ら姿を表すが而後意味がない、官宦の者或いは自ら善い行ないを守り、而見て猶予に及ぶ。その無差別は此れの如く。

九卿表

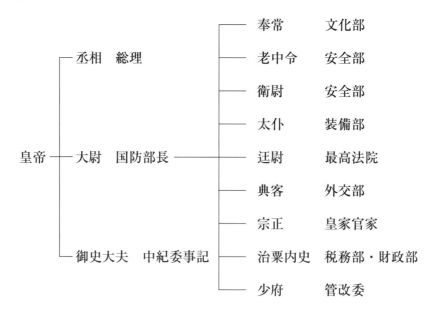

袁紹は四世三公と言われました。一世は袁家五代の安国康侯袁湯が初代の漢の官史になります、六代は安国宣文侯袁逢で二世です。七代の三世二公は高官中の高官と言われた安国亭侯袁基です、漢末の宮殿で袁基は董卓に襲われて命を亡くします。弟の袁紹が挙兵し兄の仇、董卓を滅ぼし四世三公、邟郷侯大将軍袁紹となり南部に進出し魏の曹操と衝突します。

　此れが官渡の戦いです。漢書、後漢書では曹操に対し冷たい評価をしていますが漢は袁基（漢の高官）の弟の袁紹に肩入れしています。曹操は袁紹軍が出撃した後の本陣を曹操軍の一部隊が焼き討ちしますと袁紹は背後から曹操の応援の軍隊が攻めてきたのでは無いかと思い、戦場から軍勢を引き連れて帰っていきます。

　曹操の軍勢は応援を加えて2万それに対する袁紹の軍勢は6万、急ごしらえの軍勢ですから、適当に離れていきますが、それでも残った3万の軍勢を連れて帰ります。

　此の後、袁紹は病で倒れ紀元202年に他界します。袁紹の后（劉）は袁基の長男袁譚の后、男装の瓶姜（俾彌呼）と袁基の末子袁買と多数の奴を連れて倭に向かいます。

三国志巻一　魏書一　武帝紀第一

　太祖武帝（曹操）、沛國譙人也、姓曹、諱操、字孟德、漢相國參之後。で始まり……九年春正月、濟河、遏淇水入白溝以通糧道。二月、尚復攻譚、留蘇由、審配守鄴。公進軍到洹水、由降。既至、攻鄴、為土山、地道。武安長尹楷屯毛城、通上黨糧道。夏四月。留曹洪攻鄴、公自將擊楷、破之而還。尚將沮鵠守邯鄲、又擊拔之。易陽令韓範、涉長梁岐舉縣降，賜爵關內侯。五月，毀土山、地道、作圍壍、決漳水灌城：城中餓死者過半。秋七月、尚還救鄴。諸將皆以為“此歸師、人自為戰，不如避之”。公曰：“尚從大道來、當避之：若循西山來者、此成禽耳。”尚果循西山來、臨滏水為營。（二）曹瞞傳曰：遣候者數部前後參之、皆曰“定從西道、已在邯鄲”。公大喜，會諸將曰：“孤已得冀州、諸君知之乎？”皆曰：“不知。”公曰：

"諸君方見不久也、（注釈は此処まで）夜遣兵犯圍、公逆擊破走之，遂圍其營。未合、尚懼。故豫州刺史陰夔及陳琳乞降、公不許、為圍益急。尚夜遁、保祁山、追擊之。其將馬延、張顗等臨陣降、衆大潰，尚走中山。盡獲其輜重、得尚印綬節鉞、使尚降人示其家、城中崩沮。八月、審配兄子榮夜開所守城東門內兵。配逆戰、敗、生禽配、斬之。鄴定。公臨祀紹墓、哭之流涕：慰勞紹妻、還其家人寶物、賜雜繒絮、廩食之。孫盛雲：昔者先王之為誅賞也、將以懲惡勸善、永彰鑑戒。紹因世艱危、遂懷逆謀、上議神器、下乾國紀。薦社污宅、古之製也。而乃盡哀於逆臣之塚、加恩於饕餮之室、為政之道、於斯躓矣。夫匿怨友人、前哲所恥、稅驂舊館、義無虛涕、苟道乖好絕、何哭之有！昔漢高失之於項氏、魏武遵謬於此舉、豈非百慮之一失也。

初平元年（紀元 190 年）、初平 2 年（紀元 191 年）。

9 年（紀元 198 年）春正月、現代の河は、<u>淇水</u>（現代の河南省北部林州市・衞河支流）から<u>白溝</u>（河北省保定市高碑店市・白溝鎮）に入るのを止める以って穀物を通す道。2 月、尚は譚に再び攻める。此の文章が瓶姜（俾彌呼）は男装の麗人だと分かります、袁紹の次男、尚が袁紹の兄、安国亭侯袁基の長史（一族の年長者）を攻めることはありえないことで袁家の後継者を巡って争ったことになっていますが、逆に袁譚は既にいなくて后の瓶姜だとしたら話の筋が通ります、瓶姜は中山の人で同じく劉備も中山の人、劉備の息子、劉封（卑彌弓呼・斎王）も瓶姜と親しい間柄です、官渡の戦いでは劉備の味方は漢、袁家の味方も漢です。

劉備も官渡の戦いで袁紹が自軍の兵を連れて戦場から引き揚げると劉備も早々と引き上げます、尚の兄、袁熙の后（妻）瓶蜜を曹操の息子、曹丕に袁紹が病の床にいるときに熙から瓶蜜は曹丕に奪われます、此の恨みも尚にはあったでしょう、袁家は私が継ぐ資格がある、瓶家は既に袁家から離れていて曹丕（文帝）と瓶蜜（文昭瓶皇后）のお子が出来ている、それが曹叡です。この後、曹操が袁譚（瓶姜）を袁紹が奪った冀州の刺史（知事）を命じます。折角奪った冀州をわざわざ敵方の No.2 の袁譚に委託

しますか？ 瓶姜なら曹操の子供と瓶姜を結婚させれば良いだけの話ですから曹操もそれを考えています。これだけの話でもこの話に登場するのは袁譚でなく袁譚の后（瓶姜）が夫になり替わっている姿が浮かびます。袁譚は官渡の戦いで袁紹から別動隊の幕府長史を命じられています、現在も幕府の意味が分かっていませんが次の袁譚の部下が主計になっているので事務方ではないか？ 何故、戦闘部隊ではないのか？ 疑問が残りますが袁譚が女性なら、袁譚は女性が扮していると説明が出来ます。幕府と言う言葉も日本特有の言葉です。ただ私が調べると将軍が作戦（事務）を練っているテントの中、生命が危険にさらされることが多い史官（歴史のをつかさどった役人）になります、幕府長史を古代漢語読みに変え一文字一文字を調べると完全に袁譚でなく瓶姜だと説明できます。

　蘇由、（周昭王の時代の太史官）は留める、審配（審配［？～紀元204年］、字正南、魏郡陰安（今河南清豊北）の人。東漢末年の軍閥袁紹の帳下謀臣）は鄴（古代の鄴城は首都で現在の河北省邯鄲市林章県西部と河南省安陽市北部郊外［曹操高陵等］鄴城は斉の桓公の春秋時代に建てられ、東漢の末期に袁紹は官渡の戦いで曹操に敗れ袁紹は退却し曹操は鄴城を占領して都を築きます、鄴城は魏、侯昭、魯魏、乾燕、東魏、北斎の王朝として代々続きました）は守る。王は進軍して洹水に到る、由降りる。既に至、鄴城攻める。土山為す。地道。武安（部安市、河北省管轄の県クラスの市）年長の尹楷（袁尚の将軍、生没年不詳、袁尚が再び平原を攻撃し曹操は鄴城を攻撃します）は毛城に駐屯し上黨（上党区隷属于山西省長治市）の食料道を通る。夏四月。曹洪は鄴城を攻め留まる、王は自ら兵を率いて楷を撃つ、之を破り而して還る。尚は兵を率いて沮鵠（沮鵠［不明～204］、東漢末年の人、今河北難澤県、沮授の子、袁紹の部下で袁紹死後、袁尚を守る、漢献帝建安九年［204年］四月、曹操から攻撃される）と邯鄲（河北省南部地区中心城市）を守る、又之を攻撃から抜け出す。易陽は韓範に命令する、梁岐渉長（三國志の人物、生年月日不詳、東漢末年の人。袁尚の部下で擔任渉長［今河北省邯鄲市渉県］に赴任する）。爵關内侯を賜る。五月、荒れた山、地道、城に注ぐ水が切れる；城中は

過半数の死者が出る。秋七月、尚は鄴城を救い還る。諸将皆以為「此帰師，人自為戦，不如避之」。公曰「尚は大道（正しい道理。政治上の理想）行く、之責任を避ける；なんじは西山（太行山の支流 の北京の西山。のぼる龍に似て北京を西から守っていて神京の右腕と云う）から来たのか？ 此れ鳥獣耳に為る。」尚は果たして西山に来るか逃げるか、臨時に滏水（古水名）で設営を為す。（二）〇曹操は騙して伝え曰く；侯（高位高官の人）の者を遣わしこれを調査し弾劾する、皆曰く「西に行く道を定め従う、已に邯鄲は在る」。公は大喜び、諸将は會って曰；「騙して巳の冀州を得る、諸君之変えたのを知った？」皆曰く「知らない」。公曰く「諸君久しく見ていない也」〇夜に兵を遣わし包囲する、公は逆に之撃破し去る、遂に其の大隊を囲む。終わりに合う、尚を遣わす、故に豫州刺史（知事）陰夔及陳琳は下がり乞う、公は許さない、遂に其の大隊を囲む。は夜に遁走、保祁山、之を追撃する。其の将は馬延、張顗等は降り出陣する、民衆は敗走、尚は中山に走る。すべて手に入れる其の車の荷は重い、尚はこの時に印を綬かり鉞（おの）を得る、尚は降参した使用人の家族を示す、城中は崩壊を阻止する。八月、審配（［未詳〜204年]、魏県銀安［河南省清豊の北］の出身で東漢末期、袁紹の顧問を務める。袁紹は済州を占領し審配を任す、河北が鎮圧されると、袁紹は審配に曹操と対決することを伝えます。審配は弩兵を率いて官渡で曹操軍と戦った、袁紹が病死すると、沈佩らが袁尚を後継者にと推薦するが、曹操が全て滅ぼします）の兄子の榮は夜に城の東門の衛兵に開けさす。配は逆らって戦う、敗れる、配は生きたまま捕られる、之を斬る。鄴の人。

此の後の話が重要です、神功皇后の話に繋がります。

公（太祖・曹操）は袁紹の祀られた墓に向かい合う、哭こく之流れる痛哭：慰労、紹の妻（劉）を慰め労う、其の家人の寶物を還す、絹の衣装や布団と其の他を賜る、穀物蔵の食を之。

此れ等を曹操から受け取り倭に袁基の末子袁買（須佐能袁・大国主尊・左比）と袁基の長男の袁譚の后、瓶姜（俾彌呼・倭の女王・神華磯姫）と奴と倭國の吉野里に遣ってきます。夫、息子を亡くし、優雅な生活も捨て異国の地で暮らす袁紹の后（劉・卑彌呼・天照大神・袁久津姫）の心中は？倭に来て外出も儘成りません。

　此の御宝が先代舊本紀巻第四　地祇本記に記載されています。

　素戔烏尊韓郷　之嶋ハ是有_金銀_若使_吾兒所レ御之國サ_不レ有_浮寶_者末_是レ往_矣

と記載されています。

　袁家から曹操からのお宝を素戔烏尊が韓国の郷に隠していることを知っている。矣は意味がなく前の文章を強調する文字です。

　是が三韓征伐と称したお宝で軍資金として瓶姜は仲哀天皇の後、皇位継承の戦いで我が子の生長帯姫・神功皇后を前面に立て戦います。播磨国風土記には揖保郡から。

　佐比岡。所以名佐比者、出雲之大神、在於神尾山。此神出雲国人経過此処者、十人之中留五人、五人之中々之留三人。故、故出雲国人等、作佐比祭此岡。遂不和受。所以然者、比古神先来、比売神後来。此、男神不能鎮而、行去之。所以、女神怨怒也。然後、河内国茨田郡枚方里漢人、来至居此山辺而、敬祭之。僅得和鎮。因此神在、名曰神尾山。又、作佐比祭処、即号佐比岡。佐丘。

　佐比岡　所を以って名は佐比（須佐能袁）の者　出雲の之、大神　於ける神尾山に在り　出雲国の人此処を通過した者　十人中に此れ　五人留まる　五人中に三人留まる　出雲国の人等　佐比が作る　此の岡に於いて　そののちは和解しない　所を以って然る者　比古神先に来る　比売神（俾彌呼・瓶姜）後に来る　此の男神は鎮めるのは出来ない　而去っ

ていく之　所で以って　女神（俾彌呼）怨み怒る也　然る後　河内の国
茨田郡枚方の里の漢人来て至り此の山辺で居する　而に敬う祭神を之
和の鎮まり僅かに得る　此の神が在るのに元づいて　曰く神尾山の名と
する　又　佐比（須佐能袁）を祭る処を作る　即に号を佐比岡とする

　須佐能袁（袁買）が先に来て、仲哀天皇の御遺体を受け取りに来た大
和の仲哀天皇のお子である麛坂皇子と忍熊軍皇子の軍勢を鎮めることが
出来ず出雲に還る、それを怨み怒る俾彌呼・瓶姜の姿が書かれています。

　みすみすお渡ししません、納められた棺も高砂の宝殿の石を使わず、
わざわざ徳島のあご石を使うという慎重さです、此処から反撃に出ます。
有名な三韓征伐と称し隠していたお宝を使い傭兵を集め麛坂兄弟を滋賀
まで追い詰めます。

　肥前国風土記　彼杵郡。昔者　気長足姫尊　欲征伐新羅　行幸之時
御船繋此郷東北之海　艫舳之䒳□　化而為磯　高二十余丈　周十余丈
相去十余町　充而嵯峨　草木不生　加以　陪従之船　遭風漂没於茲　有
土蜘蛛　名欝比表麻呂　□済其船　因名曰救郷　今謂周賀郷　訛之也。

　新羅征伐（三韓征伐）と言って朝鮮半島の南の島に隠した宝物を日本
の国に運び入れますが、俾彌呼の吉野里から大和へと辿った経路が重要
になってきます。宝物を持ち込んだのは播磨国の前か後か、播磨国から
神戸の長田神社、生田神社、西宮の広田神社、宝塚の伊和志津神社・御
祭神は須佐男命・伊才志他、大阪の住吉大社、大和へと繋がりますが此
れもあくまで推測ですが本陣跡ではなかったのか？　この地で兵を集め
て進軍をしたのではないのか？　朝鮮半島の先の島からお宝を運んだと
すれば博多湾、宮浦から大和にお米を運んだルートに似ています。徳島
を経て播磨の国にから挙兵したことになりますが推測です。穴戸から、
この戦いの立役者は大中伊志治（息長宿祢）か、既に仲哀天皇に仕えて
いた武内宿祢か？　過去の話に絶対と言う言葉はなく分からないことが
多くあります。

三韓征伐のお宝は日本書記では、このように載っています。

　日本書紀巻第一　神代上　から抜粋、
　一書曰：素戔嗚尊曰。韓郷之嶋。是有金銀。若使吾兒所御之國。不有
浮寶者。未是佳也。

　一書曰く：須佐能袁曰く。韓国の郷の嶋。是有り金銀。もし吾兒が御
（上が下を）支配する所であるなら使用する之國。寶（代々家に伝わっている）
者（……は）固定していない。いまだに是りっぱ也。

第四章

記紀・風土記と俾彌呼

　邪馬壹国は三国志、邪馬臺国は後漢書に、邪国は日本書紀に記載されています矣。

　邪：よこしまである　まともではない　正常でない　おかしい　あやしい　鬼神がもたらす災禍

　馬：馬　おおきい

　壹："一"の大字　読み違いや書き直しを防ぐためにつかう　私見：此れ大王のこと　現代なら東京

　臺：見晴らしがよい　高殿

　この時代の國名は一文字で書かれていますから三文字で国名が書かれているのは、ありえないことで直ちに気付くべきです。

　日本書記　巻一神代上から抜粋。

　一書曰、伊弉諾尊・伊弉冉尊二神、立于天霧之中曰「吾欲得國。」乃以天瓊矛、指垂而探之、得磤馭慮嶋。則拔矛而喜之曰「善乎、國之在矣。」

　一書曰く、伊坐凪尊・伊坐波尊二神、立（君主が即位する）于（血のつながりが無く双方の合意に基づいて結んだ親戚関係）之を天霧中で曰く「吾の欲で国を獲得する。」ふたたび以って君主に美しい矛、（矛で）指し示して伝え残す而奥深く之を、（雷の音のような）大きな嶋を支配することを考

える。矛を抜き出しならう而喜び之曰「立派にやるぞと叫ぶ、国之在る矣。」（矣は全文を強調する文字）

一書曰、伊弉諾・伊弉冉二神、坐于高天原曰「當有國耶。」乃以天瓊矛、畫成磤馭慮嶋。

一書曰く、伊坐凪尊・伊坐波尊二神、坐（動く物に坐る）于高天原で曰く「邪は有国と見なす。」ふたたび以って瓊矛、畫成磤馭慮嶋。

一書曰、伊弉諾・伊弉冉二神、相謂曰「有物若浮膏、其中蓋有國乎。」乃以天瓊矛、探成一嶋、名曰磤馭慮嶋。

一書曰く、伊坐凪尊・伊坐波尊二神、互い言う曰「浮かぶようでも物は肥沃に有る、其の中央には蓋（Wá）の国が在る」ふたたび以って天瓊矛、一つの嶋を手探りと成す、名は曰はく磤馭慮嶋。
蓋は朝鮮半島の南端の国で倭は（wō）と発声します、倭を"わ"と発声したのは"蓋"で倭種と"山海経（山海経、海内北経、蓋國在鉅燕南、倭北。倭属燕［この当時は朝鮮半島の80％が燕国で南側の残りが蓋國でした］）"には記載されています。後に蓋は周に敗れて百済と代っていきます。

一書曰、陰神先唱曰「美哉、善少男。」時以陰神先言故爲不祥、更復改巡、則陽神先唱曰「美哉、善少女。」遂將合交而不知其術、時有鶺鴒、飛來搖其首尾、二神見而學之、即得交道。

一書曰、陰神は先に唱え曰く「素晴らしいかな、若くて良い男。」時を以って陰（宇宙や人間社会を貫く二大対立面の一方たとえば男、女）神が先に言う故に爲す縁起が良くない、更に返し改めて巡る、則陽神は先に唱え曰く「美哉、善少女。」遂に將に合いて交る而に知らない其の方法を、時に有る鶺鴒、揺れ動き飛来する其の首尾、二神は見る而學之、即交わ

りを得たと思う。

　これ等の資料にも見える俾彌呼の話は大きな出来事です。始めに日本書記から検索して見ます。日本書紀には「爰女人有日神華磯姫」と俾彌呼を表現しています。三国志巻参十　魏書三十　烏丸鮮卑東夷傳三十から最後の行を見て見ますと日本で読まれている通称魏志倭人伝には最後の行が抜けています。

　復立卑彌呼宗女壹與，年十三為王，國中遂定。政等以檄告喩壹與，壹與遣倭大夫率善中郎將掖邪狗等二十人送政等還、因詣台、獻上男女生口三十人、貢白珠五千、孔青大句珠二枚、異文雜錦二十匹。

　評曰：史、漢著朝鮮、兩越、東京撰録西羌。魏世匈奴遂衰，更有烏丸、鮮卑、爰及東夷、使譯時通、記述隨事、豈常也哉！

　再び卑彌呼の一族の女性壹興を立てる、年齢は十三で王に為す、国中の安定を成し遂げる。政等は以って激しく告げて壹興を諭す、壹興遣わす倭大夫率善中郎將（官名）掖邪狗（Yē xié gǒu）等20人送る政等は還る、台に応じて、男女生口（宮廷で働く男女）三十人献上する、白珠五千、孔青珠二枚貢、異なった錦織物二十匹。

　コメント：史、漢王朝、朝鮮、両越、東京は西燕を選ぶ。魏王朝と匈奴は遂に衰退し、更に有る烏丸、鮮卑、爰（袁）及び東夷、時を通して翻訳をせしめる、　記述は随時、　どうして常に同じことが起きるのか、かなしいかな　嗚呼！

　日本の古代の書物にも卑彌呼の話が随所に記載されていますが、理解するには卑彌呼の話は三国志の魏書、蜀書、呉書の内の初めに登場する魏書に書かれた名を伏せた袁家の人たちの過酷な運命の話が必要です。

魏書の曹操（太祖）が初めに出てきます。そして魏書の巻末は、官渡の戦いで破れた袁紹のその後の話から袁紹が亡き後に残った袁家の劉夫人、男装の麗人袁譚の夫人瓶姜、袁紹の兄、袁基の末っ子の袁買が倭に渡り数奇な運命に晒される話です。袁紹の敵対した部族に命すら狙われています。魏書の巻末に載っています。名を隠した3人の話で構成されていますが、まったく隠しているわけではありません。人とは不思議なもので隠し通せるわけではありません。本人は何等かの形で残したいものです。それも必ず話の終わりに近い場所に記載しているのではないかと考えました。

魏書二十九　方技傳二十九　の項に載っていました。
……周宣字孔和、樂安人也。為郡吏。太守楊沛夢人曰：“八月一日曹公當至，必與君杖，飲以藥酒。”使宣占之。是時黃巾賊起、宣對曰：“夫杖起弱者，藥治人病，八月一日，賊必除滅。”至期、賊果破。

後東平劉楨夢蛇四足、穴居門中、使宣占之、宣曰：“此為國夢，非君家之事也。當殺女子而作賊者。”頃之，女賊鄭、姜遂俱夷討、以蛇女子之祥、足非蛇之所宜故也。

周宣字高孔和、楽安（1、西漢元朔5年［西暦〜124年前］李蔡は楽安侯爵の称号を授けられ後に県に改められ、前城県に属します、東漢王朝は楽安国に属していました。西晋は廃止され、博昌県に入ります　2、東漢の霊帝が玉漢県に分割し、玉張県に属する）の人也。群の役人を為す。

太守楊沛は空想家曰く：“<u>曹操は阻止するに至る、必ず国王は（武器）を手にして興す、以って薬酒を飲む。</u>”占いを広く知らせ使う之。是の時に黄巾賊が決起する、宣がその通り曰く：“夫は戦いが起きても弱者だ、人の病を薬で治す、八月一日、必ず賊を除き減らす、期に至る　賊を破った結果”。

後に<u>東平劉楨</u>（劉震［186〜217］東漢時代の学者で建安では、劉震は曹操の家来に為ります）はコブラを空想する、門の中の穴に居る、<u>宣</u>は之で占う、

宣曰：“此れ国の願望を為す、之は君主ではない事也。女子を殺す役目をする而（この）者を賊と作られる。”之少し前に、女族鄭（三国時代、曹魏の正史3年（242年）、元の河南県の一部が興陽県でそこの人）、姜（瓶姜）遂に全部の夷荻を討つ、以って蛇女子之詳しく話す、コブラは之故に宣の所也。

　此の文章の最大の見せ場は鄭と姜の2人の姓の記入がありません。全編に渡って姓の記載が無いのは“買未詳”の袁買と瓶姜と□鄭に見られます、鄭について私は鄭の姓は分かっていません、この興陽県の位置は古代、東夷と言われていますが、変化していきました、まだまだこの地方は変化をしていきます、奥の深い場所です。姜の姓は瓶で瓶姜になるので魏の文昭瓶皇后の姉になります、瓶逸の長女です。

　倭に来た3人の話は風土記や他の古書にも記載されていますが全体の物語の流れを理解しなければ分かりません、日本の人は亜細亜大陸で起こった話は理解しづらいが逆に日本で行動する3人は亜細亜の人には分かり難いでしょう。おおむね中国側に資料があるので中国は理解しやすいでしょうが細部は困難で、特に自然現象がこの歴史に影を落としたのは他の部門の人でなければ理解できません。

　卑彌呼の話はこれだけの大事件なのに日本の書物には出てこない？
　いいえ、風土記には記載されています。
　豊後国風土記
　袁久津姫（劉・天照大神）……比佐津姫：比に助けられる。
　早津姫（俾彌呼）
　出雲国風土記
　須佐能袁（袁買・大国主尊）……佐比：比を助ける。
　播磨国風土記
　比売・佐比（俾彌呼・瓶逸の長女瓶姜・比売は売買の売の文字を使用・スサノウ）
日本書記では愛女人有日神華磯姫が俾彌呼です。

"売買" の "売" は漢語（中国語）ではありません。漢語では賣買で貿易を意味しますが、周の時代では貿易以外に取引、協定、互助の意味も含み周は過去の形と違う国づくりをしています。

　朝鮮半島南端の蓋は周に滅ぼされたと記されていますが蓋に隣接しているのは北の燕です、周は何々を援助するから精鋭部隊を出してくれと、その見返りに農産物を送るとか、鼎に刻んで周は周りの国と契約しています、ひとつの例でお互い助け合う意味も含んでいるだけのことですが私の "俾彌呼" の話では正しく答えていると思っています。この流れで行くと中国の人も真実を知らないかもしれません、それは吉野里の卑彌呼が天災で亡くなる話も何処にも書いていません、此れは自然現象からの結論です、有明海の土質は噴火の物それとも土石流？　此れは私には分かりませんが現場は砂浜でなくムツゴロウのいるドロの浅瀬です。

　始めに出雲国風土記から入っていきますが、古代漢字で書かれた文字は漢語であって日本語ではありません。また一字一字に意味を抱えているので文章の流れによっては全く逆の場合もあります。と同時に熟語が無いのが特色です。「矣」の様な意味がなく文章の終わりに先の文を強調するために使う文字も見られます。伊勢神宮の「伊」は姓に使う以外、全く意味のない文字もあります。日本で使われている四文字熟語は成語と云います、四つの文字の組み合わせで状況を表現していますから中国（アジア大陸）では古い時代から使われて、それが日本に入ってきています、日本の古代の文字の中には漢字に似て漢字で無い文字もあるので、日本の国が此れを例にとってもいかに古いのか、それを物語っています。

　漢字で書かれた出雲国風土記の前文です、八雲立　出雲国　八は全てを意味します、雲は云う、立（りゅう、龍、劉）立ち上る。訳は "全て云います立のぼる姿　出雲国（出が云う国）" と成ります。

出雲国風土記
国之大体、首震、尾坤。東南山、西北属海。東西一百三十九里一

百九歩、南北一百八十三里一百七十三歩、

□一百歩□

□七十三里三十二歩□

□得而難可誤□

老、細思枝葉、裁定詞源。亦山野浜浦

之処、鳥獣之棲、魚貝、海菜之類　良繁多

悉。不陳。然不獲止、租挙梗概、以成記

趣、所以号出雲者、八束水臣□野命詔、

八雲立詔之。故、云、

八雲立出雲。

　所を以って叫ぶ出雲の者　全てを束ねた水の私（君主に対する官史の自称）は□（漢字ではない、漢字なら汴に近く、この文字は古水の名になります、八束は島根の中海で既に燕の最後の王、燕喜が来ています）**野命**（先代旧事本記でも野命）は告げる　之、八雲立を告げる　故に話（言う）す八雲立出雲（野は野王の略で、また別に地名、国境から都市までの空地を言います）

八合神社参佰玖拾玖所、

　三百三十九社は出雲大社が二神をお祀りしていますから四百の神をお祀りしています。四百の四は凡そ半分を言います。二神は天照大神（劉）と須佐能袁（袁買）です。出雲大社は縁結びの神様をお祀りしています、何故、縁結びの神様を祀られているのですか？　二つの神は天照大神・袁紹の后の劉、名前は分かっていません、と袁基の末の子買がお祀りされています。何故、袁紹の后か？　夫袁紹から離れて2000年経っています、逢いたい、烏垣に帰りたい、しかし長年夢は叶わず、せめて私を訪ねて来てくれた人に私たちが叶わぬ願いを貴方貴女に託したい、あげたい。

　壱佰捌拾肆所、在神祇官。

　弐佰壱拾伍所、不在神祇官。

拝志郷、本字林。

宍道郷、今依前用、以上壱拾壱郷別里参。

　余戸里玖郡、郷陸拾弐里一百八十一、余戸肆、駅家陸、神戸漆。里
一十一

意宇郡、郷壱拾、壱里三十三。余戸壱、駅家参、神戸参。里六。

島根郡、郷捌里二十四。余戸壱　駅家壱

秋鹿郡、　郷肆里一十二。神戸壱里一

楯縫郡、　郷肆里一十二。余戸壱、神戸壱。里一。

出雲郡、　郷捌里二十三。神戸壱、里二

神門郡、　郷捌里二十二。余戸壱、駅家弐、神戸壱。里一。

飯石郡、　郷漆。里一十九。

仁多郡、　郷肆。里一十二。

大原郡、　郷捌。里二十四。

右件郷字者、依霊亀元年式、改里為郷。其郷

名字者、被神亀三年民部省口宣改之。

意宇郡

合郷壱拾壱、里三十三。余戸壱、駅家参、神戸参。里六

母理郷。本字文理。

屋代郷。今依前用。

楯縫郷。今依前用。

安来郷。今依前用。

山国郷。今依前用。

飯梨郷。本字云成。

舎人郷。今依前用。

大草郷。今依前用。

山代郷。今依前用。

野城駅家。

黒田駅家。

宍道駅家。今依前用。

出雲神戸。
賀茂神戸。
忌部神戸。

所以号意宇者、国引坐八束水臣□野命詔、八雲立出雲国者、狭布之稚
国在哉、初国小所作、故将作縫詔而　□

　所を以って叫ぶ意宇の者　全てを束ねた水（八束を中心として）の私は
□野命と告げる　八雲立出雲国の者　狭い幅、之幼い国が在るかな　初
めの国は小さな所から作る　故に告げるまもなく隙間を縫いあわせしょ
うとする　而　□
　野命（野見宿祢？・野王・所造天下大神・龍野・立野）の紹介と陸の部分と
陸の部分を隙間部分の埋め立て工事をすることを告げています。

衾志羅紀乃三埼矣国之余有耶見者、国之余有詔而、童女胸鋤所取而、
大魚之支太衝別而、波多須々支穂振別而、三身之綱打挂而、霜黒葛闇々
耶々爾、河船之毛々曽々呂々爾、国々来々引来縫国者、自去豆乃折絶而、
八穂爾支豆支乃御埼、以此而、堅立加志者、

　本義（元の意味）新羅再びなんども傾いている　国之あまり有るのを
見て耶（多義性の漢字）＝知る者　童女胸（土に見立てて）所を鋤で取る而
（男子 15 才女子 13 才で結婚しますと童女の年齢は 10 歳ぐらい少し胸が膨らんでき
ます、出筆者のセンスの良さ）　之（指示）受けたが広げるのはあまりにも（大
きな魚）大きすぎる　波は多いが指示に従いに穂の触り別れてしなけれ
ばならない　体を何度も之綱を打ち掛ける而　霜黒い模様の布のように
辺りを闇で覆い隠す　河船之さらに毛曽呂毛曽呂　国々が　来る　来る
引き来て縫う（岸と岸の間を埋めていく様子）国の者　自ら去る高杯（たか
つき）を再び折り絶え自ら去る而　再び御埼に一面に広がる全ての豆の
穂の枝に豆　以って此れ而に　決然として立つ志ある者

石見国与出雲国之堺有、名佐比売山是也。亦、持引綱者、薗之長浜、是也。亦、北門佐伎之国矣

石見国と出雲国之堺有り　名は佐比売山是也（佐比：須佐能袁）（比売：俾彌呼・瓶姜）としても綱引く者は維持したい　古い庭之長浜是也　としても北門之佐伎国矣（前文を強調する文字）

国之余有耶見者、国之余有詔而、童女胸鋤所取而、大魚之支太衝別而、波多須々支穂振別而、三身之綱打挂而、霜黒葛闇々耶々爾、河船之毛々曽々呂々爾、国々来々引来縫国者、自多久乃折絶而、狭田之国、是也。亦、北門農波乃国矣国之余有耶見者、国之余有詔而、童女胸鋤所取而、大魚之支太衝別而、波多須々支穂振別而、三身之綱打挂而、霜黒葛闇々耶々爾、河船之毛々曽々呂々爾、国々来々引来縫国者、自宇波折絶而、闇見国、是也。亦、高志之都都乃三埼矣国之余有耶見者、国之余有詔而、童女胸鋤所取而、大魚之支太衝別而、波多須々支穂振別而、三身之綱打挂而、霜黒葛闇々耶々爾、河船之毛々曽々呂々爾、国々来々引来縫国者、三穂之埼。持引綱夜見島、堅立加志者、有伯耆国火神岳、是也。今者国者引訖詔而、意宇社爾御杖衝立而、意恵登詔。故、云
意宇。所謂意宇社者、郡家東北辺田中在整是也。囲
八歩許。其上有一以茂。

国之余り有る Yé（い）見する者、国之余り有りと告げる而、童女の胸を（土を）鋤き返し出た所を取る而（童女に例えて少しふっくらした胸を平らにする）　大魚（地名？菟田首等の娘、名は大魚）之広すぎて守るには及ばない而　波多く穂は茂り振り分けられている（意外なことが起きているのではないか）而　全身之網打ち合わす姿而　かくのごとく耶（書：疑問を残す）霜模様のまっくろなやみよ　之河船毛曽呂毛曽呂（もそろ）なんじの如く　国々が来た々た引いて来た国を繋ぐ者（埋め立ててあたかも国（岸辺）

が来たさまになぞらえて云っている）　三穂之が埼　持引綱夜見島は特に綱引く、丈夫で志の者は立つ、伯耆国に火神岳が有る、是也。今国引きの者終わったと告げる而、意宇社汝の御杖衝立而、意恵登と告げる。故、云

母理郷。郡家東南三十九里一百九十歩。所造天下大神大穴持
命、越八口平賜而還坐時、来坐長江山而詔、我造坐而命国者、
皇御孫命平世所知依奉、但、八雲立出雲国者、我静坐国、
青垣山廻賜而、玉珍置賜而守詔。故、云文理。神亀三年改字母理

　母里の郷　郡家東南三十九里一百九十歩　所造り（造成）天下大神大穴持ち命（野命・大穴は中海の事）　越（えつ）全て□平定して賜るしかるに　その時に還る　長江山に来る而告げる　我造るため而　命（野命）の国の者　皇帝の御孫の命　世の平静を知る依って奉じる　但し全て出雲の国を語る者　我国に静かに坐する　青垣山（緑の山々・信号は緑を青と云います）を廻って賜る而　置いている珍しい玉を賜る而戒める　故に云う文理　神亀三年（西暦726年）　改め字　母里

屋代郷。郡家正東三十九里一百二十歩。天乃夫比命御伴、天降来坐。
伊支等之遠神、天津子命詔、吾静将坐志社詔、故、云社。神亀三年改字
屋代

　屋代の郷　郡家正東三十九里一百歩　天再びこの比命（俾彌呼）御伴い　天から降りてくる伊支（伊志治）等之遠い神　天津子命告げる　吾は病んでまもなく社で告げる静かなるだろう　神亀三年字屋代　事件と年代が合いません、事は2世紀、西暦726年に記載された年代ではないか？
　天津子命：比命（播磨国風土記では瓶姜が比売）・卑彌呼？
　津（書）では渡し場、袁久津姫は劉：比佐：卑彌呼。早津江姫は瓶姜：

比売：俾彌呼。

　楯縫郷。郡家東北三十二里一百八十歩。布都努志命之天石楯縫置給之。
故、云楯縫。

　楯縫郷　郡家東北三十二里一百八十歩　布都努志命之天の石楯　縫い
置く（陸と陸を埋め立てる）之を許す　故に云う盾縫う
　盾の文字は防御の盾ですが、此処では岸の端を防御する語で用いられ
ています。

　安来郷。郡家東北二十七里一百八十歩。神須佐乃袁命、天壁立廻坐之。
爾時、来坐此処而詔、吾御心者安平成詔。故。云安来也。即、北海有毘
売埼。飛鳥浄御原宮御宇天皇御世、甲戌年七月十三日、語臣猪麻呂之女
子、逍遥件埼、邂逅遇和爾。所賊不帰。爾時、父猪麻呂、所賊女子□浜上、
大発苦憤、号天踊地、行吟居嘆、画夜辛苦無避□所。作是之間、経歴数日。
然後、興慷慨志、磨箭鋭鋒、撰便処居。即、□訴云、天神千五百万、地
祇千五百万、并当国静坐三百九十九社及海若等、大神之和魂者静而、荒
魂者皆悉依給猪麻呂之所乞。良有神霊坐者、吾所傷給。以此、知神霊之
所神者。爾時、有須臾而、和爾百余、静圍繞一和爾、徐率依来　従於居
下。不進不退、猶圍繞耳。爾時、挙鋒而刀中央、一和爾殺捕已訖。然後、
百余和爾解散。殺割者、女子之一脛屠出。仍、和爾者　殺割而挂串、立
路之垂也。安来郷人　語臣与之父也　自爾時以来　至于今日　経六十歳

　安来郷　郡家東北二十七里一百八十歩　神須佐乃烏命（須佐能袁の袁で
なく烏を使っています、烏丸から烏垣になった袁家の出身地です、烏は中国では烏
鵜と書きます）　いよいよその時天空を巡り之に座る　此処の位置に来る
と告げる　吾御心者　安らかに等しく成ると告げる　故に云う安来也即
北の湖有毘売埼　天武天皇の世　甲戌年七月十三日　私（君主に対し）は
語る　猪麻呂之女子　やや遥か絵のような岬　さらに偶然仲良しに遭遇

する　賊はこの所から戻らない　さらにその時　父の猪麻呂　所の賊は
女子□が浜上に　大きく怒りを発す　天地大声で叫び飛び跳ねる　行っ
ては嘆息居ては嘆き　夜に辛く苦しみて描く　避ける□所は無い　是を
作る之の間　数日経過する　然るにその後　義憤に燃えて激高し志を
興す　鋭く矢の矛先を研ぐ　居る処から便りを書く　即□訴え云う天
神千五百万　大地の神千五百万　并（山西省太原市　漢時代并州が置かれた）
当国静かに座（坐の文字は動く物にる）三百九十九社　及び　海上の汝等
大神之和魂の者静かに而　荒い魂の者も皆すべて従い与え猪麻呂之所に
懇願する　良き神有り

山国郷。郡家東南三十二里二百三十歩。布都努志命之国廻坐時、来坐
此処而詔、是土者不止欲見。詔。故、云山国也。即有正倉。

山国郷。郡家東南三十二里二百三十歩。布都努志命（郡と郷の間に分布
する行政機関の役人）之国を巡回する時、処を而告げる、是土着の者が見
ることは必要ない。告げる。故、云山国也。即有正倉。

飯梨郷。郡家東南三十二里。大国魂命、天降坐時、当此処而御膳食給。
故、云。飯成神亀三年改字飯梨

飯梨郷。郡家東南三十二里。大国魂命（スサノウ）、この地に立ち寄ら
れた時に而食事を給わった。故、云。

舎人郷。郡家正東二十六里。志貴島宮御宇天皇御世、倉舎人君等之祖、
日置臣志毘、大舎人供奉之。即是、志毘之所居。故、云舎人、
即有正倉。

舎人郷。郡家正東二十六里。欽明天皇の御世、倉舎人君等之祖、日置
臣志毘は大舎人としお仕えする之。即是志毘之居る所。故、云舎人、す

なわち正倉が有る。

大草郷。郡家南西二里一百二十歩。須佐乎命御子、青幡佐久佐日古命坐。　故、云大草。

大草郷　郡家南西二里一百二十歩　スサノウのお子　青幡佐久佐日古命居る　故云大草

山代郷。郡家西北三里一百二十歩。所造天下大神　大穴持命御子、山代日子命坐。故、云山代也。即有正倉。

山代郷。郡家西北三里一百二十歩。所造天下大神・大穴持命は野王の御子、山代日子命が居ます。故、云山代也。即有正倉。

拝志郷。郡家正西二十一里二百一十歩。所造天下大神命、将平越八口為而幸時、此処樹林茂盛。爾時詔、吾御心之波夜志詔。故、云林。神亀三年、改字拝志。即有正倉。

拝志郷。郡家正西二十一里二百一十歩。野王、まもなく越の全て□の平定を為であろう而その時を願う、此処の樹林は盛んに茂る。いよいよ時を告げる、吾の御心之波夜の志と告げる。故、云林。神亀三年、改字拝志。即有正倉。

宍道郷。郡家正西三十七里。所造天下大神命之追給猪像、南山有一。
一長二丈七尺　高一丈　周五丈七尺。一長二丈五尺　高八尺　周四丈一尺。追猪犬像、長一丈　高四四尺、周一丈九尺。其形為石。無異猪・犬。至今猶有。故、云宍道。

宍道郷。郡家正西三十七里。野王之猪の姿を追い給われるに少し有る。

一長二丈七尺　高一丈　周五丈七尺。一長二丈五尺　高八尺　周四丈一尺。猪を追う犬の姿、長一丈　高四四尺、周一丈九尺。其形を為す石（［古代語］［治療の］石器）。無は簡体文字では无、異は漢語では异、犬と猪は異で無い。至り今は猶予が有る。故、云宍道。

余戸里。郡家正東六里二百六十歩。依神亀四年編、戸、立一里。故云余戸。他郡亦如也。之野城駅。郡家正東二十里八十歩。依野城大神坐、故云野城。

黒田駅。郡家同処。郡家西北二里、有黒田村。土体色黒。故、云黒田。旧、此処有是駅。即号曰黒田駅。今郡家属東。今猶、追旧黒田号耳。

余戸里。郡家正東六里二百六十歩。依神亀四年編、戸、立一里。故云余戸。他郡亦如也。之野城駅。郡家正東二十里八十歩。依は殷の文字で依存する"野城"は野王がいる城、故云野城。（日本の風土記で使われている文字には漢以前の文字が多々見られますので訳するには要注意です）

黒田駅。郡家は同じ処。郡家の西北二里、黒田村が有る。土体色黒。故、云黒田。旧、此の処に是駅が有った：駅は馬を繋いでいる。即号は日黒田駅。

今郡家属東。今猶、黒田号耳は旧名（号）だ。

宍道駅。郡家正西三十八里。説名、如郷。出雲神戸。郡家南西二里二十歩。伊奘奈枳乃麻奈古坐熊野加武呂乃命、与五百津鋤々猶所取々而所造天下大穴持命。二所大神等依奉。故、云神戸。他郡等之神戸如是。

宍道駅。郡家の正西三十八里。説名、如郷。出雲神戸。郡家の南西二里二十歩。イザナギのマナ子坐する熊野カムロの命、多くの入り江の草むしり等をする而野王。二所の大神等依り奉ず。故、云神戸。他郡等之神戸如是。

二所の大神は？　須佐能袁（大国主の命）・野王（因幡の白兎・立野の王・

野見の宿祢？）・紀元前最後の燕の王である燕喜が徐福（徐市）と共に来ています。徐福（史記では徐市）も一人です、長寿の薬を求める話は燕の方士の戸生（史記では盧生）が始皇帝に妙案を持ちかけた話で明らかに棄民です、当時は女子供を殺してはならないというのが鉄則で始皇帝も女子、子供の対応には困ったはずです、不老長寿の薬を求めて童男童女を日本の国に送り込みますが費用が掛かりすぎると嘆いています。

　日本では斉の方士徐福で通っていますが、紀元前200年の史記では徐市と記載されています、而、この出来事は我が国の歴史のあやふささを物語っています。

　賀茂神戸。郡家東南三十四里。所造天下大神命之御子、阿遅須枳高日子命、坐葛城賀茂社。此神之神戸。故、云鴨神戸。亀三年、改字賀茂。
　即有正倉。

　賀茂神戸。郡家東南三十四里。野王の御子、阿遅須枳高彦の命、葛城の賀茂社に鎮座。此の神は之神戸。故に、云う鴨神戸。

　忌部神戸。郡家正西二十一里二百六十歩。国造神吉詞望、参向朝廷時、御沐之忌玉作。故、云忌部。即、川辺出湯。出湯所在、兼海陸。仍、男女老少、或道路駱駅、或海中沿洲、日集成市、繽紛燕楽。一濯則形容端正、再沐則万病悉除。自古至今、無不得験。故、俗人、曰神湯也。教昊寺。在舎人郷中。郡家正東二十五里一百二十歩。建立五層之塔也。有僧。教昊僧之所造也。散位大初位下上腹首押猪之祖父也。新造院一所。　在山代郷中。郡家西北四里二百歩。建立厳堂也。無僧。日置君目烈之所造也。出雲神戸日置君猪麻呂之祖也。新造院一所。在山代郷中。郡家西北二里。建立厳堂。飯石郡少領出雲臣弟山之所造也。新造院一所。　在山国郷中郡家東南三十一里一百二十歩　建立三層之塔也。山国郷人、　日置部根緒之所造也。

忌部神戸。郡家正西二十一里二百六十歩。国造りの神は目出たい言葉を望む、その時に朝廷に向かい参上し、恩恵を受ける之、玉作りをやめる。故に、云う忌部。即、川のほとりに湯が出る。湯の出る所在り、海と陸（岩場）を兼ねている。やはり、男女老いも若くも、或いは道と路に鬐と尾が白い馬の駅がある、或いは海中に沿って洲がある、日には集まる市に成す、食べ物（でんぷんで作った）や色々なものが入り乱れていて燕の人は楽しむ。少しすすいで容れる正月に捧げ持つ、曰く神の湯也。万病に治ることを知り再び恵みを受け取る。自古いらい今に至る、不得意な経験は無い。故に、俗人、曰く神の湯。教昊寺。舎人（古代の官職の名前で王朝の変化によって官職の地位が変化したのです。漢字で漢語です）の郷中に在る。郡家正東二十五里一百二十歩。五層に建立された之塔也。僧有。

　熊野大社　夜麻佐社
　売豆貴社　加豆比乃社
　由貴社　加豆比乃高守社
　都■志呂社　玉作湯社
　野城社　伊布夜社
　支麻知社　夜麻佐社
　野城社　久多美社
　佐久多社　多乃毛社
　須多社　真名井社
　布弁社　斯保彌社
　意陀支　市原社
　久米社　布吾彌社
　宍道社　売布社
　狭井社　狭井高守社
　宇流布社　伊布夜社
　布自奈社　同布自奈社
　由宇社　野代社

野城社　佐久多社

意陀支社　前社

田中社　詔門社

楯井社　速玉社

石坂社　佐久佐社

多加比社　山代社

調屋社　同社　以上四十八所並在神祇官　宇由比社　支布佐社　毛社乃社　那富乃夜社　支布佐社　国原社　田村社　市穂社　同市穂社　伊布夜社　阿太加夜社　須多下社　河原社　布宇社　末那為社　加和羅社笠柄社　志多備社　食師社　以上一十九所並不在神祇官

長江山。　郡家東南五十里有水精

暑垣山。　郡家正東二十里八十歩有烽

高野山。　郡家正東一十九里

熊野山。　郡家正南一十八里有檜檀也　有檜・檀也。所謂熊野大神之社坐。

久多美山。　郡家西南一十三里。有社

玉作山。郡家西南二十二里。有社

神名樋山。郡家正北三里一百二十九歩。高八十丈、周六里三十二歩。東有松。三方、並有茅。

凡諸山野所在草木、麦門冬・独活・石□・前胡・高良姜・連翹・黄精・百部根・貫衆・白朮・薯蕷・苦参・細辛・商陸・藁本・玄参・五味子・黄愛□・葛根・牡丹・藍漆・薇・藤・李・檜・杉字或作椙・赤桐・白桐字或作梧・楠・椎・海榴字或作椿・楊梅・松・栢字或作梐・蘗・槻・禽獣則有・鵰・晨風字或作隼・山□・鳩・鶉・□字或作離黄・鴟鵂作横致・悪鳥也・熊・狼・猪・鹿・兎・狐・飛□字或作□作蝠。□猴之族　至繁多・不可題之。

伯太川。源出仁多与意宇二郡堺葛野山、北流経母理・楯縫・安来三郷。入々海。有年魚、伊久比。

山国川。源出郡家東南三十八里枯見山、北流入伯太川。

56

飯梨河。源有三。一水源出仁多・大原。意宇三郡堺田原。一水源出仁多郡玉嶺山。三水合、北流入々海。有年魚伊具比。筑陽川。源出郡家正東一十九里一百歩荻山、北流入々海有年魚。

意宇川。源出郡家正南一十八里熊野山、北流東折流入々海。有年魚伊久比。野代川。源出郡家西南一十八里須我山　北流入々海

玉作川　源出郡家正西二十九里阿志山、北流入々海。有年魚。来待川。源出郡家正西二十八里和奈佐山、西流至山田村、更折北流入々海。有年魚。宍道川。源出郡家正西三十八里幡屋山、北流入々海、無魚。

津間抜池。周二里四十歩。有□・鴨・芹菜。

真名猪池。周一里。北入海。門江浜。伯耆与出雲二国。堺。自東行西。

子島既礒、粟島。有椎・松・多年木・宇竹・真前等葛。

砥神島。周三里一百八十歩、高六十丈。有椎・松□・薺・頭蒿都波・師太等草木也。賀茂島。羽島。有椿・比佐木・多年木・蕨・薺頭・蒿。塩楯島。有蓼螺子、永蓼。野代海中、蚊島。周六十歩。中央涅土、四方並礒。中央有手掬許、木一株耳其礒有蚊・有螺子・海松。自茲以西浜、或峻崛、或平土、　並是通道之所経也。通国東堺手間□、四十一里一百八十歩。通大原郡堺林垣峯、三十三里二百一十歩。通出雲郡堺佐雑埼、四十二里三十歩。

通島根郡堺朝酌渡、四里二百六十歩。

前件一郡、入海之南、此則国務也。

郡司主帳　无位海臣无位出雲臣

少領従七位上勲十二等出雲臣

主政少初位上勲十二等林臣

擬主政无位出雲臣

島根郡

合郷捌、里二十四。余戸壱、駅家壱。

朝酌郷。今依前用。

山口郷。今依前用。

手染郷。今依前用。

美保郷。今依前用。

方結郷。今依前用。

加賀郷。本字加加。

生馬郷。今依前用。

法吉郷。今依前用。以上捌郷別里参。

余戸里。

千酌駅。

所以号島根者、国引坐八束水臣津野命之詔而負給名。故、云島根。

朝酌郷。郡家正南一十里六十四歩。熊野大神命詔、朝御鼫勘養、夕御
鼫勘養。

五贄緒之処定給。故、云朝酌。

　　所を以って名は島根の者、埋立て工事で坐する全てを束ねた水の臣、
野王之与えられた名、故に云う島根（埋め立ての島に根が地に張る）。

　　熊野大神命は野王。**朝御鼫勘養、夕御鼫勘養。**鼫の文字は摂津国風土
記の逸文に残っています。食満と書いて尼崎市食満の地名は“けま”と
読みます、鼫から気が外れた文字です。他にも餘が余る、座が建物の中
で、坐は動いている物に坐る。です。

山口郷。郡家正南四里二百九十八歩。須佐能烏命御子。都留支日
子命詔、吾敷坐山口処在詔而、故、山口負給。

手染郷。郡家正東一十里二百六十歩。所造天下大神命詔、此
国者丁寧所造国在詔而、故、丁寧負給。而、今人猶誤謂手染郷
之耳。即有正倉。

　　山口郷。郡家正南四里二百九十八歩。須佐能烏命御子。都留支彦命告
げる、吾は敷（座）に坐る山口の処に在り告げる而、故、山口与えるこ
とを引き受ける。

　　手染郷。郡家正東一十里二百六十歩。野王は告げる、此の国の者丁寧

に所造り（造成工事）の在りと告げる而、故、丁寧にすることで引き受ける。而、今の人まだ誤って手染めの郷という之のみ。（耳は文末に置き断定を示す）だけ、のみ。即有り米倉。

　美保郷。郡家正東二十七里一百六十四歩。所造天下大神命。娶高志国坐神、意支都久辰為命子、□都久辰為命子、奴奈宜波比売命而、令産神、御穂須須美命、是神坐矣。故、云美保。
　方結郷。郡家正東二十里八十歩。須佐能烏命御子、国忍別命詔、吾敷坐地者、国形宜者。故、云方結。

　美保郷。郡家正東二十七里一百六十四歩。野王。娶高志国に坐する神は、意支都久辰為命子、□都久辰為命子、奴奈宜波比売命而、（物を）つくりだすよい神、御穂須須美命は、是坐する神。矣は全文を誇張する。故に、云う美保。
　方結郷。郡家正東二十里八十歩。須佐能烏命の御子、国忍別命は告げる、吾は敷地に坐する者、国の形を広く知らせる者。故、云方結（その方角を結ぶ）。
　スサノウに国忍別命というお子がいます。所造天下大神命は野王、須佐能烏命御子は袁では無く烏丸の烏を使っています、須佐能烏命、須佐能袁ですが、これでスサノウは烏丸の袁家の人で袁基の末っ子袁買だと云うことが分かります。

　加賀郷。郡家北西二十四里一百六十歩。佐太大神所生也。御祖神魂命御子支佐加比売命、闇岩屋哉詔、金弓以射給時、光加加明也。故、云加加。神亀三年改字加賀。
　生馬郷。郡家西北一十六里二百九歩。神魂命御子、八尋鉾長依日子命詔　吾御子、平明不憤詔。故、云生馬。

　加賀郷。郡家北西二十四里一百六十歩。佐太大神の生まれた所也。御

祖神魂命の御子支佐加比売命、明るい岩屋を（洞穴の中に）立てることを告げる、金属製の弓で以って射させるその時に、光が増々明るく也。故に、云う増々。神亀三年改めて字加賀とする。

　生馬郷。郡家西北一十六里二百九歩。神魂命御子、八尋の長い鉾に頼る日子命が告げる吾御子、平素は怨んではいないと告げる。故、云生馬。

　八尋の長い鉾の八尋は古代中国の単位、因みに日本は六尋（六尺）です。

　法吉郷。郡家正西一十四里二百三十歩。神魂命御子、宇武加比売命、法吉鳥化而飛度、静坐此処。故、云法吉。

　余戸里。説名、如意宇郡。

　千酌駅家。郡家東北一十七里一百八十歩。伊佐奈枳命御子、都久豆美命、此処坐。然者則可謂都久豆美而、今人猶千酌号耳。

　法吉郷。郡家正西一十四里二百三十歩。神魂命御子、宇武加比売命、法吉鳥（鴬）に化ける而飛び渡る、此処に静かに坐る。故に、云う法吉。

　余戸里。説名、如意宇郡。

　千酌駅家。郡家東北一十七里一百八十歩。伊佐奈枳命御子、都久豆美命、此処に坐る。正しい（間違いのない）者に学ぶことが出来る謂う都久豆美而、今の人はまだ千（多いことのたとえ）の酒席で叫ぶだけ。

　法吉鳥化而飛度、は河を渡る、法吉郷から川を渡れば南下です、其処は別の国になります。

　布□伎弥社　多気社　久良弥社　同波夜都武志社　川上社　長見社門江社

　横田社　加賀社　爾佐社爾佐加志能為社　法吉社

　生馬社　美保社　以上一十四所、並在神祇官。

　大井社　阿羅波比社　三保社

　多久社　□□（蝮蛤）社　同□□（蝮蛤）社　質留比社

　方結社　玉結社　川原社　虫野社

60

持田社　加佐奈子社　比加夜社　須義社

伊奈頭美社　伊奈阿気社　御津社　比津社

玖夜社　同玖夜社　田原社　生馬社

布奈保社　加茂志社　一夜社　小井社

加都麻社　須衛都久社　大椅社

大椅川辺社　朝酌社

朝酌下社　努那弥社　椋見社　以上四十五所、並不在神祇官。

布自枳美高山。郡家正南七里二百一十歩。高二百七十丈。周一十里。
有烽。女岳山。郡家正南二百三十歩。

蟇野。　郡家東北三里一百歩。無樹木。毛志山。郡家東北三里
一百八十歩。大倉山。郡家東北九里一百八十歩。糸江山。郡家東北
二十六里三十歩。小倉山。郡家北西二十四里一百六十歩。凡諸山所在草木。
白朮・麦門冬・藍漆・五味子・独活・葛根・薯蕷・□□（卑解）・狼毒・
杜仲　芍薬・紫胡・苦参・百部根・石斛・藁本・藤・李・赤桐・白桐・
海柘榴・楠・楊梅・松・栢・禽獣則有・鷲字或作鵰・隼・山□・鳩・雉・
猪・鹿・猿・飛□。

水草川。源二。一水源出郡家東北三里一百八十歩毛志山。一
水源出郡家西北六里一百六十歩同毛志山。

二水合南流、入々海。有鮒。長見川。源出郡家東北九里一百八十歩大
倉山、東流。大鳥川。源出郡家東北一十二里一百一十歩。墓野山、南
流。二水合東流、入々海。野浪川。源出郡家東北二十六里三十歩糸江山、
西流入大海。加賀川。源出郡家西北二十四里一百六十歩小倉山、北流入
大海。多久川　源出郡家西北二十四里小倉山、西流入秋鹿郡佐太水海。

以上六川、並无魚少々、川也。法吉坡。周五里、深七尺許。有鴛鴦・鳬鴨・
鮒・須我毛。夏節尤有美菜。前原坡。周二百八十歩。有鴛・鴦・鳬・鴨
等之類。

張田池。周一里三十歩。匏池。周一里一百一十歩。生将。美能夜池。
周一里。口池。周一里一百八十歩、有蒋、鴛鴦。

敷田池。周一里。有鴛鴦。南入海。自西行東。朝酌促戸渡。東有通道、

西有平原、中央渡。則、笙互東西、春秋入出。大小雑魚、臨時来湊、笙辺駆駭、風壓水衝。或破壊笙、或製日□（魚）、於是被捕。大小雑魚・浜□（藻）家□（閭）、市人四集、自然成廛矣。自茲入東、至于大井浜之間南北二浜、並捕白魚。水深也。朝酌渡。広八十歩許。自国廰通海辺道矣。

大井浜。則有海鼠・海松。又、造陶器也。

邑美冷水。東西北山、並嵯峨。南海□（檀）漫、中央鹵。□□（□磷）々。男女老少、時々叢集、常燕会地（老いも若きも時々各様の燕の人が会う地也・燕国が秦の始皇帝に敗れてこの地で暮らし時々集まります）矣。前原埼。東北並□□、下則有陂。周二百八十歩、深一丈五尺許。

三辺草木、自生涯。鴛鴦・鳧・鴨、随時当住。陂之南海也。即、陂与海之間浜、東西長一百歩　南北広六歩。肆松翳鬱（肆松翳鬱の「山々が松檜で覆われる」は、魏晋の詩人左思の著書「三都府」からの由来です）、　浜・鹵淵澄。男女随時叢会、或愉楽帰、或耽遊忘帰、常燕喜之地矣。

（燕国の最後の王、燕喜が出雲国のこの地に来ている）

□□（漢字でない文字が使われています、虫が横にあるので蜈蚣（百足・むかで）と同じ類の文字だと思いましたがタコです、"蜛蠩（jū zhū），蟲名。《文選・郭璞江賦》："蜛蠩森衰以垂翹。"李善注引《南越志》曰："蜛蠩，一頭，尾有數條，長二三尺，左右有腳，狀如蠶，可食"島、　周一十八里一百歩、高三条。古老伝云、出雲郡杵築御埼有□□（蜛蠩）。天羽々鷲掠持飛燕来、止于此島。故、云□□（蜛蠩）島。今人、猶誤□（拷）島号耳。土地豊沃。西辺松二株。以外、茅・莎、薺頭蒿・蘆等之類生靡。即有牧。去津去陸三里。蜈蚣（百足）島。周五里一百三十歩、高二丈。古老伝云、有□□（蜛蠩）島□□（蜛蠩）。食来蜈蚣、止居此島。故云蜈蚣島。東辺神社。以外悉皆百姓之家。土体豊沃。草木扶疎、桑・麻豊富。此則所、謂島里、是矣。二里一百歩。即、自此島達伯耆国郡内　夜見島。磐石二里許、広六十歩許。乗馬猶往来。塩満時、深二尺五寸許、塩乾時者。已如陸地。

和多太島。周三里二百二十歩。有椎・海石榴・白桐・松・芋菜・薺頭蒿・蘆・都波・猪・鹿。去陸渡一十歩。不知深浅。美佐島。周二百六十歩、高四丈。有椎・橿・茅・葦・都波・薺頭蒿。

戸江□（劃）。郡家正東二十里一百八十歩。非島。陸地浜耳。伯耆郡内夜見島将相向之間也。

栗江埼。相向夜見島。促戸渡二百一十六歩。埼之西、入海堺也。凡南入海所在雑物、入鹿・和爾・鯔・須受枳・近志呂・慎仁・白魚・海鼠・□鰕・海松等之類、至多、不可尽名。

北大海。埼之東、大海堺也。猶自西行東。鯉石島。生海藻。大島。磯。

宇由比浜。広八十歩。捕志毘魚。盗道浜。広八十歩。捕志毘魚。澹由比浜。広五十歩。捕志毘魚。加努夜浜。広六十歩。捕志毘魚。美保浜。広一百六十歩。西有神社。北有百姓之家。捕志毘魚。美保埼。周壁峙。壁定岳。

等等島。禺禺、当住。上島。磯。久毛等浦。広一百歩。自東行西十船可泊。

黒島。生海藻。這田浜。長二百歩。比佐島。生紫菜海藻。長島。生紫菜・海藻。比売島。磯。結島門島。周二里三十歩、高一十丈有。松、薺頭蒿・都波。御前小島。磯。質留比浦。広二百二十歩。南有神社。北有百姓之家。三十船可泊。久宇島。周一里三十歩、高七丈。有椿、椎・白朮・小竹・薺頭蒿・都波・芋。加多比島。磯船島。磯。屋島。周二百歩、高二十丈、有椿・松・薺頭蒿。赤島。生海藻。宇気島。同前。黒島。磯。同前。粟島。周二百八十歩、高一十丈。有松・芋・茅・都波。玉結浜。広一百八十歩。有碁石。東辺有麁砥。又有百姓之家。小島　周二百三十歩　高一十丈、有松・芋・薺・頭蒿・都波。方結浜。広一里八十歩。東西有家。勝間埼。有二窟。一高一丈五尺、裏周一十八歩―高一丈五尺　裏周二十歩。鳩島。周一百二十歩、高一十丈。有都波・茨。鳥島。周八十二歩、高一十丈五尺。有鳥栖。黒島。生紫菜海藻。須義浜。広二百八十歩。衣島。周一百二十歩。高五丈。中鑿、南北船猶往来也。稲上浜。広一百六十歩。有百姓之家。

稲積島。周三十八歩、高六丈。有松木鳥之栖。中鑿、南北船猶中往来也。

大島。磯。千酌浜。広一里六十歩。東有松林　南方駅家　北方百姓之家　郡家東北一十七里一百八十歩　此則所謂度隠岐国津　是矣

加志島。周五十六歩、高三丈。有松。赤島。周一百歩。高一丈六尺。有松。葦浦浜。広一百二十歩。有百姓之家。黒島。生紫菜・海藻。亀島。同前。

附島。周二里一十八歩、高一丈。有椿・松・薺頭蒿・茅葦都波也。　其
薺頭蒿者、正月元日生長六寸。蘇島。生紫菜・海藻。中鑿、南北船猶往
来也。

　真屋島。周八十六歩、高五丈。有松。松島。周八十歩、高八丈。有松林。
　立石島。磯。瀬埼。磯。所謂瀬埼。戌、是也。野浪浜。広二百八十歩。
東辺有神社。又有百姓之家。鶴島。周二百一十歩、高九丈。有松。間島。
生海藻。毛都島。生紫菜・海藻。久来門大浜。広一里一百歩。有百姓之
家。黒島。生海藻。小黒島。生海藻。加賀神埼。即有窟。高一十丈許。
周五百二歩許。東・西・北。通所謂佐太大神所産坐也。産坐臨時、弓箭
亡坐。

　爾時、御祖神魂命御子、枳佐加比売命願、吾御子、麻須羅神御子坐者、
所亡弓箭、出来願坐、爾時、角弓箭、随水流出、爾時、取弓詔、此弓者、
非吾弓箭詔而、擲廃給。又、金弓箭流出来即待取之坐而、闇鬱窟哉詔而、
射通坐、即、御祖支佐加比売命社坐此処、今人、是窟辺行時、必声磅硠
而行、若密行者、神現而、飄風起、行船者必覆。

　御島。周二百八十歩、高一十丈。中通東西。有松栢椿。葛島。周一里
一百一十歩、高五丈。有椿・松・小竹・茅・葦。櫛島。周二百三十歩、
高一十丈。有松林。許意島。周八十歩、高一十丈。有茅。沢松林。真島。
周一百八十歩、高一十丈。有松林。比羅島。生紫菜・海藻。黒島。同前。
名島。　周一百八十歩、高九丈。有松。赤島。生紫菜・海藻。大椅浜。
広一里一百八十歩。西北有百姓之家。須須比埼。有白朮。御津浜。広
二百八歩。有百姓之家。三島。生海藻。虫津浜。広一百二十歩。手結埼。
浜辺有窟。高一丈、裏周三十歩。手結浦。広三十二歩。船二許可泊。久
宇島。周一百三十歩、高七丈。有松。凡北海所捕雑物、志毘・朝□（鮨）
沙魚・烏賊・□□（蜛蝫（jū zhū））鮑魚・螺・蛤貝字或作蚌菜。蒜甲螺
字或作石経子。甲螺・蓼螺子字或作螺子。蛎子・石華字或作蛎犬脚也。
或□犬脚者。勢也・白貝・海藻・海松・紫菜。凝海菜等之類、至繁、不
可尽称也。

　通道。通意宇郡堺朝酌渡、一十里二百二十歩之中、海八十歩。通秋

鹿郡堺佐太橋、一十五里八十歩。通隠岐渡、千酌駅家浜、一十七里一百八十歩。

　郡司主帳无位出雲臣

　大領外正六位下社部臣

　少領外従六位上社部石臣

　主政従六位下勲十二等蝮朝臣

　秋鹿郡

　合郷肆里、一十二。神戸壱。

　恵曇郷。　　　本字恵伴。

　多太郷。　　　今依前用。

　大野郷。　　　今依前用。

　伊農郷。　　　本字伊努。以上、肆郷別里参。

　神戸里。

　所以号秋鹿者、郡家正北、秋鹿日女命坐。故云秋鹿矣。

　恵曇郷。郡家東北九里四十歩。須作能乎命御子、磐坂日子命、国巡行坐時、至坐此処而詔、此処者国稚美好有。国形如画鞆哉。吾之宮者是処造者。故、云恵伴。神亀三年、改字恵曇。

　多太郷。郡家西北五里一百二十歩。須作能乎命之御子。衝桙等乎与留比古命、国巡行坐時、至坐此処詔、吾御心、照明正真成。吾者此処静将坐　詔而静坐、故、云多太。

　所を以って号秋鹿者、郡家正北、秋鹿日女命が坐する。故に云う秋鹿矣。

　恵曇郷。郡家東北九里四十歩。須作能乎命お御子、磐坂日子命が、国を巡行する時に坐する、此処に至り坐する而告げる、此処者国は稚く美しく好かれて有（存在を表す）る。国の形は鞆の画の如しわい（鞆は日本の地名、形としては弓を射る時に左手にまく帯のようなもの）。われら之宮の者是処（埋め立て造成）造りの者。故に、云う恵伴。神亀三年、改字恵曇。

　多太郷。郡家西北五里一百二十歩。須作能乎命之御子。衝桙等を比古命と述べる、国巡行の時に坐する、此の処に至り坐すると告げる、吾御

65

心、照明正真成。吾者此処静将坐　詔而静坐、故に、云う多太。

　衝桙等乎与留比古命、此の文章に記載されている<u>衝桙</u>等に驚きました、どの様な人物でしょうか？　驚いたのは衛姓です、此れは姫姓です。出雲に何年位に来ていたのでしょうか？　紀元前 200 年には燕の最後の王の燕喜が来ています。それに、もしも<u>衝桙</u>等の祖が来ていたという説明が出来たなら完璧な神武天皇像が分かります。

　大野郷。郡家正西一十里二十歩。和加布都努志能命、御狩為坐時、即郷西山坊狩人立給而、追猪佛、北方上之。至阿内谷而、其猪之跡亡失。爾時詔、自然哉。猪之跡亡失詔。故、云内野。然、今人誤大野号耳。

　伊農郷。郡家正西一十四里二百歩。出雲郡伊農郷坐、赤衾伊農意保須美比古佐和気能命之后、天□津日女命、国巡行坐時、至坐此処而詔、伊農波夜詔。故、云足怒伊努。神亀三年、改字伊農。神戸里。出雲也。説名如意宇郡。

　大野郷。郡家正西一十里二十歩。和加布都努志能命、御狩を為すため坐した時、即郷の西山坊の狩人に立ちどころにさせる而、猪を追い背く、北方の上をめざす之。至る阿内谷而、其猪之跡を見失う。その時告げる、自然なり。猪之跡亡失と告げる。故、云う内野。然（しかし）、今の人誤る大野と叫ぶだけ。

　伊農郷。郡家正西一十四里二百歩。伊農郷は出雲郡ある、赤い経かたびらの伊（意味はなく女性をさす）<u>農意須美比古佐和気能命之后</u>、天□津日女命、国を巡行その時、此処に至り坐する而告げる、伊農波夜詔。故、云う足怒伊努。神亀三年、改字伊農。神戸里。出雲也。説名如意宇郡。

佐太御子社　　比多社　　　御井社　　　垂水社　　恵杼毛社

許曽志社　　　大野津社　宇多貴社　　大井社　　宇智社

以上一十所、並在神祇官。恵曇海辺社　同海辺社　怒多之社　那牟社

多太社　　　同多太社　　出島社　　　阿之牟社　　田仲社

彌多仁社　　細見社　　同下社　　伊努社　　毛之社

草野社　　　秋鹿社　以上一十六所、並不在神祇官。

神名火山。郡家東北九里四十歩。高二百三十丈、周一十四里。所謂

佐太大神社、即彼山下也。足日山。郡家正北七里。高一百七十丈、周

一十里二百歩。足高野山。郡家正西一十里二十歩。高一百八十丈、周六里。

土体豊沃。百姓之膏腴之薗（百姓之肥沃でありふくよかな之薗）矣。無樹林。

但、上頭在樹林。此則神社也。

都勢野山。郡家正西一十里二十歩。高一百一十丈、周五里。無樹林。

嶺中有澤。周五十歩。蘿・藤・荻・葦・茅等物、叢生。或叢峙。或伏水。

鴛鴦住也。今山。郡家正西一十里二十歩。周七里、凡諸山野所在草木、

白朮・独活・女青・苦参・貝母・牡丹・連翹・茯苓・藍漆・女委・細辛・

蜀椒・薯蕷・白□（斂）・芍薬・百部根・薇蕨・薺頭蒿・藤・李　赤桐・

白桐・椎・椿・楠・松　柏・槻・禽獣、則有鶪・晨風・山鶏・鳩　規・猪・

鹿・兎・狐・飛□・□猴。

佐太川。源有二。東水、源島根郡所謂多久川是也。西水源出秋鹿郡渡

村。二水合、南流入佐太水海。即、水海周七里。有鮒。水海通入海。潮

長一百五十歩、広一十歩。長江川　源出郡家東北九里四十歩神名火山、

南流入々海。山田川。源出郡家西北七里満火山、南流入々海。多太川。

源出郡家正西一十里足高野、南流入々海。大野川。源出郡家正西一十三

里磐門山、南流入々海。草野川。源出郡家正西一十四里大継山、南流入々

海。伊農川。源出郡家正西一十六里伊農山、南流入々海。以上七川並無

魚。恵曇池築陂周六里。有鴛鴦・□（鴨）・鴨・鮒。四辺生葦・蒋・菅。

自養老元年以往、荷□（蕖）自然叢生、太多。二年以降、自然至失　都

無茎。俗人云、其底陶器、□□等類、多有也。自古時時人溺死。不知

深浅矣。

深田池。周二百三十歩。鴛鴦・□・鴨。杜原池。周一里二百歩。

峰崎池。周一里。佐久羅池。周一里一百歩。有鴛鴦。南入海。春則、

在　鯔魚・須受枳・鎮仁・□鰕等大小雑魚。秋則、有白鵠・鴻雁・□・

鴨等鳥。北大海。恵曇浜。広二里一百八十歩。東南並在家。西野、北大

海　即自浦至于在家之間、四方並無石・木。猶白沙之積。大風吹時、其沙、或随風雪零、或居流蟻散、掩覆桑・麻。即、有彫鑿磐壁三所。一所厚三丈、広一丈　高八尺　一所厚二丈広一丈　一所厚二丈　広一丈　高一丈、其中通川。北流入大海。川東島根郡西秋鹿郡内也。自川口、至南方田辺之間、長一百八十歩、広一丈五尺。源者田水也。上文所謂佐太川西源、是同処矣　凡　渡村田水也。南北別耳。古老伝云、島根郡大領社部臣訓麻呂之祖波蘇等、依稲田之□、所彫掘也。起浦之西磯、尽楯縫郡之堺自毛崎之間、浜壁峙崔嵬、雖風之静、往来船、無由停泊頭矣。白島。紫苔菜。御島。高六丈、周八十歩。有松三株。都於島。磯。著穂島。生海藻。

凡北海所在雑物、□・沙魚・佐波・烏賊・鮑魚・螺・貽貝・蚌・甲□・螺子・石華・蛎子・海藻・海松・紫菜・凝海菜。

通島根郡堺佐太橋、八里二百歩。

通楯縫郡堺伊農橋、一十五里一百歩。

郡司主帳従八位下勲十二等日下部臣

大領外正八位下勲十二等刑部臣

権任少領八位下蝮部臣

楯縫部

合郷肆。里一十二。　　　　　余戸壱、神戸壱。

佐香郷。　　今依前用。

楯縫郷。　　今依前用。

玖潭郷。　　本字総美。

沼田郷。　　本字努多。　　以上肆郷別里参。

余戸里。

神戸里。

所以号楯縫者。神魂命詔、五十足天日檜宮之縦黄御量、千尋□縄持而、百結結八十結結下而、此天御量持而、所造天下大神之宮造奉詔而、御子、天御鳥命楯部為而、天下給之。爾時、退下来坐而、大神宮御装束楯造始給所、是也。仍、至今、楯桙造而、奉於皇神等、故、云楯縫。

佐香郷。郡家正東四里一百六十歩。佐香河内、百八十神等集坐、御厨

立給而、令醸酒給之。即、百八十日　喜燕解散坐。故、云佐香。

　楯縫郷。即属郡家。説名、如郡。即、北海浜業利磯有窟裏方一丈半。
高広各七尺。裏南壁在穴。口周六尺、径二尺。人不得入。不知遠近。

　玖潭郷。郡家正西五里二百歩。所造天下大神命、天御飯田之御倉将造
給処覓巡行給。爾時、波夜佐雨、久多美乃山詔給之。故、云総美。神亀
三年、改字玖潭。

　所以号楯縫者。神魂命詔、五十足天日檜宮之たとえ黄（皇帝にかんする
ことを表す）が支配するのは考慮する、千尋□縄持而、百（急に盛んになる
さま）結で結び八十結で結んで下す而、此の天の御量を支える而、野王
之宮を造り奉じ告げる而、御子、天御鳥命の楯部と為す而、天下に姿を
くらますことを許す之。さらにその時、来た坐から下に退く而、大神宮
御装束の楯を造り始め支給する所、是也。まだ、今に至らぬ、楯桙を造
る而、於皇神等に奉じる、故、云楯縫。

　佐香郷。郡家正東四里一百六十歩。佐香河内、百八十神等集坐、御炊
事場で立ち供給する而、醸酒を供給させる之。即、百八十日　坐する燕
喜は解散。故、云佐香。

　楯縫郷。即属郡家。説名、如郡。即、北海浜業利磯の裏に方一丈半の
洞窟が有る。高広各七尺。裏南壁在穴。口周六尺、径二尺。人はとくに
はいらない。遠近も知らない。

　玖潭郷。郡家正西五里二百歩。野王、天御飯田之御倉将が造り給処尋
ねる巡行を給ひき。そのとき、夜の波は雨のおと助ける、久しくほとん
どが美しい再び山を告げたまひき之。故、云4総美。神亀三年、改字玖潭。

　沼田郷。郡家正西八里六十歩。宇乃治比古命、以爾多水而、御乾飯爾
多爾食坐詔而爾多負給之然則可謂爾多郷而、今人猶云努多耳。神亀三年
改字沼田。余戸里説名如意宇都。

神戸里。出雲也。説名、如意宇郡。

沼田郷。郡家正西八里六十歩。宇乃治比古命、以ってさらに多くの水を而、御男（用の）飯をますます多くさらに食す。謂うさらに大きな郷而、今の人の云う努多と叫ぶ。神亀三年改字沼田。余戸里説名如意宇都。
神戸里。出雲也。説名、如意宇郡。

新造院一所。在沼田郷中。建立厳堂也。郡家正西六里一百六十歩。大領出雲臣太田之所造也。

久多美社	多久社	佐加社	乃利斯社御津社
水　社	宇美社	許豆社	同社以上九所、並在神祇官。
許豆乃社	又許豆社	又許豆社	久多美社	同久多美社
高守社	又高守社	紫菜島社	鞆前社	宿努社
崎田社	山口社	葦原社	又葦原社
□之社	阿計知社	葦原社田社以上一十九所、並不在神祇官。

神名樋山。郡家東北六里一百六十歩。高一百二十丈五尺、周二十一里一百八十歩。寛西在石神。高一丈、周一丈。往側在小石神百余許。古老伝云、阿遅須枳高日子命之后。天御梶日女命、来坐多久村、産給多伎都比古命。爾時、教詔、汝命之御祖之向壮欲生、此処宜也。所謂石神者、即是、多伎都比古命之御託。当旱乞雨時、必令零也。阿豆麻夜山。　郡家正北五里四十歩。見椋山。郡家西北七里。凡諸山所在草木、蜀椒・藍漆・麦門冬。茯苓・細辛、白□（斂）・杜仲・人参・升麻・薯蕷・　白朮・藤・李・榧・楡・椎・赤桐・白桐・海榴・楠・松・槻・禽獣、則有鼯・晨風・鳩・山□・猪・兎・狐・□猴・飛□。

佐香川。源出郡家東北所謂神名樋山、東南流入々海。多久川。源出郡家東北神名樋山、西南流入々海。都宇川。源二。東水源出阿豆麻夜山。西水源出見椋山。二水合、南流入々海。宇加川。源出同見椋山。南流入々海。
麻奈加比池。周一里一十歩。
大東池。周一里。赤市池。周一里二百歩。沼田池。周一里五十歩。

長田池。周一里一百歩。

南入海。雑物等。如秋鹿郡説。

北大海。自毛埼。秋鹿与楯縫二郡堺。崔嵬松栢鬱、即有晨風之栖也。佐香浜。　広五十歩。己自都浜。広九十二歩。御津島。生紫菜。御津浜。広三十八歩。能呂志島。生紫菜。能呂志浜。広八歩。鎌間浜。広一百歩、於豆振埼。長二里二百歩、広一里。周嵯峨。上有松菜・芋。許豆島。生紫菜。

許豆浜　広一百歩。出雲与楯縫二郡之堺。

凡北海所在雑物、　如秋鹿郡説。但紫菜者、楯縫郡尤優也。

通道。秋鹿郡堺伊農川、八里二百六十四歩。通出雲郡堺宇加川、七里一百六十歩。

郡司主帳无位物部臣

大領外従七位下勲十二等出雲臣

少領外正六位下勲十二等高善史

出雲郡

合郷捌、里二十三。神戸壱。里二。

健部郷。　今依前用。

漆沼郷。　本字志刀沼。

河内郷。　今依前用。

出雲郷。　今依前用。

杵築郷。　本字寸付。

伊努郷。　本字伊農。

美談郷。　本字三太三。　以上漆郷別里参。

宇賀郷。　今依前用。　里弐。

神戸郷　里二

所以号出雲者、説名、如国也。

健部郷。　郡家正東一十二里二百二十四歩。先所以号宇夜里者、宇夜都弁命、其山峯天降坐之。即、彼神之社、至今猶坐此処。故、云宇夜里。而後、改所以号健部者、纏向檜代宮御宇天皇勅。不忘朕御子倭健命之御

名。健部定給。爾時、神門臣古彌。健部定給。即、健部臣等、自古至今、猶居此処。故、云健部。

漆沼郷。郡家正東五里二百七十歩。神魂命御子、天津枳比佐可美高日子命御名、又、云薦枕志都沼値之。此神郷中坐。故、云志刀沼。神亀三年、　改字漆沼。即有正倉。

河内郷。郡家正南一十三里一百歩。斐伊大河。此郷中西流。故、云河内　即有堤。長一百七十丈五尺。七十一丈之広七丈　九十五丈之広四丈五尺。出雲郷。即属郡家。説名如国。

所以って号出雲者、説名、如国也。

健部郷。郡家正東一十二里二百二十四歩。先の所を以って号宇夜里の者、宇夜都都弁命、其山の峯に天（出身地が分からない時に使っている）から降りて坐する之。即、彼神之社、至今でも此処に坐する。故、云う宇夜里。而後に、改所以号健部者、纏向檜代宮御宇天皇（景行天皇）の命令。朕の御子倭健命を忘れてはならい之御名。健部と定め与える。

その時、神門臣の古彌。健部と定めることを許す。即、健部臣等、自からいにしえに至今、すでに此処に居る。故、云健部。

漆沼郷。郡家正東五里二百七十歩。神魂命御子、天津枳比佐可美高日子命御名、又、薦枕志都沼値と云う之。此の神は郷の中に坐する。故、云志刀沼。神亀三年、　改字漆沼。即有正倉。

河内郷。郡家正南一十三里一百歩。斐伊大河。此郷中西流。故、云河内　即有堤。長一百七十丈五尺。七十一丈之広七丈　九十五丈之広四丈五尺。出雲郷。即属郡家。説名如国。

杵築郷。郡家西北二十八里六十歩。八束水臣津野命之国引給之後、所造天下大神之宮将造奉而、諸皇神等、参集宮処、杵築。故、云寸付。神亀三年、改字杵築。

伊努郷。郡家正北八里七十二歩。国引坐意美豆努命御子、赤衾伊努意

72

保須美比古佐倭気能命之社、即坐郷中。故、云伊農。神亀三年、改字伊努。

　美談郷。郡家正北九里二百四十歩。所造天下大神御子和加布都努志命、天地初判之後、天御領田之長、供奉坐之。即、彼神坐郷中。故、云三太三。神亀三年、改字美談。即有正倉。宇賀郷。郡家正北一十七里二十五歩。所造天下大神命、□坐神魂命御子、綾門日女命。爾時、女神不肯逃隠之時、大神伺求給所、是則此郷也。故、云宇賀。即、北海浜有礒。名脳礒。高一丈許。上生松、芸至礒。里人之朝夕如往来。又木枝人之如攀引。自礒西方有窟戸。高広各六尺許。窟内有穴。人不得入、不知深浅也。夢至此礒窟之辺者、必死。故、俗人自古至今、号黄泉之坂、黄泉之穴也。

　神戸郷。郡家西北二里一百二十歩出雲也。出雲也。説名、如意宇郡。

　新造院一所。有河内郷中。建立厳堂也。郡家正南一十三里一百歩。旧大領日置臣布弥之所造。今大領佐底麿之祖父。

　杵築郷。郡家西北二十八里六十歩。全てを束ねた水臣野王之造成で国を造る之その後、野王は之将の宮を造り奉じる而、諸の皇神等、宮に参集の処、杵築。故、云う寸付（初代出雲大社は大木をつないで高い場所に倭に共に来た劉と袁買が故郷烏丸、爰の青垣山を望む為に造る）。神亀三年、改字杵築。

　伊努郷。郡家正北八里七十二歩。国引坐意美豆努命御子、赤衾伊努意保須美比古佐倭気能命之社、即郷中に坐。故、云う伊農。神亀三年、改字伊努。即有正倉。

　宇賀郷。郡家正北一十七里二十五歩。野王、□坐神魂命御子、綾門日女命。爾時、女神背を向け逃げて隠れる之（これ、あれ、それ、その、形式的に用いられるだけで具体的になにをさすかわからない）時、大神は所に伺い供給するようにたのむ、是則此の郷也。故、云宇賀。即、北海浜に礒有り。名脳礒。高一丈許。上生松、芸（日本で〝藝〟の新字体とし用いる〝芸〟とは異なる中国語の〝藝〟の簡体文字は〝艺〟Yì）に至る礒。里人之朝夕如往来。又木枝人之（地位の高い人と）関係をもち引っ張る如。自礒西方有窟戸。高広各六尺許。窟内有穴。人不得入、不知深浅也。夢（願望・処）に至る此礒窟之周辺の者、必死。故、俗人自古至今、号黄泉之坂（黄泉は黄

河の源・天皇氏新石器時代に現れた処)、黄泉之穴也。

神戸郷。郡家西北二里一百二十歩出雲也。出雲也。説名、如意宇郡。

新造院一所。有河内郷中。建立厳(ぴったりくっついて隙間が無い)堂也。郡家正南一十三里一百歩。旧大領日置臣布弥之所が造る。今大領佐底麿之祖父。

杵築大社	御魂社御向社	出雲社
御魂社	伊努社意保美社	曽伎乃夜社
久牟社	曽伎乃夜社	阿受伎社　美佐伎社
伊奈佐乃社	彌太彌社	阿我多社　伊波社
阿具社	都牟自社　久佐加社	弥努婆社
阿受枳社	宇加社　布世社	同阿受枳社
神代社	加毛利社　来坂社	伊農社
同社	同社　鳥屋社	御井社
企豆伎社	同社　同社	同社
同社	同社　阿受枳社	同社
同社	同社　同社	同社
同社	同社　来坂社	伊努社
同社	同社　弥陀弥社	県社
斐提社	韓□社　加佐加社	伊自美社
波祢社	立蟲社以上五十八所, 並在神祇官.	
御前社	同御埼社　支豆支社	阿受枳社
同阿受枳社	同社　同阿受枳社	同阿受支社
同社	同社　同社	同社
同社	同社　同社	同社
同社	同社　同社	同社
同社	同社　同社	同社
同社	同社　同社	同社
同社	同社　同社	伊努社

同伊努社　同社　県社　　弥陀弥社

同彌阿彌社　同社　同社　　同社

同社　　　同社　　同社　　同社

同社　　　同社　　伊爾波社　都牟自社

同社　　　彌努波社　山辺社　同社

同社　　　間野社　布西社　波如社

佐支多社　支比佐社　神代社　同社

百枝槐社　以上六十四所、並不在神祇官。

神名火山。郡家東南三里一百五十歩。高一百七十五丈、周一十五
里六十歩。曽支能夜社坐、伎比佐加美高日子命社、即在此山嶺。故、
云神名火山。出雲御埼山。郡家西北二十八里六十歩。高三百六十丈、周
九十六里一百六十五歩。西下所謂所造天下大神之社坐也。凡諸山野所在
草木、卑解・百部根・女委・夜干・商陸・独活・葛根・薇・藤・李・蜀
椒・楡・赤桐・白桐・椎・椿・松・栢・禽獣、則有晨風・鳩・山□　鵠
□・猪・鹿・狼・兎・狐・□猴・飛鼠也。

出雲大川。源出伯耆与出雲二国堺鳥上山流。出仁多郡横田村。即経横
田三処・三沢・布勢等四郷、出大原郡堺引沼村、即経来次・斐伊・屋代・
神原等四郷、出出雲郡堺多義村、経河内・出雲二郷、北流、更折西流。
即経伊努・杵築二郷、入神門水海。此則所謂斐伊川下也。河之両辺、或
土地豊沃、五穀・桑麻、稔頗・枝、百姓之膏腴薗也。或土体豊沃、草木
叢生也。則有年魚・鮭・麻須・伊具比・魴・鱧等之類、潭□双泳。自河
口至河上横田村之間、五郡百姓、便河而居。出雲・神門・飯石・仁多・
大原郡。

起孟春至季春、校材木船、沿泝河中也。意保美小川。源出出雲御碕山、
北流入大海。有年魚少々。

土負池。周二百四十歩。須須比池。周二百五十歩。西門江。周三里
一百五十八歩。東流入々海。有鮒。大方江。周二百三十四歩。東流入々
海。有鮒。二江源者、並田水所集矣。東入海。三方並平原遼遠。多有山
□鳩・鳧・鴨・鴛鴦等之族也。

東入海所在雑物、如秋鹿郡説也。

北大海。宮松埼。有楯縫与出雲郡之堺。

意保美浜。広二里一百二十歩。気多島。生紫菜・海松。有鮑・螺・蘇甲□。井呑浜。広三十二歩。宇太保浜。広三十五歩。大前島。高一丈、周二百五十歩。生海藻。脳島。生紫菜・海藻。有松・栢。鷺浜。広二百歩。

黒島。生海藻。米結浜。広二十歩。爾比埼。長一里四十歩、広二十歩。埼之南本、東西通戸船、猶往来、上則松叢生也。宇礼保浦。広七十八歩。船二十計可泊。山埼島。高三十九丈、周一里二百五十歩。有椎・楠・椿松。

子負島。礒。大椅浜。広一百五十歩。御前浜。広一百二十歩。有百姓之家。御厳島。生海藻。御厨家島。高四丈、周二十歩。有松。等等島。有蚌貝石花。径聞埼。長三十歩、広三十二歩。有松。意能保浜。広一十八歩。

栗島。生海藻。黒島。生海藻。這田浜。広一百歩。二俣浜。広九十八歩。

門石島。高五十丈、周四十二歩。有鷲之栖。薗。長三里一百歩、広一里二百歩。松繁多矣。即、自神門水海、通大海潮、長三里、広一百二十歩。　此則出雲与神門二郡堺也。凡北海所在雑物、如楯縫郡説。但、鮑出雲郡尤優。所捕者、所謂御埼海子、是也。通意宇郡堺佐雑村、一十三里六十四歩。通神門郡堺出雲大河辺。二里六十歩。通大原郡堺多義村、一十五里三十八歩。通楯縫郡堺宇加川、一十四里二百二十歩。

郡司主帳无位若倭部臣

大領外正八位下日置臣

少領外従八位下太臣

主政外大初位下□□部臣

神門郡

合郷捌。里二十二。余戸壱、駅家弐、神戸壱。

朝山郷。今依前用。里弐。

日置郷。今依前用。里参。

塩冶郷。本字止屋。里参。

八野郷。今依前用里参。

高岸郷。本字高崖里参。

古志郷。今依前用里参。

滑狭郷。今依前用里弐。

多伎郷。本字多吉里参。

余戸里。

狭結駅。本字最邑。

多伎駅。本字多吉。

神戸里。

所以号神門者、神門臣伊加曽然之時、神門貢之。故、云神門。

即神門臣等、自古至今常居此処、故、云神門。

朝山郷。郡家東南五里五十六歩。神魂命御子。真玉著玉之邑日女命坐之。爾時、所造天下大神、大穴持命、娶給而毎朝通坐。故、云朝山。日置郷。郡家正東四里。志紀島宮御宇天皇之御世、日置伴部等、所遣来、宿停而為政之所。也。故、云日置。塩冶郷。郡家東北六里。阿遅須枳高日子命御子、塩冶毘古能命坐之。故、云止屋。神亀三年、改字塩冶。

八野郷。郡家正北三里二百一十歩。須佐能袁命御子。八野若日女命坐之。爾時、所造天下大神大穴持命。、将娶給為而、令造屋給。故、云八野。

高岸郷。郡家東北二里。所造天下大神御子、阿遅須枳高日子命。甚画夜哭坐。仍、其処高屋造可坐之。即建高椅可登降養奉。故、云高崖。神亀三年、改字高岸。古志郷。即属郡家。伊弉奈弥命之時、以日淵川築造池之。爾時、古志国人等、到来而為堤。即宿居之所也。故、云古志也。

滑狭郷。郡家南西八里。須佐能袁命御子、和加須世理比売命坐之。爾時、 所造天下大神命娶而通坐時、彼社之前有磐石。其上甚滑之。即詔、滑磐石哉詔。故、云南佐。神亀三年、改字滑狭。

所以号神門者、神門臣伊加曽然之時、神門は貢之。故、云神門。

即神門臣等、自古至今常居此処、故、云神門。

朝山郷。郡家東南五里五十六歩。神魂命御子。真玉著玉之邑日女命坐之。爾時、野王（大穴持命は島根の中海の主、野王）は娶ることを許す而毎朝通り坐する。故、云朝山。

日置郷。郡家正東四里。志紀島宮御宇天皇之御世、日置伴部等、所に遣わし来る、宿に泊まる而為政之所。也。故、云日置。塩冶郷。郡家東北六里。阿遅須枳高日子命御子、塩冶毘古能命坐之。故、云止屋。神亀三年、改字塩冶。

　八野郷。郡家正北三里二百一十歩。須佐能袁命御子。八野若日女命坐之。爾時、所造天下大神大穴持命。将娶給為而、屋敷を造り供給しろと命ず。故、云八野。

　高岸郷。郡家東北二里。所造天下大神御子、阿遅須枳高日子命。甚だしいが絵のような夜に坐して（声をだして）泣く。まだ、其の処の高屋造に坐するのは可之。即高い椅子を造る登り降り養情する。故、云高崖。神亀三年、改字高岸。

　古志郷。即属郡家。伊弉奈弥命之時、以って日淵川は築造の池之。爾時、古志国の人等、到り来て而堤を為す。即宿に居る之所也。故、云古志也。

　滑狭郷。郡家の南西八里。須佐能袁命御子（須：しなければならない佐：助ける：能：知らさなければ、誰が？　袁・袁買）、和加須世理比売命坐之。爾時、所造天下大神命娶而通坐時、彼社之前有磐石（大きな石）。其上にたいへん滑る之。即詔、滑磐石かなと告げる。故、云南佐。神亀三年、改字滑狭。

　多伎郷。郡家南西二十里。所造天下大神之御子。阿陀加夜努志多伎吉比売命坐之。故、云多吉。神亀三年、改字多伎。

　余戸里。郡家南西三十六里。説名、如意宇郡。

　狭結駅。郡家同処。古志国佐与布云人、来居之。故。云最邑。神亀三年、　改字狭結。其所以来居者説如古志郷也。

　多伎駅。郡家西南一十九里。説名、即如多伎郷也。

　神戸里。郡家東南一十里。

　多伎郷。郡家南西二十里。野王之御子。阿陀加夜努志多伎吉比売命坐之。故、云多吉。神亀三年、改字多伎。

　余戸里。郡家南西三十六里。説名、意宇郡と同じである。

狭結駅。郡家同じ処。古志国を佐与布と云う人、来て居る之。故。云最邑。神亀三年、　改字狭結。其所以来居者説如古志郷也。

　多伎駅。郡家西南一十九里。説名、即く多伎郷と同じ也。

　神戸里。郡家東南一十里。

　新造院一所。有朝山郷中。郡家正東二里六十歩。建立厳堂也。神門臣等之所造也。新造院一所。有古志郷中。郡家東南一里。本立厳堂刑部臣等之所造也。

美久我社	阿須理社	比布知社	又比布知社
多吉社	夜牟夜社	矢野社	波加佐社
奈売佐社	知乃社	浅山社	久奈為社
佐志牟社	多支枳社	阿利社	阿如社
国村社	那売佐社	阿利社	大山社
保乃加社	多吉社	夜牟夜社	同夜牟夜社

比奈社以上二十五所、並在神祇官。　塩夜社火守

同塩夜社	久奈子社	同久奈子社	加夜社
小田社	波加佐社	同波加佐社	多支社
多支支社	波須波社	以上一十二所、並不在神祇官。	

　田俣山。郡家正南一十九里。有□粉。長柄山。郡家東南一十九里。有□粉。　吉栗山。　郡家西南二十八里。有□粉也。所謂所造天下大神宮材造山也。宇比多伎山。郡家東南五里五十六歩。大神之御屋也。

　稲積山。郡家東南五里七十六歩。大神之稲積也。

　陰山。郡家東南五里八十六歩大神之御陰

　稲山。郡家東南五里一百一十六歩。東、在樹林　三方並礒也　大神御稲種。

　桙山。郡家東南五里二百五十六歩。南西並在樹林。東北並礒也。大神御桙。

　冠山。郡家東南五里二百五十六歩。大神之御冠。

　凡諸山野所在草木、白□・桔梗・藍漆・竜膽・商陸・続断・独活・白

□・秦椒・百部根・百合・巻柏・石斛・升麻・当帰・石葦・麦門冬・杜
仲・細辛・茯苓・葛根・□蕨・藤・李・蜀椒・檜・杉・榧・赤桐・白桐・
椿・槻・柘・楡・藥・楮・禽獸、則有鵰・鷹・晨風・鳩・山□（雉）鶉・
熊・猪・狼・鹿・兎・狐・□猴・飛□也。

神門川。源出飯石郡琴引山。北流、即経来島・波多・須佐三郷、出神
門郡余戸里門立村。即経神戸・朝山・古志等郷西流、入水海也。則有年
魚・鮭・麻須・伊具比。多岐小川。源出郡家西南三十三里多岐岐山。北
西流入大海。有年魚。宇加池。周三里六十歩。来食池。周一里一百四十
歩。有菜。笠柄池。周一里六十歩。有菜。刺屋池。周一里。

神門水海。郡家正西四里五十歩。周三十五里七十四歩。裏則、有鯔
魚・鎮仁・須受枳・鮒・玄蛎也。即、水海与大海之間有山。長一十二里
二百三十四歩、広三里。此者、意美豆努命之国引坐時之綱矣。今俗人号
云薗松山。地之形体、壤石並無也。白沙耳積上、即松林茂繁。四風吹時、
沙飛流掩埋松林。今年埋半遺。恐遂被埋巴与。起松山南端美久我林。

尽石見与出雲二国堺中島埼之間、或平浜。或陵礒。凡北海所在雑物、
如楯縫郡説。但無紫菜。通出雲郡堺出雲大川辺。七里二十五歩。通飯石
郡堺堀坂山。一十九里。通同郡堺与曽紀村　二十五里一百七十四歩

通石見国安濃郡堺多伎伎山。三十三里。路、常有□。通同安濃郡川相
郷、三十六里。径常□不有。但当有政時、噛置耳。

前件伍郡、　並大海之南也。
郡司主帳无位刑部臣
大領外従七位上勲十二等神門臣
擬少領外大初位下勲十二等刑部臣
主政外従八位下勲十二等吉備部臣
飯石郡
合郷漆。　里一十九。
熊谷郷。　今依前用。
三屋郷。　本字三刀矢。
飯石郷。　本字伊鼻志。

多祢郷。　本字種。

須佐郷。　今依前用。　　以上伍、郷別里参。

波多郷。　今依前用。

来島郷。　本字。支自真。　　以上弐、郷別里弐。

所以号飯石者、飯石郷中伊毘志都幣命坐。故、云飯石。熊谷郷。郡家東北二十六里。古老伝云、久志伊奈太美等与麻奴良比売命、任身及将産時、求処生之。爾時、到来此処詔。甚久々麻々志枳谷在。故、云熊谷也。

三屋郷。郡家東北二十四里。所造天下大神之御門、即在此処。故、云三刀矢。神亀三年、改字三屋。　即有正倉。

飯石郷。郡家正東一十二里。伊毘志都幣命、天降坐処也。故、云伊鼻志。神亀三年、改字飯石。

多祢郷。　属郡家。　　所造天下大神　大穴持命与須久奈比古命、巡行天下時、稲種堕此処。故、云種。神亀三年、改字多祢。

所以雅名飯石者、飯石郷の中に伊毘志都幣命は坐する。故、云飯石。

熊谷郷。郡家東北二十六里。古老の云伝え、久志伊奈太美等の与麻奴良比売命、任ずる身に及びまもなく産まれる時、此処に生まれることを求める之。爾時、此の処に来ると到る詔。きわめてえんえんとゴマゴマは長く枳（カラタチ）の谷在り。故、云熊谷也。

三屋郷。郡家東北二十四里。所造天下大神之技術を教える、即在此処。故、云う三刀矢。神亀三年、改字三屋。即有正倉。

飯石郷。郡家正東一十二里。伊毘志都幣命、天降（出所先が不明）坐する処也。故、云伊鼻志。神亀三年、改字飯石。

多祢郷。属郡家。所造天下大神　大穴持命は須久奈比古命に与える、巡行天下時、此の処に稲種が堕ちる。故、云種。神亀三年、改字多祢。

須佐郷。郡家正西一十九里。神須佐能袁命詔、此国者雖小国、国処在。故、我御名者、非者木石、詔而、即己命之御魂鎮置給之。然即、大須佐田・小須佐田定給。故、云須佐。即有正倉。

波多郷。郡家西南一十九里。波多都美命、天降坐処在。故、云波多。

　来島郷。郡家正南三十六里。伎自麻都美命坐。故、云支自真。神亀三年、改字来島。即有正倉。

　須佐郷。郡家正西一十九里。神須佐能袁命詔、此国者は小国ではあるが、国に住み生存する。故、我御名者、木石の者ではない、詔而、即己命之御魂を鎮め置き与える之。然即、大須佐田・小須佐田定め与える。故、云須佐。即有正倉。

　波多郷。郡家西南一十九里。波多都美命、天降坐処在。故、云波多。

　来島郷。郡家正南三十六里。伎自麻都美命坐。故、自から支える本当のことを云う。神亀三年、改字来島。即有正倉。

| 須佐社 | 河辺社 | 御門屋社 | 多倍社 | 飯石社 |

以上五所、並在神祇官。

狭長社	飯石社	田中社	多加社毛利社
兎比社	日倉社	井草社	深野社	託和社
上　社	葦鹿社	粟谷社	穴見社

神代社　　　志志乃村社以上一十六所、並不在神祇官。

焼村山。郡家正東一里。穴見山。郡家正南一里。

笑村山。郡家正西一里。広瀬山。　郡家正北一里。

琴引山。郡家正南三十五里二百歩。高三百丈、周一十一里。古老伝云、此山峯有窟。裏所造天下大神之御琴。長七尺。広三尺、厚一尺五寸。　又、在石神。高二丈、　周四丈。故、云琴引山。有塩味葛。

石穴山。郡家正南五十八里。高五十丈。幡咋山。郡家正南五十二里。有紫草。野見・木見・石次三野・並郡家南西四十里。有紫草。

　佐比売山。郡家正西五十一里一百四十歩。石見与出雲二国堺。

　堀坂山。郡家正西二十一里。有杉松。

　城垣山。郡家正西一十二里。有紫草。

　伊我山。郡家正北一十九里二百歩。

奈倍山。郡家東北二十里二百歩。

凡諸山野所在草木、□□（卑解）・升麻・当帰・独活・大薊・黄精・　前胡・薯蕷・白朮・女委・細辛・白頭公・白□・赤箭・桔梗・葛根・秦皮・杜仲・石斛・藤・李・檜・赤桐・椎・楠・杜梅・槻・柘・楡・松・榧・蘗・楮・禽獣、則有鷹・隼・山□・鳩・規・熊・狼・猪・鹿・兎・知悪猴・飛□。

三屋川。源出郡家正南二十五里多加山、北流入斐伊川。有年魚。

須佐川。源出郡家正南六十八里琴引山、北流、経来島・波多・須佐等三郷、神門郡門立村。此所謂神門川上也。有年魚。

磐鉏川。源出郡家西南七十里箭山、北流入須佐川。有年魚。

波多小川。源出郡家西南二十四里志許斐山、北流入須佐川。有鉄。

飯石小川。源出郡家正東一十二里佐久礼山、北流入三屋川。有鉄。

通大原郡堺斐伊川辺、二十九里一百八十歩。

通仁多郡堺温泉川辺、二十二里。

通神門郡堺与曽紀村、二十八里六十歩。

通同郡堺堀坂山、二十一里。

通備後国恵宗郡堺荒鹿坂、三十九里二百歩。径常直□（剗）。

通三次郡堺三坂、八十里。径常有□。

波多径　須佐径・志都美径、以上径、常無□（剗）。但当有政時権置耳。並通備後国也。

郡司主帳无位日置首

大領外正八位下勲十二等大私造

少領外従八位上出雲臣

仁多郡

合郷肆。　里一十二。

三処郷。　今依前用。

布勢郷。　今依前用。

三沢郷。　今依前用。

横田郷。　今依前用。　以上肆郷別里参

所以号仁多者、所造天下大神大穴持命詔、此国者、非大非小。

川上者木穂刺加布。川下者阿志婆布這度之。是者爾多志枳小国在詔。故、云仁多。三処郷。即属郡家。大穴持命詔、此地田好。故、吾御地占詔。故、云三処。

布勢郷。郡家正西一十里、古老伝云、大神命之宿坐処。故、云布世。神亀三年、改字布勢。

三沢郷。郡家西南二十五里、大神大穴持命御子、阿遅須枳高日子命、

御須髪八握于生画夜哭坐之、辞不通。爾時、御祖命。御子乗船而、率巡八十島、宇良加志給鞆、猶不止哭之。大神、夢願給、告御子之哭由夢爾願坐、則夜夢見坐之。御子辞通、則寤問給。爾時、御沢申。爾時、何処然云問給。即、御祖前立去出坐而、石川度、坂上至留、申是処也。爾時　其沢水活出而、御身沐浴坐　故国造神吉事奏、参向朝廷時、其水活出而用初也。依此今産婦、彼村稲不食。若有食者、所生子已不云也。故、云三沢。即有正倉。

所以号仁多者、所造天下大神大穴持命詔、此の国の者、大からず小さからず。川上の者木穂刺加布。川下の者阿志婆布その暮らす之。是者は爾多志枳小国に存在する詔。故、云う仁多。三処郷。即属郡家。大穴持命詔、此の地の田を好む。故、吾御地を占う詔。故、云三処。

布勢郷。郡家正西一十里、古老云伝える、大神命之宿に泊まる処。故、云布世。神亀三年、改字布勢。

三沢郷。郡家西南二十五里、大神大穴持命御子、阿遅須枳高日子命、

御髪を全て握り乾かし待つ絵が生まれた夜にここで激しく泣いた之、離れられない。その時、御祖父命。御子が船に乗る而、率いて巡る八十島、鞆（地名）の廻りは良好それに加え志を与える、まだ涙がとまらない之。大神、夢の願い与える、御子に告げる之泣くのは夢によるその願いと腰をおろす、夜夢を見てならう（……に学ぶ）と坐る之。御子は事態が分かる、学び問いを悟る給。爾時、御恵みをのべる。爾時、何処が正しいかと云い問いあたえる。即、御祖の前に立去り出て坐る而、川の岩場で過ごす、坂上に至り留どまる、申す是処也。爾時　其沢水が生き生きして

84

いる水が出る而、御身沐浴坐　故の国に神を造り捧げることは全てうま
くいく、参拝に向う朝廷その時、其の水は生きてでる而初めに用をなす
也。此の産婦今は頼る、彼の村の稲は食べない。若い者に食あり、所で
生れた子は已ではない云也。故、云三沢。即有正倉。

横田郷。郡家東南二十一里。古老伝云、郷中有田。四段許。形聊長。
遂依田而、故、云横田、即有正倉。以上諸郷所出鉄堅。尤堪造雑具。

横田郷。郡家東南二十一里。古老云伝える、郷の中の有田。四つほど
に分ける。形はわずかに長い、遂に依田而、故、云横田、即有正倉。以
上諸郷所出鉄堅。尤堪造雑具。

三沢社　伊我多気社以上二所、並在神祇官。玉作社　須我非乃社
　湯野社　比太社　漆仁社　大原社　髪期里社　石壷社以上八所、並不
在神祇官。
　鳥上山。郡家東南三十五里。伯耆与出雲之堺。有塩味葛。室原山。郡
家東南三十六里。備後与出雲二国之堺。有塩味葛。灰火山。郡家東南
三十里。
　遊記山。郡家正南三十七里。有塩味葛。御坂山。郡家西南五十三里。
即、此山有神御門。故、云御坂。備後与出雲之堺。有塩味葛。
　志努坂野。郡家西南三十一里。有紫草少少。玉峯山。郡家東南二十里。
古老伝云。山嶺有玉工神。　故、云玉峯。
　城縋野。郡家正南一十里。有紫草少少。大内野。郡家正南二里。有紫
草少少。菅火野。郡家正西四里。高一百二十五丈、周一十里。峯有神社。
　恋山。郡家正南一十三里。古老伝云、和爾恋阿伊村坐神、玉日女命而
上到。爾時、玉日女命、以石塞川、不得会所恋。故、云恋山。凡諸山野
所在草木、白頭公・藍漆・藁本・玄参・百合・王不留行・薔泥・百部根・
瞿麦・升麻・抜□・黄精・地楡・附子・狼牙・離留・石斛・貫衆・続断・
女委・藤・李・檜・椙・樫・松・柏・栗・柘・槻・蘗・楮。禽獣、則有

鷹・晨風・鳩・山□・規・熊・狼・猪・鹿・狐・兎・□猴・飛□。

　横田川。源出郡家東南三十五里鳥上山、北流。所謂斐伊河上。有年魚少少。室原川　源出郡家東南三十六里室原山、北流。此則所謂斐伊大河上。有年魚・麻須・魵鱧等類。灰火小川。源出灰火山、入斐伊河上。有年魚。

　阿伊川。源出郡家正南三十七里遊記山。北流入斐伊河上。有年魚・麻須

　阿位川。源出郡家西南五十三里御坂山、入斐伊河上。有年魚・麻須。

　比太川。源出郡家東南一十里玉峯山、北流。意宇郡野城河上、是也。

　有年魚。湯野小川。源出玉峯山、西流入斐伊河上。通飯石郡堺漆仁川辺、　二十八里。即、川辺有薬湯也。。一浴則身体穏平、再濯則万病消除。男女老少、昼夜不息、駱駅往来。無不得験。故俗人号云薬湯也。即有正倉。

　通大原郡堺辛谷村、一十六里二百三十六歩。通伯耆国日野郡堺阿志毘縁山、三十五里一百五十歩。常有□。通備後国恵宗郡堺遊記山、三十七里。常有□。通同恵宗郡堺比市山、五十三里。常無□。但当有政時、権置耳。

郡司主帳外大初位下品治部

大領外従八位下蝮部臣

少領外従八位下出雲臣

大原郡

合郷捌。　里二十四。

神原郷。　今依前用。

屋代郷。　本字矢代。

屋裏郷。　本字矢内。

佐世郷。　今依前用。

阿用郷。　本字阿欲。

海潮郷。　本字得塩。

来次郷。　今依前用。

斐伊郷。　本字樋。　　以上捌、郷別里参。

所以号大原者、郡家東北一十里一百一十六歩、

田一十町許。平原也、故、号曰大原。往古之時、此処有郡家。今猶追

旧号大原。今有郡家処。号云斐伊村。神原郷。郡家正北九里。古老伝云、所造天下大神之御財積置給処也、則可謂神財郷而。今人猶誤。云神原郷耳。屋代郷。郡家正北一十里一百一十六歩。所造天下大神之□立射処。故、云矢代。神亀三年、改字屋代。即有正倉。　屋裏郷。郡家東北一十里一百一十六歩。古老伝云、所造天下大神、令殖矢給処。故、云矢内。神亀三年、改字屋裏。佐世郷。郡家正東九里二百歩。古老伝云、須佐能袁命、　佐世乃木葉頭刺而、踊躍為時、所刺佐世木葉墮地。故、云佐世。

　所以号大原者、郡家東北一十里一百一十六歩、田一十町承諾し許す。

　平な原也、故、号曰大原。古い住居之時、此の処に有郡家。今猶追う古さ号大原。今有郡家処。号云斐伊村。即有正倉。

　屋裏郷。郡家東北一十里一百一十六歩。古老伝云、所造天下大神、矢を殖やし供給すると命じる処。故、云矢内。神亀三年、改字屋裏。

　佐世郷。郡家正東九里二百歩。古老伝云、須佐能袁（袁買）命、ふたたび佐世木葉が頭を刺す而、飛び跳ね踊りを為す時、所を刺す佐世木葉墮ちる也。故、云佐世。

　仮の話になりますが木葉が牙（矢じり）なら矢ではないのかと思いましたが。

　阿用郷。郡家東南一十三里八十歩。古老伝云、昔或人、此処山田佃而守之。爾時、目一鬼来而、食佃人之男。爾時、男之父母、竹原中隠而居之時、竹葉動之、爾時、所食男、云動動。故、云阿欲。神亀三年、改字阿用。海潮郷。郡家正東一十六里三十六歩。古老伝云、宇能治比古命、恨御祖須美祢命而、北方出雲海潮押上。漂御祖神。此海潮至。故、云得塩。神亀三年、改字海潮。即。東北、須我小川之湯淵村川中温泉。不用号。同川上毛間村川中温泉出。不用号。来次郷。郡家正南八里。所造天下大神命詔。八十神者、不置青垣山裏詔而、追廃時、此処□次坐。故、云来次。斐伊郷。属郡家。樋速日子命、坐此処。故、云樋。神亀三年、改字斐伊。

　阿用郷。郡家東南一十三里八十歩。古老伝云、昔或人、此の処棚田を

借りて小作をする而守之。爾時、一の鬼が来るのを見る而、小作人を食べさせる之男。爾時、男之父母、竹原の中に隠れる而居之時、竹葉が動く之、爾時、所食男、云動動。故、云阿欲。神亀三年、改字阿用。

海潮郷。郡家正東一十六里三十六歩。古老伝云、宇能治比古命、恨御祖須美祢命はご先祖を恨む而、北方出雲海の潮を押上げる。御祖神は漂う。此海潮至。故、云塩を手に入れる。神亀三年、改字海潮。即。東北、須我小川之湯淵村川中温泉。不用号。　同川上毛間村川中に温泉出る。不用号。

来次郷。郡家の正南八里。所造天下大神命詔。八十（すべて）神の者、青垣山（連なった緑の山）には置かずに裏にある詔而、追って廃する時に、此処木次坐。故、云来次。斐伊郷。属郡家。樋速日子命、此処に坐る。故、云樋。神亀三年、改字斐伊。

瓶姜は劉夫人と袁買を残し妹の文昭瓶皇后の所に帰ります。二人が故郷烏垣、爰の青垣山が見られるように木を次いで高い社を造ります、追って廃止するとは訳があったのでしょう。

新造院一所、在斐伊郷中。郡家正南一里。建立厳堂也。有僧五躯大領勝部臣虫麻呂之所造也。新造院一所。在屋裏郷中。郡家東北一十一里一百二十歩。建立□□層塔也。有僧一躯。前少領額田部臣押島之所造也。今少領伊去美之従父兄也。新造院一所。在斐伊郷中。郡家東北一里。建立厳堂也。有尼二躯。斐伊郷人、樋伊支知麻呂之所造也。

矢口社	宇乃遅社	支須支社	布須社	御代社
宇乃遅社	神原社	樋社	樋社	佐世社
世裡陀社	得塩社	加多社以上一十三所、並在神祇官。		赤秦社
等等呂吉社	矢代社	比和社	日原社	幡屋社
春殖社	船林社	宮津日社	阿用社	置谷社
伊佐山社	須我社	川原社	除川社	屋代社

以上一十六所、並不在神祇官。

兎原野。郡家正東。即属郡家。城名樋山。郡家正北一里一百歩。所造天下大神大穴持命。為伐八十神造城。故、云城名樋也。高麻山。郡家正北一十里二百歩。高一百丈、周五里。北方有樫・椿等類。東南西三方並野也。古老伝云、神須佐能袁命御子、青幡佐草日子命、是山上麻蒔殖。故、云高麻山。即此山峯坐。其御魂也。　須我山。　郡家東北一十九里一百八十歩。有檜枌。船岡山。郡家東北一十九里一百八十歩。阿波枳閉委奈佐比古命曳来居船、則此山是矣。故、云船岡也。　御室山。郡家東北一十九里一百八十歩。神須佐乃乎命、御室令造給。所宿。故、云御室

兎原野。郡家正東。即属郡家。城名樋山。郡家正北一里一百歩。所造天下大神大穴持命。八十神の座（比較的大きなもの）を造ったことは誇りと為す。故、云城名は樋也。高麻山。郡家正北一十里二百歩。高一百丈、周五里。北方有樫・椿等類。東南西三方並野也。古老伝云、神須佐能袁命御子、青幡佐草日子命、是山上麻を蒔き殖える。故、云高麻山。即此山峯坐。其御魂也。須我山。　郡家東北一十九里一百八十歩。ひのきと楡がある。船岡山。郡家東北一十九里一百八十歩。阿波枳閉委奈佐比古命が曳き来た船が居る、此山にならう是矣。故、云船岡也。

御室山。郡家東北一十九里一百八十歩。神須佐乃乎（かえた）命、皇帝の室で作れと給うことを命令される。所宿。故、云御室

凡諸山野所在草木　苦参・桔梗・□茹・白□・前胡・独活・卑解・葛根・細辛・茵芋・白前・決明・白□・女委・薯蕷・麦門冬、藤・李・檜・杉・栢・樫・櫟・椿・楮・楊梅　槻　蘗。禽獣、則有。鷹・晨風・鳩・山□・雉・熊・狼・猪・鹿・兎・□猴・飛□・斐伊川。郡家正西五十七歩。西流入出雲郡多義村。有年魚・麻須。海潮川。源出意宇与大原二郡堺介末村山北流。自海潮西流。有年魚少少。須我小川。源出須我山西流。有年魚少少。佐世小川。源出阿用山、北流入海潮川無魚

幡屋小川。源出郡家東北幡箭山南流。無魚。右四、水合西流入出雲大河

屋代小川。源出郡家正北除田野西流、入斐伊大河。無魚。

　通意宇郡堺林垣坂、二十三里八十五歩。通仁多郡堺辛谷村、二十三里一百八十二歩。通飯石郡堺斐伊河辺、五十七歩。通出雲郡堺多義村、一十一里二百二十歩。前件参郡、並山野之中也。

　郡司主帳无位勝部臣

　大領正六位上勲十二等勝部臣

　少領外従八位上額田部臣

　主政无位日置臣

　自国東堺去西二十里一百八十歩、至野城橋。長三十丈七尺、広二丈六尺、飯梨川。又、西二十一里、至国聴、意宇郡家北十字街、即分為二道。一正西道一扛北道。扛北道、去北四里二百六十歩、至郡北堺朝酌渡。渡八十歩渡船一。又、北一十里一百四十歩。至島根郡家。自郡家去北一十七里一百八十歩、至隠岐渡千酌駅家浜。渡船。又、自郡家西一十五里八十歩、　至郡西堺佐太橋。長三丈、広一丈。佐太川。

　又、西八里二百歩、　至秋鹿郡家。又、自郡家西一十五里一百歩、至郡西堺。又、西八里二百六十四歩、至楯縫郡家。又、自郡家西七里一百六十歩、至郡西堺。又　西一十四里二百二十歩。出雲郡家東辺。即、入正西道也。総扛北道程、　一百三里一百四歩之中、隠岐道一十七里一百八十歩。正西道自十字街西一十二里、至野代橋。長六丈、広一丈五尺。又、西七里、至玉作街、　即分為二道。一正西道、一正南道正南道。一十四里二百一十歩、至郡南西堺。又、南二十三里八十五歩、至大原郡家、即分為二道。一南西道、一東南道。南西道五十七歩、至斐伊川。渡二十五歩、渡船一。又、南西二十九里一百八十歩、至飯石郡家。又、自郡家南八十里、至国南西堺。通備後国三次郡。総去国程、一百六十六里二百五十七歩也。東南道、自郡家去二十三里一百八十二歩、郡東南堺。又、去東南一十六里二百三十六歩、至仁多郡家（比比理村）、即、分為二道。一道、東三十五里一百五十歩、至仁多郡堺。一道、南三十八里一百二十一歩。至備後国堺遊記山

　正西道　自玉作街西九里、至来待橋。長八丈、広一丈三尺

又、西一十四里三十歩、至郡西堺。又、西一十三里六十四歩、至

出雲郡家　自郡家西二里六十歩、至郡西堺出雲河。渡五十歩、渡船一。

又、西七里二十五歩、至神門郡家。即有河。渡二十五、歩渡船一。
自郡家西三十三里、至国西堺。通石見国安濃郡。総去国程、九十七里
二百二十九歩。自東堺去西二十里一百八十歩、至野城駅。又、西二十一
里、至黒田駅、即分為二道。一正西道、一渡隠岐国道也。隠岐国道去北
三十三里六十歩、至隠岐渡千酌駅。又。正西道。三十八里、至宍道駅。
又、西二十六里二百二十九歩、至狭結駅。又、西一十九里。至多伎駅。又、
西一十四里、至国西堺。

意宇軍團。即属郡家。熊谷軍團、飯石郡家東北二十九里一百八十歩。

神門軍團。郡家正東七里。馬見烽。出雲郡家西北三十二里二百四十歩。

土椋烽。神門郡家東南一十四里。多夫志烽。出雲郡家正北一十三里
三十歩。布自枳美烽。島根郡家正南七里二百一十歩。暑垣烽。意宇郡家
正東二十里八十歩。宅枳戍。神門郡家西南三十一里。瀬埼戍。島根郡家
東北一十七里一百八十歩。

天平五年二月三十日勘造。秋鹿郡人、神宅臣

全太理

国造帯意宇郡大領外正六位上勲十二等出雲臣広島

□底本、無奥書。巻首記の内、出雲国風土記に関する記事□今適□全
部出雲一国而已。雖有流布本不免伝写誤。今所書写本者、伝聞出雲国造
之文庫所有、以全為篇首。

　出雲国風土記について拙い訳をしましたが、漢字で書かれているが漢
字より古い字が見えますのは漢の時代より古い人達が来ている証です。
　漢の前に紀元前に秦の始皇帝に敗れた国（華夏の国）の人達が紀元前
200年、出雲国に来ています。それに燕国の王燕喜が来ています。斎の
徐市も多数の童男童女に婦人と共に、それから400年経つと烏垣の爰
からは瓶姜に袁紹の后劉と袁買が来ています。紀元前660年後からも

来ていることは孝の文字から見えます。古い時代の話で資料は無いのですが、考の姓も弥生期に北魏を創ったのは考文帝です。とても重要なのは衛国の衝桙等の文章が秋鹿の郡多太郷に載っています、何年の時に出雲国に来たのかは分かりませんが、紀元前660年には鶴の好きな衛国の衛懿公が日本に来ていますから、衛の名が残っているのは衛懿公が日本に来た証にはなります。それも一つの話です。いずれも、1000～5000人規模ですから大型の船しか使えません。沖に停泊して小舟で上陸しますが、埴輪等で見る船はこの船を模していて大きな船の陶器の模型は出来なかったのでしょうか見たことが無かったかもしれません。

　それと古代日本の姓に共通しているのが姫姓で、三皇五帝の黄帝の末裔であることです。卑彌呼（瓶姜）と関係の深い魏も姫姓になります。何れの国も日本に関係ある国は北京を中心に黄河周辺の国というのは神話が黄河中心です。初めは黄河で日の出、日の入りの真っ赤な太陽が見えるところでしょうか。

　我が国の人は真っ赤な太陽を知っていますが、世界規模では一部しか知られていません、蛍も世界規模では♀が飛ばない陸蛍です。現在の日本の着物も古代から延々続いているのは日本です。祭りひとつとってもこれだけ豪華な祭りは他の国に対しひけはとりません。あれだけ豪華な祖を祭る家庭の御仏壇すら世界には例を見ません。我が国の人が日本を知らない珍しい現象です。漢字ですら古代からかたちを変えていません。卑彌呼と鮮卑の檀石槐が国を治めるために使った鬼道も現代まで形は少し変わってきていきますが、余りにも身近過ぎて気が付かないだけです。鬼道は鬼神道で天空夜叉、自然界のことは人の手ではどうにもなりません。いわゆる神頼みの世界ですが、風神、雷神であらわしています。地獄道は閻魔大王の世界です。畜生道は桃太郎の鬼退治のお話です。畜生からも学べ、畜生を大切にしろと教えてくれています。餓鬼道は節分です。「鬼は外！　福は内！」と身勝手な言い分を戒めています。天空夜叉、

三道が現代の某宗派の経になっていると言われています。どれをとっても素晴らしい話を我が国の人が知らないのも不思議な話ですし、これこそ謎です。まさか漢より優れたところがあるにもかかわらず、漢から鮮卑の姓を漢の一文字の姓にすれば長安の墓地に祀ってやると言われました。外国文化に憧れる我が国の人を見るとその DNA が残っているかもしれません。

第五章

瓶姜と袁譚

　　袁譚は漢の高官安国亭侯袁基の長男です、袁譚の父が董卓に殺されます。父が殺され、その長男が難を逃れることが出来たでしょうか。夫袁譚になり変わった瓶姜が現れると三国志以降の話が良く分かります。

　　後漢書巻七十四上　袁紹劉表列傳第六十四上・（後漢書 李賢注）
　　董卓聞紹起山東、乃誅紹叔父隗、及宗族在京師者、盡滅之（一）。卓乃遣大鴻臚韓融、少府陰循、執金吾胡母班、將作大匠呉循、越騎校尉王瑰譬解紹等諸軍。紹使王匡殺班、瑰、呉循等、　（二）袁術亦執殺陰循、惟韓融以名德免。

　　山東で袁紹が興したと聞く、紹はなんじの叔父隗を（罪あるもの）討つ、殺す、及び一族は在京の優れた者である、之その儘滅す（一）。
　　董卓は大鴻臚（古代公式の役職、朝廷が掌握している諸侯の官史及び属国の藩の事務方）韓融　少府陰循、執金吾胡母班、將作大匠呉循、越騎校尉王瑰譬解紹等諸軍　紹は班を王匡殺しに班、瑰、呉循等を使わす。

　　獻帝春秋曰:「太傅袁隗、太僕袁基、術之母兄、卓使司隷宣璠（尺）〔盡〕口收之、母及姉嬰孩以上五十餘人下獄死。」
　　敬啟
　　卓別傳曰:「悉埋青城門外東都門內、而加書焉。又恐有盜取者、復以

屍送郿藏之。」

（一）　献帝春秋（東漢時代の古書）曰：「古代役人の袁隗、行政官の袁基、術之母兄、卓は司里（西漢王朝の武帝によって設立）の宣璠を使う（尺）（盡）」口收之、母及び姉妹と幼児以上五十餘人が幽閉され死ぬ。」卓別傳曰：「すべて青城門外東都門内に埋める、而これで書にたす。又恐ろしく盗み取る者が有る、以戻す屍を郿（中国陝西省の地名で、現在の梅県）の藏に送る之。」

（二）　海內先賢傳曰：「韓融字元長，潁川人。」楚國先賢傳曰：「陰循字元基、南陽新野人也。」漢末名士錄曰：「胡母班字季友、泰山人、名在八廚。」謝承書曰：「班、王匡之妹夫。匡受紹旨、收班繫獄、欲殺以徇軍。班與匡、略曰：「足下拘僕於獄、欲以釁鼓、此何悖暴無道之甚者也？僕與董卓何親戚？義豈同惡？足下張虎狼之口、吐長蛇之毒、患卓遷怒、何其酷哉！、死者人之所難、然恥為狂夫所害。若亡者有靈、當訴足下於皇天。夫婚姻者禍福之幾、今日著矣。曩為一體、今為血讎、亡人二女、則君之甥、身沒之後、慎勿令臨僕尸骸。」匡得書、抱班二子哭、班遂死於獄。」

（二）　海內先賢傳曰：「韓融（127年～196年）字元長、潁川人。」楚國先賢傳曰：「陰循字元基、南陽新野人也。」漢末名士錄曰：「胡母班字季友、泰山人、名在八廚。」謝承書曰：「班、王匡之妹夫。紹の目的を匡は受ける、班を繋ぎ獄へ収める、殺したい以って軍に触れを出す。班を許す匡、略曰：「獄に於いて拘束する、欲を以って鼓で挑発する、此は何混乱させ暴挙無道之目立違がりの者也？　私（僕）は董卓を許す何親戚？　正義がどうして悪なのか？　既に張っている虎狼之口、吐く長蛇之毒、鵜董卓は還って怒り嫌う、軍団の集団感嘆詞！　死者人之収拾する、然るに恥を為す狂った夫の諸々害。若くして亡くなった者にも心は有る、皇帝にふれ伏し訴える。夫と婚姻者は幾つか禍や福がある之、今日の祝いの歌集なり矣。過去も一体、今も血を流す、亡くなった二女、則之君の甥、その後身を歌う、私の屍を慎んで伝えて。」匡得書、抱班二子哭、班遂

に死ぬ於ける獄で。」

　風土記や三国志より後漢書の訳は私には難しく容易ではありません。文書体、文字の使い方が違ってきています。それはあの広い大地に多種の民族が暮らしていますから文化の違いは当然です。
　後漢書では袁紹の兄の袁基が亡くなっています、私は袁基の長男が袁譚、弟は袁買（須佐能袁）で袁譚の后は瓶姜と言ってきました。それの説明をしなければなりません。何故なら後漢書では袁紹の長男が袁譚、次男が袁熙で三男が袁尚になっています。簡単に説明すれば袁紹は我が子に熙と尚、紹（ xī、shàng、Shào）の当て字を使っていますから、譚（Tán）は使えない筈です。継父（義理の父）が袁基に為っていますが、袁基が亡くなって袁紹の長男の扱いを受けた、と解釈します。

　後漢書巻七十四上　袁紹劉表列傳六十四上
　紹有三子：譚字顯思、熙字顯雍、尚字顯甫。譚長而惠，尚少而美。紹後妻劉有寵，而偏愛尚，數稱於紹、紹亦奇其姿容。欲使傳嗣。乃以譚繼兄後、出為青州刺史。沮授諫曰：“世稱萬人逐兔、一人獲之、貪者悉止、分定故也。且年均以賢，德均則卜、古之製也。願上惟先代成敗之誡，下思逐兔分定之義。若其不改，禍始此矣。”紹曰：“吾欲令諸子各據一州，以視其能。”於是以中子熙為幽州刺史、處甥高幹為并州刺史。
（一）　慎子曰：「兔走於街，百人追之，貪人具存，人莫之非者，以兔為未定分也。積兔滿市、過不能顧，非不欲兔也、分定之後、雖鄙不爭。」子思子、商君書並載、其詞略同。
（二）　左傳曰：「王后無嫡則擇立長、年鈞以德、德鈞以卜。」

　袁紹には三人の子が有る：譚字顯思、熙字顯雍、尚字顯甫。譚は長男而従順である、尚は若い而きれいである。紹は後妻劉を寵愛する、而尚を偏愛す、紹に於ける子の順番、紹は亦（また）其の容姿は奇なり。
　相続人に欲する。再び以って譚は兄の後を継ぐ（譚に兄はいない袁紹の

兄が袁基です）出むき<u>青州刺史</u>（知事）を為す。<u>沮授</u>（[？〜200年] 広平出身で、後漢末期に袁紹の軍事参謀を務める）<u>沮授</u>（君主、目上、友人を）いさめる曰：世の全ての人に免じ追い払う一人獲之、貧者はすべて止める、分けて定める故也。且（言葉の調子を強める）年を以って均しく賢い、予見すれば品行は平均している 古風な之決める也。

　　上に願うこれ先代成敗すると之警告する、下に思う遂に免じる分之義（討論する）。なんじは其れを改めない、此れ禍が始まる矣（全文を強調する）。"昭曰く：吾欲するよい多くの人が各州を占拠する、以って其れを視てもよい。" 於ける此れ以って中子（真ん中の胡子になっているが袁譚を長男として解釈、袁譚は袁基の長男）<u>熙</u>を<u>幽州</u>刺史（知事）と為す、處で甥の<u>高幹</u>は<u>并州</u>刺史と為す。

（一）　慎子曰く：「走って逃げる於ける街、百人之追う、貪人でも才能がある、人誰もいない之人に在らずの者。以って免じる。いたる蓄積を免じる、過去に気を配らない、いらない欲免じる也、分定めた之後、軽蔑するけれども争いは避ける。」子は子を思う、商君書（戦国時代に思想家学派の代表作）に並ぶ記載する、其の詞（口語で書かれる俗謡）は略し同じである。

（二）　左傳曰く：「王の后は嫡子無く立長子を選ぶ、年も釣りあい以って品性が有る、品性と釣りあい以って夢。」

　　袁昭には三人の子がいる、袁基の長男を引き取って三人の子がいる。実際は袁基の子は袁譚と、注釈で賣未詳と記載されている袁買が袁譚の弟になります。三国志に登場する袁譚は妻の瓶姜が夫の身代わりになった、というのが私の説です。袁紹の后、劉夫人が倭に来たなら袁基の妃も倭に袁譚の嫁の瓶姜と共に来ているはずです。二つ目は董卓が袁基を襲ったときに袁譚は何処に居たのでしょうか？　おめおめ董卓が長男の袁譚を見逃しますか？　三つ目は袁譚が青州の知事に成ると劉備が慰労に青州に部下を引き連れ逗留までし、民衆は喜んで歓迎します。袁譚と劉備は何の関係もありませんが瓶姜は劉備と同じ中山の人です。青州の

地域は過去に中山が有ったところで、民衆も中山の人です。

　四つ目は曹操と袁紹が 200 年に戦った官渡の戦いです。袁譚なら将軍でも可笑しくはありませんが、その戦いの布陣の中で位は幕府長史で部下は一人です。幕府と言えば室町幕府、江戸幕府を連想しますが中国でも分かっていないようですが、幕府は古代文字で、いや、もっと単純で熟語で解釈せずに一字一字意味が分かればよいという伝来の解釈ですと、幕と布です。戦陣を思い浮かべてください。陣営の仮設テントです。袁譚に扮した瓶姜は、そこの責任者で、負傷されては困ります。

　五つ目は三国史、魏書の巻末、倭の項に卑彌呼の世話をする男子がいる。夫を亡くし息子の消息も分からない心身ともに弱っている劉夫人と多くの女の人が来ています。なぜわざわざ男なのでしょう？　身元は名前だけで事足りますが、やはり身元隠しと捉えます。

　六つ目は曹操に負けた袁紹は袁譚を残し、三万の軍勢を連れて帰ります。その時に曹操は冀州の知事に袁譚を赴任させます。一番先に袁紹が抑えた冀州に相手の後継者を知事にする話はこの時代には例を見ません。曹操は何れ嫡子の一人と結婚させればと軽く考えたでしょうか？

　七つ目、神功皇后は男の格好をしている、娘が男の格好をしているなら、母親も男の格好をしているはず。

　八つ目は南皮に向かう袁譚に対して、譚斬られ妻子刺殺と三国志には載っていますが、誰が行ったのか、珍しく名称不明です、処で卑彌呼は皇位継承に対し執念を燃やしていますので。かなり三国志と後漢書は違いますが、後漢書には魏書曰く……の文章がありますので後漢書は三国志に書かれていたことを参照しています。

　三国志巻六　魏書六　董二袁劉傳第六　官渡の戦い以降、袁紹の憂死から。

　冀州城邑多叛、紹復撃定之。自軍敗後發病、七年、憂死。

　紹愛少子尚、兒美、欲以為後而未顯。典論曰：譚長而惠、尚少而美。紹妻劉氏愛尚、數稱其才、紹亦奇其兒。欲以為後，未顯而紹死。劉氏性

酷妬，紹死，殭屍未殯、寵妾五人、劉盡殺之。以為死者有知、當複見紹於地下、乃髡頭墨面以毀其形。尚又為盡殺死者之家。

　冀州城下町（袁紹の領地、諸侯の領地）の多くは情が硬い、報復の攻撃を紹は決める之。自軍が敗れた後に発病、七年、安楽な死。

　紹は下の尚を愛していた、容姿は美しい、欲以って為す後に而目立たない。

　尚の兄、熙は登場しませんし、袁家は袁紹の兄、袁基も登場しません。少し説明が足りないのは、意図的か単に関心が無かったのか？　袁紹が病のときに瓶蜜（文昭瓶皇后）が熙から曹操の長男、曹丕（文帝）に奪われます。次の曹叡の産みの母親が瓶蜜で育ての母が文郭皇后で、二人の母親が曹叡にはいます。瓶蜜の姉が瓶姜（卑彌呼）で倭の仕事が終わると瓶蜜（文昭瓶皇后）の元に帰ります。

　審配與辛評、郭圖爭權、配、紀與尚比、評、圖與譚比。衆以譚長、欲立之。配等恐譚立而評等為己害、緣紹素意、乃奉尚代紹位。譚至、不得立、自號車騎將軍。由是譚、尚有隙。太祖北征譚、尚。譚軍黎陽、尚少與譚兵、而使逢紀從譚。譚求益兵、配等議不與。譚怒、殺紀。英雄記曰：紀字元圖。初、紹去董卓出奔、與許攸及紀俱詣冀州、紹以紀聰達有計策、甚親信之、與共舉事。後審配任用、與紀不睦。或有譖配於紹、紹問紀、紀稱“配天性烈直、古人之節、不宜疑之”。紹曰：“君不惡之邪？”紀荅曰：“先日所爭者私情、今所陳者國事。”紹善之、卒不廢配。配由是更與紀為親善。

　審配、逢紀は辛評と興す、配、紀は興す（始める）。尚は比べ郭圖と争うか計算する、評、圖は興すが譚と比べる。衆は以譚に長（秀でる）あり、立ち上がるのを欲する之。配等は譚の立ち上がるのを恐れる而に評等には己の害に為、袁紹の意思に素直に従う、再び尚が紹の位に代る。袁譚に至っては、立つのは納得しない、自ら號車騎（いったんやり出

100

した仕事はどんな困難にあってもやめられない）將軍。譚是に基づく、尚には隙がある。太祖は北の譚、尚に遠征する。譚軍は黎陽に、尚は少し譚の兵を起こす、而譚に従う逢紀を使う、譚は増兵を求める、配等は興さずに不義理する。譚は怒り、紀を殺す。

太祖渡河攻譚、譚告急於尚。尚欲分兵益譚、恐譚遂奪其衆、乃使審配守鄴、尚自將兵助譚、與太祖相拒於黎陽。自〔二〕{九}月至〔九〕{二}月、大戰城下、譚、尚敗退，入城守。太祖將圍之、乃夜遁。追至鄴、收其麥、拔陰安、引軍還許。太祖南征荊州、軍至西平。譚、尚遂舉兵相攻、譚敗奔平原。尚攻之急、譚遣辛毗詣太祖請救。太祖乃還救譚、十月至黎陽。

太祖（曹操）は河を渡り袁譚を攻める、譚は惟を急いで尚に告げる。
尚は譚に加わった兵士を欲する、譚は恐れ遂に其の衆を奪う、再び審配を使い鄴を守る、尚から將兵を譚助ける、太祖は興す黎陽に於いて相手に反抗する。自から〔二〕{九}月から〔九〕{二}月に到る、城下の戦いは大きい、譚、尚敗退し、入城して守る。太祖のまわり將が取り囲む之、再び夜攻める。鄴を追い至る、其の麦を収穫する、陰安から引きあげる、引きあげ軍が還るのを許す。太祖は南の荊州を征伐する、軍は西平に至る。譚、尚遂に舉兵して相攻撃、譚敗平原に向かって行く。尚攻める之急ぐ、譚は辛毗を遣わし太祖に詣で救いの許しを請う。太祖は引き還し譚を救う、黎陽には十月に至る。

（注釈）魏氏春秋載劉表遺譚書曰："天篤降害、禍難殷流、尊公殂殞、四海悼心。賢胤承統，遐邇屬望，咸欲展佈旅力，以投盟主，雖亡之日，猶存之願也。何寗青蠅飛於乾旍，無極遊於二壘，使股肱分為二體，背膂絕為異身！昔三王五伯，下及戰國，父子相殘，蓋有之矣；然或欲以成王業，或欲以定伯功，或欲以顯宗主，或欲以固塚嗣，未有棄親即異，抗其本根，而能崇業濟功，垂祚後世者也。若齊襄復九世之讎，士匄卒荀偃之事，是

故春秋美其義，君子稱其信。夫伯遊之恨於齊，未若太公之忿曹；宣子之承業，未若仁君之繼統也。且君子之違難不適讎國，豈可忘先君之怨，棄至親之好，為萬世之戒，遺同盟之恥哉！冀州不弟之慼，既已然矣；仁君當降志辱身，以匡國為務；雖見憎於夫人，未若鄭莊之於姜氏，兄弟之嫌，未若重華之於象傲也。然莊公有大隧之樂，象受有鼻之封。願棄捐前忿，遠思舊義，復為母子昆弟如初。"又遺尚書曰："知變起辛、郭，禍結同生，追闕伯、實沈之踪，忘常棣死喪之義，親尋干戈，殭屍流血，聞之哽咽，雖存若亡。昔軒轅有涿鹿之戰，周武有商、奄之師，皆所以翦除穢害而定王業，非強弱之事爭，喜怒之忿也。故雖滅親不為尤，誅兄不傷義。今二君初承洪業，纂繼前軌，進有國家傾危之慮，退有先公遺恨之負，當唯義是務，唯國是康。何者？金木水火以剛柔相濟，然後克得其和，能為民用。今青州天性峭急，迷於曲直。仁君度數弘廣，綽然有餘，當以大包小，以優容劣，先除曹操以卒先公之恨，事定之後，乃議曲直之計，不亦善乎！若留神遠圖，克己復禮，當振斾長驅，共獎王室，若迷而不反，違而無改，則胡夷將有誚讓之言，況我同盟，復能戮力為君之役哉？此韓盧、東郭自困於前而遺田父之獲者也。憤踊鶴望，冀聞和同之聲。若其泰也，則袁族其與漢昇降乎！如其否也，則同盟永無望矣。"譚、尚盡不從。漢晉春秋載審配獻書於譚曰："春秋之義，國君死社稷，忠臣死王命。苟有圖危宗廟，敗亂國家，王綱典律，親疏一也。是以周公垂泣而蔽管、蔡之獄，季友歔欷而行針叔之鴆。何則？義重人輕，事不得已也。昔衛靈公廢蒯聵而立輒，蒯聵為不道，入戚以篡，衛師伐之。春秋傳曰：'以石曼姑之義，為可以拒之。'是以蒯聵終獲叛逆之罪，而曼姑永享忠臣之名。父子猶然，豈況兄弟乎！昔先公廢絀將軍以續賢兄，立我將軍以為適嗣，上告祖靈，下書譜牒，先公謂將軍為兄子，將軍謂先公為叔父，海內遠近，誰不備聞？且先公即世之日，我將軍斬衰居廬，而將軍齋於堊室，出入之分，於斯益明。是時兇臣逢紀，妄畫蛇足，曲辭諂媚，交亂懿親，將軍奮赫然之怒，誅不旋時，我將軍亦奉命承旨，加以淫刑。自是之後，癰疽破潰，骨肉無絲髮之嫌，自疑之臣，皆保生全之福。故悉遣強胡，簡命名將，料整器械，選擇戰士，殫府庫之財，竭食土之實，其所以供奉將軍，何求而不備？君臣

相率，共衞旄麾，戰為雁行，賦為幣主，雖傾倉覆庫，翦剝民物，上下欣戴，莫敢告勞。何則？推戀戀忠赤之情，盡家家肝腦之計，唇齒輔車，不相為賜。謂為將軍心合意同，混齊一體，必當並威偶勢，禦寇寧家。何圖凶險讒慝之人，造飾無端，誘導姦利，至令將軍翻然改圖，忘孝友之仁，聽豺狼之謀，誣先公廢立之言，違近者在喪之位，悖紀綱之理，不顧逆順之節，橫易冀州之主，欲當先公之繼。遂放兵鈔撥，屠城殺吏，交屍盈原，裸民滿野，或有髡鬢發膚，割截支體，冤魂痛於幽冥，創痍號於草棘。又乃圖獲鄴城，許賜秦、胡財物婦女，豫有分界。或聞告令吏士云：‘孤雖有老母，輒使身體完具而已。’聞此言者，莫不驚愕失氣，悼心揮涕，使太夫人憂哀憤懣於堂室，我州君臣士友假寐悲嘆，無所措其手足；念欲靜師拱默以聽執事之圖，則懼違春秋死命之節，貽太夫人不測之患，隕先公高世之業。且三軍憤慨，人懷私怒，我將軍辭不獲已，以及館陶之役。是時外為御難，內實乞罪，旣不見赦，而屠各二三其心，臨陣叛戾。我將軍進退無功，首尾受敵，引軍奔避，不敢告辭。亦謂將軍當少垂親親之仁，旣以緩追之惠，而乃尋踪躡軌，無所逃命。困獸必鬭，以乾嚴行，而將軍師旅土崩瓦解，此非人力，乃天意也。是後又望將軍改往修來，克己復禮，追還孔懷如初之愛；而縱情肆怒，趣破家門，企踵鶴立，連結外讎，散鋒於火，播增毒螫，烽煙相望，涉血千里，遺城厄民，引領悲怨，雖欲勿救，惡得已哉！故遂引軍東轅，保正疆場，雖近郊壘，未侵境域，然望旄麾，能不永嘆？配等備先公家臣，奉廢立之命。而圖等乾國亂家，禮有常刑。故奮弊州之賦，以除將軍之疾，若乃天啟於心，早行其誅，則我將軍匍匐悲號於將軍股掌之上，配等亦祖躬布體以待斧鉞之刑。若必不悛，有以國斃，圖頭不縣，軍不旋踵。願將軍詳度事宜，錫以環玦。”典略曰：譚得書悵然，登城而泣。旣劫於郭圖，亦以兵鋒累交，遂戰不解。

　“譚遣<u>辛毗詣太祖</u>請救。<u>太祖乃還救譚</u>”、早々と譚は曹操に助けを求めます。此の文章でも譚が瓶姜なら彼女は中山の人ですから、曹操と本気で戦うことはありません。袁紹が亡くなった時に袁家の宝物を全て袁紹の后、劉に、何れ僻地の倭で暮らすために渡しています。

尚聞太祖北、釋平原還鄴。其將呂曠、呂翔叛尚歸太祖、譚復陰刻將軍印假曠、翔。太祖知譚詐、與結婚以安之、乃引軍還。尚使審配、蘇由守鄴、復攻譚平原。太祖進軍將攻鄴，到洹水，去鄴五十里、由欲為內應，謀洩、與配戰城中、敗、出奔太祖。太祖遂進攻之、為地道、配亦於內作塹以當之。配將馮禮開突門、內太祖兵三百餘人、配覺之、從城上以大石擊突中柵門、柵門閉、入者皆沒。太祖遂圍之、為塹、週四十里、初令淺、示若可越。配望而笑之、不出爭利。太祖一夜掘之、廣深二丈、決漳水以灌之、自五月至八月、城中餓死者過半。尚聞鄴急、將兵萬餘人還救之、依西山來、東至陽平亭、去鄴十七里、臨滏水、舉火以示城中、城中亦舉火相應。配出兵城北、欲與尚對決圍。太祖逆擊之、敗還、尚亦破走、依曲漳為營、太祖遂圍之。未合、尚懼、遣陰夔、陳琳乞降、不聽。尚還走濫口，進復圍之急、其將馬延等臨陣降、眾大潰、尚奔中山。盡收其輜重、得尚印綬、節鉞及衣物、以示其家，城中崩沮。配兄子榮守東門、夜開門內太祖兵、與配戰城中、生禽配。配聲氣壯烈、終無撓辭、見者莫不嘆息。遂斬之。

尚は北に太祖と聞く、鄴を解き明かし平原に還す。其の将の呂曠、呂翔は尚に背く太祖は戻る、譚は将軍の印をつけて戻る曠、翔は休むがずるくて油断ならない。太祖は探り譚の真意知る、結婚させれば以って安心之、再び軍は引き還す。尚は審配を使う、蘇由は鄴を守る、平原でふたたび譚は攻める。太祖は進軍し將は鄴を攻める、洹水に到る、去る鄴五十里、由は内々に應ずる欲を為す、謀りごとが洩れる、配は城中で戦いを興す、敗れる、太祖出奔。太祖遂に攻撃を進める之、地道に為す、配亦於内に堀を作る以って担当する之。配まもなく馮禮は開を開き突破する、内には太祖兵三百餘人、配は感じる之、從って城上以大石を中柵門に突撃する、柵門閉鎖、入者皆沒する。太祖遂に（周りを）囲む之、為堀、週四十里、初めさらさら（水の流れる音）という、汝が越したことを示す。配の望み而笑う之、出陣しなくて利がともなう。

気になるのが、"太祖知譚詐、與結婚以安之"、譚は曹操に許しを求める譚の気持ちを察し、曹操のお子の誰かと結婚させればよいと考えています。此処だけでも譚は男でなく女性だと分かりますが、後編で似たような話が出てきます。結婚は決まっているのに破談の話で、時代は僅か先に進んでいて、誰とは記載されていませんが、袁買の結婚話です。此れは先の話の逆で女の子だと思っていた曹操は相手が男と分かり女装の袁買の結婚話を廃棄します。此処で買は女装の似合う華奢な感じの男性と思いますが、気性は激しいようです。何故、2人が男性、女性を模するのは我が身の保護のためです。

（注釈）先賢行狀曰：配字正南，魏郡人，少忠烈慷慨，有不可犯之節。袁紹領冀州，委以腹心之任，以為治中別駕，並總幕府。初，譚之去，皆呼辛毗、郭圖家得出，而辛評家獨被收。及配兄子開城門內兵，時配在城東南角樓上，望見太祖兵入，忿辛、郭壞敗冀州，乃遣人馳詣鄴獄，指殺仲治家。是時，辛毗在軍，聞門開，馳走詣獄，欲解其兄家，兄家已死。是日生縛配，將詣帳下，辛毗等逆以馬鞭擊其頭，罵之曰："奴，汝今日真死矣！"配顧曰："狗輩，正由汝曹破我冀州，恨不得殺汝也！且汝今日能殺生我邪？"有頃，公引見，謂配："知誰開卿城門？"配曰："不知也。"曰："自卿子榮耳。"配曰："小兒不足用乃至此！"公復謂曰："曩日孤之行圍，何弩之多也？"配曰："恨其少耳！"公曰："卿忠於袁氏父子，亦自不得不爾也。"有意欲活之。配旣無撓辭，而辛毗等號哭不已，乃殺之。初，冀州人張子謙先降，素與配不善，笑謂配曰："正南，卿竟何如我？"配厲聲曰："汝為降虜，審配為忠臣，雖死，豈若汝生邪！"臨行刑，叱持兵者令北向，曰："我君在北。"
　樂資山陽公載記及袁暐獻帝春秋並云太祖兵入城，審配戰於門中，旣敗，逃於井中，於井獲之。臣松之以為配一代之烈士，袁氏之死臣，豈當數窮之日，方逃身於井，此之難信，誠為易了。不知資、暐之徒竟為何人，未能識別然否，而輕弄翰墨，妄生異端，以行其書。如此之類，正足以誣罔視聽，疑誤後生矣。寔史籍之罪人，達學之所不取者也。

高幹以并州降，復以乾爲刺史。

　太祖之圍鄴也、譚略取甘陵、安平、勃海、河間、攻尚於中山。尚走故安從熙、譚悉收其衆。太祖將討之、譚乃拔平原、并、南皮、自屯龍湊。十二月、太祖軍其門、譚不出、夜遁奔南皮、臨清河而屯。十年正月、攻拔之、斬譚及圖等。熙、尚爲其將焦觸、張南所攻、奔遼西烏丸。觸自號幽州刺史、驅率諸郡太守令長、背袁向曹、陳兵數萬、殺白馬盟、令曰：「違命者斬！」衆莫敢語、各以次歃。至別駕韓珩、曰：「吾受袁公父子厚恩、今其破亡、智不能救、勇不能死、於義闕矣；若乃北面於曹氏，所弗能爲也。」一坐爲珩失色。觸曰：「夫興大事、當立大義、事之濟否，不待一人、可卒珩志、以勵事君。」高幹叛、執上黨太守、舉兵守壺口關。遣樂進、李典擊之、未拔。十一年、太祖征幹。幹乃留其將夏昭、鄧升守城、自詣匈奴單于求救、不得、獨與數騎亡、欲南奔荊州、上洛都尉捕斬之。（一）十二年、太祖至遼西擊烏丸。尚、熙與烏丸逆軍戰、敗走奔遼東、公孫康誘斬之、送其首。（二）太祖高韓珩節、屢辟不至、卒於家。（三）

　太祖之鄴を囲む也、譚は甘陵を略取する、安平、勃海、河間、尚は攻める中山に於いて。尚は故安に向かい熙に従う、譚は其の衆をすべて収める。太祖將を討つ之、譚再び平原を（敵の陣地を）抜く、并、南皮、自から龍湊。（古代の都市名、山東省徳州市の北東部、黄河に近く軍事拠点で192年に袁紹は爰の背後の公孫瓚を破る）に駐屯する。十二月、太祖の軍は其門、譚は出ていかない、夜南皮に遁奔する、清河で向かい合う而に駐屯する。十年正月、攻撃される之、譚斬られる及圖等らも。熙、尚まもなく其の焦觸、張南の所を攻めるだろう、遼西烏丸（走り抜けるのは）愚かである。觸は自から名目とし幽州刺史（知事）、驅（外的な加えて動かす）諸郡の太守に命令する長は従う、袁は曹に背を向ける、数万の兵を配置する、白馬同盟（漢高祖の劉邦とその臣下が結んだ盟約）を殺す、令曰く：「命令に背くものは斬る！」衆は誰もいない（思い切って大胆に）語る、各以って次に歃（同盟者たちは口の横に血を塗りつける）。至韓珩に馬を引

かせるな、曰く：「吾は受ける袁公父の子に厚い恩、今其れも破れ亡くなる、救う知恵が無い、いさましく死ぬことも出来ない、於ける正義ひれ伏す矣：なんじ再び北に向かう於ける曹氏，場所を知らないとする也。」少し病むとすれば珩は色（顔色）を失う。觸曰く：「義兄は興し大（一族の序列が一番上の人）に仕える、まさにいま大義に立つ、事之仕方ない、不支持の一人、突然珩（帯紐の飾りにする玉）の志をする値打ちが有る、以って汝はことに奮い立つ。」高幹叛は接触を図る、上黨太守に捕らえられる、兵を従い壺口關（現在、山西省長治市の湖口村）に進める。樂進遣わす、李典そそのかす之、いまだに拔（敵の陣地を奪い取る）えない。十一年、太祖は幹を招集する。幹乃を再び留る其の將夏昭、鄧升城を守る、自から詣うで匈奴單于（族長の称号）に救いを求める、救い、不得手、ただ興したが数騎亡くす、南の荊州に逃走しようとする、上洛都尉を捕え斬る之。（一）十二年、太祖は遼西至遼烏丸を撃つ。尚、熙は興す烏丸で逆に軍は戦う、遼東にめがけて敗走する、公孫康に引寄せられ斬られる之、其の首を送る。（二）太祖に高（相手にかんする事で物につけて敬意を示す）韓珩が説明する、しばしば法が十分でない、終わった於ける家（袁家）。（三）

　此処では重要な話が記載されています、尚、熙、袁家の最後の二人が公孫康に殺された袁家の滅亡です。公孫康も父親（袁紹に討たれた公孫度）の仇を取って首級を太祖（曹操）に届けます。曹操にとっては無念でしょう、曹操にすれば袁紹は子供の時から遊んだ友達です。柳城から２人を逃したのは生き延びて欲しいと曹操の心遣いです。

　これで袁家は終わりではありません。日本に袁買が来ています、大国主命は大きな国から来た主と言っています、出雲国風土記に須佐郷に神須佐能袁命詔、此国者は小国ではあるが、国に住み生存する、此の文章を読めば自分の来た国は大きいが此処の国は小さいと表現しているふうに感じます。須佐能袁（須は書き言葉で……しなければならない、……すべきである、佐は助ける、能は皆に知らしめる、それが袁）とも言われています。

意外と古代の表現は現代でも通用します、それは日本の国の過去が残っている、素晴らしいところです。

（一）典略曰：上洛都尉王琰獲高幹，以功封侯；其妻哭於室，以爲琰富貴將更娶妾媵而奪己愛故也。

（二）典略曰：尚爲人有勇力，欲奪取康衆，與熙謀曰：「今到，康必相見，欲與兄手擊之，有遼東猶可以自廣也。」康亦心計曰：「今不取熙、尚，無以爲說於國家。」乃先置其精勇於廐中，然後請熙、尚。熙、尚入，康伏兵出，皆縛之，坐於凍地。尚寒，求席，熙曰：「頭顱方行萬里，何席之爲！」遂斬首。譚字顯思。熙字顯弈。尚字顯甫。《吳書》曰：尚有弟名買，與尚俱走遼東。《曹瞞傳》云：買，尚兄子。未詳。〉

（三）先賢行狀）曰：珩字子佩，代郡人，清粹有雅量。少喪父母，奉養兄姊，宗族稱孝悌焉。

第六章

後漢書の袁譚

後漢書巻七十四下

袁紹劉表列傳　第六十四下　紹子譚

　譚自稱車騎將軍、出軍黎陽。尚少與其兵、而使逢紀隨之。譚求益兵、審配等又議不與。譚怒、殺逢紀。

　曹操度河攻譚、譚告急於尚、尚乃留審配守鄴、自將助譚、與操相拒於黎陽。自九月至明年二月、大戰城下、譚、尚敗退。操將圍之、乃夜遁還鄴。操進軍、尚逆擊破操、操軍還許、譚謂尚曰：「我鎧甲不精、故前為曹操所敗。今操軍退、人懷歸志、及其未濟、出兵掩之、可令大潰、此策不可失也。」尚疑而不許、既不益兵、又不易甲。譚大怒、郭圖、辛評因此謂譚曰：「使先公出將軍為兄後者、皆是審配之所構也。」譚然之。遂引兵攻尚、戰於外門。譚敗、乃引兵還南皮

　譚自から車騎將軍と称する、出軍黎陽。尚が其兵を少し興す、而使逢紀に使われて従う之。譚求む益兵、審配等は又意見等を述べない。譚怒る、逢紀を殺す。

　曹操は度々譚を河で攻める、譚急いで告げる於尚に、尚再び留まる審配は鄴（現在の江南省の安陽の北）を守る、自から譚將を助ける、操は興す相手を拒む於黎陽。自九月至明年二月、城下で大きな戦い、譚、尚敗退。操將囲む之、再び夜に鄴に逃げ還る。操進軍、尚は逆に操を撃破、

あるいは操軍は還るかもしれない、譚謂尚曰：「我の鎧甲（よろい）は優れていない、故前に為曹操ところで敗れる。今操る軍は退く、人懐歸志、及其未だに助けない、出兵を遮る之、命令をしてよいがさほど総崩れでない、此策は不可失也。」尚疑而不許、既に兵は多くない、又甲（兵士）を見くびるではない。譚大怒、郭圖、（郭圖［？～205年］字公則、穎川［治今河南省禹州市］人、東漢の末年に袁紹の帳下謀士、韓馥が冀州統一のとき、袁紹の命令で郭圖と荀諶等に説得に従い韓馥は位を譲ります）辛評因によって此という譚曰：「將軍に公は先に使いをだす為兄後者、皆是審配之所で構える也。」譚然（状況の説明）之。尚は遂に攻める兵を引く、戦うのは於門外。譚敗、再び兵を引き南皮に還る、

別駕王修率吏人自青州往救譚、譚還欲更攻尚、問修曰：「計將安出？」修曰：「兄弟者、左右手也。譬人將鬪而斷其右手、曰『我必勝若』、如是者可乎？夫弃兄弟而不親、天下其誰親之？屬有讒人交鬪其閒、以求一朝之利、願塞耳勿聽也。若斬佞臣數人、復相親睦、以御四方、可橫行於天下。」譚不從。尚復自將攻譚、譚戰大敗、嬰城固守。尚圍之急、譚奔平原、而遣穎川辛毗詣曹操請救。

別駕（州の知事・唐の初期郡丞を改め別駕）王修吏人（役人・庶民）を率いて自から譚を救うため青州に往く、譚還りたい更に尚攻める、問修曰：「計る將安全に出られる？」修曰：「兄弟者、左の右の手也。たとえ人に將が鬪かう而斷わる其右手、曰『もし我々が必ず勝つならば』、如是の者のすることが出来るのか、ああ？　そもそも夫は兄弟を見捨てる而親なし、天下其誰親之？　屬有り讒言をする人と交わり争う其ひま、以もう一つの（方に）向かって求める之利、聽くなかれと耳を塞げと願う也。佞（へつらうのが得意である・才知にたけている）臣下は殺されたようである、可橫行於天下。」譚不從。尚復自將攻譚、譚戰大敗、嬰城（周りを守る城）守りを固める。尚取り囲む之急、譚平原を走る、而穎川辛毗を遣わし曹操に詣でて救いを請う。

さて、三国志にはどの様に記載されているのでしょうか？　袁譚は
巻六　魏書六　袁紹　子譚　子尚　の途中から記載されています。

冀州城邑多叛、紹復擊定之。自軍敗後發病、七年、憂死。

紹愛少子尚、兒美、欲以爲後而未顯。審配、逢紀與辛評、郭圖爭權、
配、紀與尚比、評、圖與譚比。衆以譚長、欲立之。配等恐譚立而評等爲
己害、緣紹素意、乃奉尚代紹位。譚至、不得立、自號車騎將軍。由是
譚、尚有隙。太祖北征譚、尚。譚軍黎陽、尚少與譚兵、而使逢紀從譚。
譚求益兵、配等議不與。譚怒、殺紀。

太祖渡河攻譚，譚告急於尚。尚欲分兵益譚、恐譚遂奪其衆、乃使審配
守鄴、尚自將兵助譚、與太祖相拒於黎陽。自二月至九月、大戰城下、譚、
尚敗退、入城守。太祖將圍之，乃夜遁。追至鄴、收其麥、拔陰安、引軍
還許。太祖南征荊州、軍至西平。譚、尚遂舉兵相攻、譚敗奔平原。尚攻
之急，譚遣辛毗詣太祖請救。太祖乃還救譚，十月至黎陽。〉尚聞太祖北、
釋平原還鄴。其將呂曠、呂翔叛尚歸太祖、譚復陰刻將軍印假曠、翔。太
祖知譚詐、與結婚以安之、乃引軍還。尚使審配、蘇由守鄴、復攻譚平原。
太祖進軍將攻鄴、到洹水、去鄴五十里、由欲爲內應、謀泄、與配戰城中、敗、
出奔太祖。太祖遂進攻之、爲地道、配亦於內作塹以當之。配將馮禮開突門，
內太祖兵三百餘人、配覺之、從城上以大石擊突中柵門、柵門閉、入者皆
沒。太祖遂圍之、爲塹、周四十里、初令淺、示若可越。配望而笑之、不
出爭利。太祖一夜掘之、廣深二丈、決漳水以灌之、自五月至八月、城中
餓死者過半。尚聞鄴急、將兵萬餘人還救之、依西山來、東至陽平亭、去
鄴十七里、臨滏水、舉火以示城中、城中亦舉火相應。配出兵城北、欲與
尚對決圍。太祖逆擊之、敗還、尚亦破走、依曲漳爲營、太祖遂圍之。未合、
尚懼、遣陰夔、陳琳乞降，不聽。尚還走濫口、進復圍之急，其將馬延等
臨陣降、衆大潰、尚奔中山。盡收其輜重、得尚印綬、節鉞及衣物、以示
其家、城中崩沮。配兄子榮守東門、夜開門內太祖兵、與配戰城中、生禽
配。配聲氣壯烈、終無撓辭、見者莫不歎息。遂斬之。高幹以并州降、復

以幹爲刺史。

　冀州は坂が多い城の町、<u>紹</u>再び攻撃を定める之。自軍敗れた後に發病、七年、憂慮したが死ぬ。

　<u>紹</u>は末の子<u>尚</u>を愛していた、美貌、欲いえば以爲後而未（終わりに）によく目立つ。<u>審配</u>、<u>逢紀</u>與す<u>辛評</u>、<u>郭圖</u>權力を爭そう、<u>配</u>、<u>紀</u>も興す<u>尚</u>比べる、<u>評</u>、<u>圖</u>興す<u>譚</u>比べる。多数の人以<u>譚</u>は年長である、欲立之。<u>配</u>等は<u>譚</u>が立つのを恐れる而<u>評</u>等爲己れは不安な気持ちになる、（緣は yuán は媛・袁・燕・源・原・猿）平素から<u>紹</u>に従う考え、ふたたび代わりに<u>尚</u>は<u>紹</u>の位を（上の人に）戴く。<u>譚</u>至る、立ち上がれなかった、"自號車騎將軍"。<u>譚</u>是で由、<u>尚</u>隙有。<u>太祖</u>北征<u>譚</u>、<u>尚</u>。<u>譚</u>軍黎陽、<u>尚</u>少與<u>譚</u>兵、而使<u>逢紀</u>從<u>譚</u>。"<u>譚</u>求益兵"、"<u>配</u>等議不與"（<u>審配</u>等又議不與）。"<u>譚</u>怒"、"殺<u>紀</u>（<u>逢紀</u>）"。

　"<u>太祖</u>（曹操）渡河攻<u>譚</u>"、"<u>譚</u>告急於<u>尚</u>"。<u>尚</u>欲<u>譚</u>に兵を分けて欲しい、恐<u>譚</u>遂奪其衆、再び<u>鄴</u>の守りに<u>審配</u>を使う、<u>尚</u>自から<u>譚</u>將兵を助ける、與<u>太祖</u>相拒於<u>黎陽</u>。"自二月至九月"（自九月至明年二月）、"大戰城下"、"<u>譚</u>"、"<u>尚</u>敗退"、入城守。"<u>太祖</u>將圍之"、"乃夜遁"。追って至<u>鄴</u>、其麦を収穫する、<u>陰安</u>、（陝西省的地名）を抜き出して軍を引き還す許。<u>太祖</u>南の<u>荊州</u>を攻める、軍至<u>西平</u>。<u>譚</u>、<u>尚</u>遂に兵を挙げて相攻撃、<u>譚</u>敗れ<u>平原</u>を駆ける。<u>尚</u>攻撃之急ぐ、<u>譚</u> <u>辛毗</u>を太祖に遣わし詣でて救いを請う。<u>太祖</u>ふたたび還った<u>譚</u>を救う、十月至<u>黎陽</u>。〉<u>尚</u>聞<u>太祖</u>北、説明すると<u>鄴</u>が平原に還る。其將は<u>呂曠</u>、<u>呂翔</u>叛乱<u>太祖</u>に<u>尚</u>が歸属する、<u>譚</u>復陰刻將軍印假<u>曠</u>、<u>翔</u>。<u>太祖</u>知<u>譚</u>詐、與結婚以安之、乃引軍還。<u>尚</u>使<u>審配</u>、蘇由守<u>鄴</u>、復攻<u>譚平原</u>。<u>太祖</u>進軍將攻<u>鄴</u>、到<u>洹水</u>、去<u>鄴</u>五十里、由欲爲內應、謀泄、與<u>配</u>戰城中、敗。出奔<u>太祖</u>。<u>太祖</u>遂進攻之、爲地道、<u>配</u>亦於內作塹以當之。<u>配</u>將<u>馮禮</u>開突門、內<u>太祖</u>兵三百餘人、<u>配</u>覺之、從城上以大石擊突中柵門、柵門閉、入者皆沒。<u>太祖</u>遂圍之、爲塹、周四十里、初令淺、示若可越。<u>配</u>望而笑之、不出爭利。<u>太祖</u>一夜掘之、廣深二丈、決<u>漳水</u>以灌之、自五月至八月、城中餓死者過半。<u>尚</u>聞<u>鄴</u>急、將兵萬餘人還

救之，依西山來，東至陽平亭、去鄴十七里、臨滏水、舉火以示城中、城中亦舉火相應。配出兵城北，欲與尚對決圍。太祖逆擊之、敗還、尚亦破走、依曲漳爲營、太祖遂圍之。未合、尚懼、遣陰夔、陳琳乞降、不聽。尚還走濫口、進復圍之急、其將馬延等臨陣降、衆大潰、尚奔中山。盡收其輜重，得尚印綬、節鉞及衣物，以示其家、城中崩沮。配兄子榮守東門、夜開門內太祖兵、與配戰城中、生禽配。配聲氣壯烈、終無撓辭、見者莫不歎息。遂斬之。高幹以并州降、復以幹爲刺史。

　"……"は「後漢書七十四下」の文章と同じです、魏書曰「……云々よく見られます。此れは、三国志を参考にして後から後漢書が書かれたことを教えています。この時代から参照書があったのです、現代米国では法律で禁じられていますが。

　太祖之圍鄴也、譚略取甘陵、安平、勃海、河間、攻尚於中山。尚走故安從熙、譚悉收其衆。太祖將討之、譚乃拔平原、并南皮、自屯龍湊。十二月、太祖軍其門、譚不出、夜遁奔南皮、臨清河而屯。十年正月、攻拔之、斬譚及圖等。熙、尚爲其將焦觸、張南所攻、奔遼西烏丸。觸自號幽州刺史、驅率諸郡太守令長、背袁向曹、陳兵數萬、殺白馬盟、令曰：「違命者斬！」衆莫敢語、各以次歃。至別駕韓珩、曰：「吾受袁公父子厚恩、今其破亡、智不能救、勇不能死、於義闕矣；若乃北面於曹氏、所弗能爲也。」一坐爲珩失色。觸曰：「夫興大事、當立大義、事之濟否、不待一人、可卒珩志、以勵事君。」高幹叛，執上黨太守、舉兵守壺口關。遣樂進、李典擊之、未拔。十一年、太祖征幹。幹乃留其將夏昭、鄧升守城、自詣匈奴單于求救、不得、獨與數騎亡、欲南奔荊州、上洛都尉捕斬之。十二年、太祖至遼西擊烏丸。尚、熙與烏丸逆軍戰、敗走奔遼東、公孫康誘斬之、送其首。太祖高韓珩節、屢辟不至、卒於家。

　と此の項は終わります。三国志を参考にしたのが後漢書で有ると云うことを説明したかったのですが、現在は中国では簡体文字が使われてい

ます。この点は古代文の解読は日本の出来事と文字が繁体文字でやや日本の方が解読に関しては有利ですが、絶対的な日本の資料不足は否めません。後漢書ではどのように書かれているのでしょうか？

後漢書　巻一光武帝紀第一上から始まり巻九十　烏垣鮮卑列傳　烏垣鮮卑　で終わり、続いて志第一　津歴上から志三十　興服下でおわっています。その頁数は三国志と比べ物にならないほど多量です。倭の項は巻八十五　東夷列傳　第七十五　に記載されています。

後漢書卷八十五　東夷列傳　第七十五
倭

　王制云：「東方曰夷」。夷者、柢也、言仁而好生、萬物柢地而出。故天性柔順、易以道御、至有君子、不死之國焉。夷有九種、曰畎夷、於干夷、方夷、黄夷、白夷、赤夷、玄夷、風夷、陽夷。故孔子欲居九夷也。

　で始まり終わりに三韓のあとに倭が来ます。その後が巻八十六　南蛮西南列傳第七十六　南蛮　巻九十　烏垣鮮卑列傳第八十　烏垣　鮮卑です。

　倭在韓東南大海中、依山島為居、凡百餘國。自武帝滅朝鮮、使驛通於漢者三十許國、國皆稱王、世世傳統。其大倭王居邪馬臺國。樂浪郡徼、去其國萬二千里、去其西北界拘邪韓國七千餘里。其地大較在會稽東冶之東、與硃崖、儋耳相近、故其法俗多同。
　土宜禾稻、麻紵、蠶桑、知織績為縑布。出白珠、青玉。其山有丹土。氣温暖、冬夏生菜茹。無牛、馬、虎、豹、羊。其兵有矛、楯、木弓、竹矢或以骨為鏃。男子皆黥面文身、以其文左右大小別尊卑之差。其男衣皆横幅結束相連。女人被髪屈紒、衣如単被、貫頭而着之：並以丹朱坋身、如中國之用粉也。有城柵屋室。父母兄弟異處、唯會同男女無別。飲食以手、而用籩豆。俗皆徒跣、以蹲踞為恭敬。人性嗜酒。多壽考、至百餘歲

者甚衆。國多女子、大人皆有四五妻、其餘或両或三。女人不淫不妒。又俗不盜竊、少爭訟。犯法者没其妻子、重者滅其門族。其死停喪十餘日、家人哭泣、不進酒食、而等類就歌舞為樂。灼骨以卜、用決吉凶。行來度海、令一人不櫛沐、不食肉、不近婦人、名曰「持衰」。若在涂吉利、則雇以財物、如病疾遭害、以為持衰不謹、便共殺之。

建武中元二年、倭奴國奉貢朝賀、使人自稱大夫、倭國之極南界也。光武賜以印綬。安帝永初元年、倭國王帥升等獻生口百六十人、願請見。

桓、靈間、倭國大亂、更相攻伐、歷年無主。有一女子名曰卑彌呼、年長不嫁、事鬼神道、能以妖惑衆、於是共立為王。侍婢千人、少有見者、唯有男子一人給飲食、傳辞語。居處宮室楼观城柵、皆持兵守衛。法俗嚴峻。

自女王國東度海千餘里至拘奴國、雖皆倭種、而不屬女王。自女王國南四千餘里、至硃儒國、人長三四尺。自朱儒東南行船一年、至裸國、黑齒國、使驛所傳、極於此矣。

會稽海外有東鯷人、分為二十餘國。又有夷洲及澶洲。傳言秦始皇遣方士徐福將童男女數千人入海、求蓬萊神仙不得、徐福畏誅不敢還、遂止此洲、世世相承、有數萬家。人民時至會稽市。會稽東治縣人有入海行遭風、流移至澶洲者。所在絕遠、不可往來。

世世傳統。其大倭王居邪馬臺國、伝統大王は景行天皇です、臺は遠望がきくように作られた高台、高殿です。世は世々代々の、先祖代々の、です。

倭國王帥升等獻生口百六十人、灘升米は最近の研究で鮮卑姓であることが分かっています、そして彼はお米を白くする研究者で倭国王ではありませんが、倭には王はおりません。生口は宮殿に努める男女を言います。匈奴に対して漢は生口を使いませんが、鮮卑は使っています。

傳言秦始皇遣方士徐福將童男女數千人入海、方士徐福將は史記では徐市です、ここも書き・聞き間違いです。

至る所で三国志の文章が使われています。日本国の風土記とも良く

合っていますから、風土記の作者も史記、三国志を読んでいるかもしれ
ません。記紀等を読んでいると後漢書の作成によく似ています。が個人
の意見です。

　<u>徐福畏誅不敢還</u>、徐福は徐市（史記記載）の間違いで後漢書が違って
います。

　三国志の全く同じの言葉まで沢山あるのにはおどろきました。

第七章

天皇氏と蛍

　初夏の夜に清流の暗闇の中に乱舞する蛍に郷愁を覚えます、初夏の風物詩の一つです。意外と日本では別に珍しくは感じませんが、世界中で此の清流の蛍を見られる人は僅かです。蛍といえば殆どが雌が飛ばない姫蛍です。一日の海の地平線から上がる真っ赤な朝日、赤くなって体を大きくして地平線に沈みゆく夕日。沈みゆく夕日と昇る朝日の位置を確認すれば一年の月日は 365 日とうるう年も分かります。女人の月のものを数えれば十二は直ぐに出てくる数です。どちらも赤で表現しています。天皇氏が十二人居られた、いずれの話も赤から始まります。

　始めの皇帝は赤帝です、赤は燃え盛る炎を云いますから炎帝とも言います。光り輝く黄金に合わせ次は黄帝です、緑の大地に海の青、空の青で青帝、夜の暗闇に昼の明るさ、黒帝と白帝です。新石器時代からの話ですが日本国では上る朝日に沈む真っ赤な御日様は誰でも知っていますが、此のお姿もこの地球上の全ての人が知っているわけではありません。黄河流域に新石器時代に現れたという話はこれらもふくめて表現されています。皇帝が地上に降りてきました。天皇は地に降りられて地皇、それから人皇に変わります。此れが三皇五帝の話です。では大陸でこの話を知った人達も倭に来ていればこのことを天孫降臨に例えても不思議ではありません。赤帝、炎帝は神姓になります。神姓の皇帝は日本では知られているのが、神農さんです。帝の神の文字は姓として代々と続くわけではありません。古代文の武の文字は踏み出した一歩の歩幅を云いま

す。2代目に為ると神姓は使うことはありません。此れも初代天皇の由来の中では重要です。なぜなら神は世界の創造者・統治者としての神、日本だけではありません。当時の世界観でアジア大陸の神です。

　神の赤から輝く黄金の黄色、この黄帝の姓は姫姓です。姫姓と名乗る王国はアジア大陸にあります。

史記　第一冊　史記巻一　五帝本記第一
黄帝者少典之子、姓公孫、名曰軒轅。生而神霊、弱而能言、幼
而徇斎、長而敦敏、成而聡明。

軒轅之時、神農氏世衰。諸侯相侵伐、暴虐百姓。而新農氏弗熊征。於是軒轅乃習用干戈、以征不享、諸侯咸来賓従。而蚩尤最爲暴、莫能伐。炎帝欲侵陵諸侯、諸侯咸歸軒轅。軒轅乃修德振兵、治五氣、蓺五種、撫萬民、度四方、教熊羆貔貅貙虎、以與炎帝戰於阪泉之野。三戰、然後得其志。蚩尤作亂、不用帝命。於是黄帝乃徴師諸侯、與蚩尤戰於涿鹿之野，遂禽殺蚩尤。而諸侯咸尊軒轅爲天、代神農氏、是爲黄帝。天下有不順者、黄帝從而征之、平者去之、披山通道、未嘗寧居。
東至于海、登丸山、及岱宗。西至于空桐、登雞頭。南至于、登熊、湘。北逐葷粥、合符釜山、而邑于涿鹿之阿。遷徙往來無常處、以師兵爲營衞。官名皆以雲命、爲雲師。置左右大監、監于萬國。萬國和、而鬼神山川封禪與爲多焉。獲寶鼎、迎日推筴。舉風后、力牧、常先、大鴻以治民。順天地之紀、幽明之占、死生之說、存亡之難。時播百穀草木、淳化鳥獸蟲蛾、旁羅日月星辰水波土石金玉、勞勤心力耳目、節用水火材物。有土德之瑞、故號黄帝。
黄帝二十五子、其得姓者十四人。

　史記の初めは黄帝から始まります。赤が神姓なら黄は姫姓で他の帝は姓がありません。赤と黄は人を指します。人が此の地に現れ、初めは赤い日の出、赤い日の出は無数にあったのか毎日のように出てくるのは同

じもの？　赤くなり白く輝いて燃え尽きてしまう？　草木に火が燃える炎が上がる。初めは赤いが白くなり終わりは消えてしまう、女人の月のものは人として現れる前の姿を表しています。黄帝の者は之少典の子、姓は公孫、名は曰く軒轅。生きているが而神霊（神の霊：熟語では無い）である、弱いが而上手に言う、幼い而我が儘、年長而器（古代キビ等を入れる器）には素早い、成人になり而聡明である。

三国志　魏書巻三十　烏丸鮮卑東夷傳：通称倭人傳：
　男子無大小皆黥面文身。自古以來、其使詣中國、皆自稱大夫。夏后少康之子封於會稽、斷髮文身以避蛟龍之害。今倭水人好沉沒捕魚蛤、文身亦以厭大魚水禽、後稍以為飾。諸國文身各異、或左或右、或大或小、尊卑有差。計其道裡、當在會稽、東冶之東。

　男子には無い大小の皆刺青を入れている。女人の額に小の刺青、女人が海に入り小漁の毒魚除けに大の刺青ですが、役には立たないが魔除けの意味もあるかも知れません。此処からが重要な文章です。以って自ら古くから来る、其の使いは中国に詣でる、皆自称博士（多様性で医師、称号は古代の官職です、秦以前の属国では君主の下に清、大府、師の三段階がありました）。夏后、少康（少康の叔父祖、夏王の太康は東夷の穷氏首領の后羿の叛乱で国を失います、少康の父も寒浞に殺されます、少康は遺子で成長すると仍氏に牧正として仕え、虞国［豫州］に亡命。虞国君主虞思将の次女姚許と婚約、少康は同姓部落の斟灌氏と斟郡に助けてもらい夏王朝の支配を戻す、少康は中興の祖と称えられました）（少典）之子（後世の子）は封（卑彌弓呼）於會稽（古代中国の郡、長江下流の江南地域にあります。紀元前 222 年、秦は長江以南を統一し、会稽県を作り、呉県［現在の江蘇省］蘇州市）を統治します。秦王政 24 年（紀元前223 年）、秦は楚を滅ぼしました。秦の侵略により追放された楚の一部の人は倭に渡ります。倭に渡った人は楚の熊王を忘れては為らないと熊襲（襲名）と云いました。封は 200 年代の人ですから 400 年の開きがあります。封の祖先が夏后少康という意味にとらえたら良いと思います。そ

して熊襲〜熊本の先祖を訪ねると軒轅黄帝〜夏后、少康：（少典）世系〜有熊氏〜熊氏〜倭では熊襲になります。此処で三皇五帝の黄帝が出てきました、黄帝は姫姓です、此れも重要なことです。

楚文王（？〜紀元前 675 年）羋姓、熊氏、名貲、楚武王之子母鄧曼。是春秋時期楚國國君、紀元前 689 年〜紀元前 675 年迄在位。紀元前 690 年、楚武王死於伐隨途中。翌年、熊貲繼位、是為楚文王。楚文王早年受過嚴格教育、他的師傅是從申國請來的、史稱「保申」。因楚武王在位長達 51 年、所以楚文王繼位時已人到中年、其性格是鋒芒畢露的。

楚文王（？〜紀元前 675 年）羋姓、熊氏、名貲、楚武王之子母は鄧曼。
之は春秋時代の楚國の國主、紀元前 689 年〜紀元前 675 年迄在位。紀元前 690 年、楚武王が亡くなりその後に隋を攻める途中。翌年、熊貲が位を繼、是為楚文王。楚文王は早い年か嚴格な教育を受けて過ごした、他には教えを伝え従えと頼む。因楚の武王は在位が長い、51 年、所以楚文王は位をつなぐ己は中年に至る、其性格是鋒芒畢露的。

夏后少康の祖を追ってみたのですが、神武天皇では楚の人ではありません。

足掛かりの一つに正月の掛け軸に欠かせない真っ赤な日の出と丹頂鶴の図柄があります。真っ赤の日の出が、天皇様です、そして天皇様が大好きな鶴です。中国では西暦を公元と云いますが日本では紀元と云います。

では紀元前 660 年は特別な年か？

公元前 660 年是中國傳統紀年、是辛酉年（雞年）、是在公元元年以前。公元前是一種紀年法、叫公元紀年、也稱公曆紀年、或基督紀年、它以相傳的耶穌基督誕生年即公元元年作為歷史算起，在中國公元元年正好是西漢平帝元始元年。以公元元年為界、在此以前的時間稱公元前多少年、在此以後的時間稱公元多少、或直接稱 XX 年、但不能寫成公元後 XX 年。

西方的公元前則以 B.C. 表示、通常寫在年份之後。公元前 660 年在中國歷史上是東周時期（春秋戰國時期）。

此処からです、紀元前 660 年の皇帝を挙げて見ましょう。

公元前 660 年是：周惠王十七年：魯閔公二年：秦成公四年：陳宣公三十三年：蔡穆侯十五年；鄭文公十三年：宋桓公二十二年：楚成王十二年：齊桓公二十六年；晉獻公十七年；燕莊公三十一年：衛懿公九年：曹昭公二年：杞惠公十三年。

公元前 660 年、發生歷史上著名的 "遷邢存衛" 事件：前 660 年、狄人侵邢、齊桓公聯合宋、曹救邢、打退狄人、時邢國都城已被燒毀、乃幫邢遷都到夷儀（今山東聊城縣西）。不久、狄人攻破衛國、衛國僅有七百餘人逃過黃河、齊桓公再次出兵保護衛國、並在楚丘（今河南滑縣東）替衛建立新都。

紀元前 660 年 2 月 11 日、日本建國。

紀元前 660 年、周惠王 17 年、鄭文公 13 年、鄭棄其師。（春秋・閔公二年）。鄭人惡高克、使帥師次於河上、久而弗召、師潰而歸。高克奔陳。鄭人為之賦（清人）。（左傳・閔公二年）。

紀元前 660 年、魯哀姜欲立慶父、共殺國君閔公啟、國人大憤、群起暴動、慶父奔莒國（山東莒縣）、自殺。哀姜奔邾國（山東鄒城）。啟兄申嗣位、是為僖公。魯僖公是魯國第十八任君主。承襲魯閔公擔任該國君主、在位 33 年。

紀元前 660 年、赤狄攻衛國、衛懿公衛赤失民心、軍潰、衛赤被殺、衛亡、衛赤在位九年。齊桓公小白召集衛國遺民、於曹（河南滑縣東）復國、立衛赤堂弟衛申、是為戴公、衛申不久逝世、又立其弟衛毀為君、是為文公。衛文公是衛戴公之弟、在位二十五年。衛文公即位後減賦稅、少刑法、與民共苦。

紀元前 660 年、赤狄は衛国を攻める、衛懿公は衛赤の民の心を失う、軍は潰れる、<u>衛赤</u>（衛懿公は殺される）、衛は亡ぶ、衛赤は在位 9 年。齊桓公（？～公元前 643 年）、姜姓、呂氏、名小白。姜姓齊國第 16 位国君（記元前 685 ～記元前 643 年在位）は衛国を失った民を召集、於ける曹の復國、衛赤の同姓の親族の弟衛申、是戴公を為す、衛申は久しくなくこの世を去る、又立つ其の弟の衛毀が国王と為す、是文公と為す。衛文公是衛戴公之弟、在位 25 年。衛文公は即位後に田地の租税を減らす、法律で刑は少なくする、民と共に興し苦労をする。

　秦穆公紀元前 660 年、秦成公逝世、在位四年、弟任好即位、是為穆公。秦穆公是秦德公之少子、秦宣公、秦成公之弟。紀元元前 659 年至公元前 621 年在位、共在位 39 年。諡號穆。在部分史料中被認定為春秋五霸之一。秦穆公非常重視人才、其任內獲得了百里奚、蹇叔、由余、丕豹、公孫支等賢臣的輔佐，擊敗晉國、俘晉惠公、又曾協助晉文公回到晉國奪取君位。後在崤（今河南三門峽市東南）之戰中敗於晉軍，轉而向西發展，周襄王時出兵攻打蜀國和其他位於函谷關以西的國家、"益國十二、開地千里"。因而周襄王任命他為西方諸侯之伯、遂稱霸西戎。對秦的發展和古代西部的民族融合都做出了一定的貢獻、是有所作為的政治家。

　紀元前 660 年 2 月 11 日、日本傳說中的神武天皇即位、建立國家。神武天皇是傳說中日本第一代天皇、天照大神後裔、其在（日本書紀）中被稱作為神日本磐餘彥、在（古事記）中則名為神倭伊波禮毗古命。傳說他建立最早的大和王權、為日本開國之祖與天皇之濫觴。

　真っ赤なお日さまの天皇様が大好きな鶴。此の話を元に紀元前 660 年に大陸からお姿を消した皇帝を探して見ましょう。それと共に気になる懿の字の天皇様がおられます。それは第 4 代懿德天皇です。鼎に鋳造された懿と云う文字が最初に見られたのは<u>西周の青銅碑文</u>ですが懿は美しいと後に素晴らしと変っていきます。因みに米国を中国は美国と表現

します。青銅銘文は漢字書道の一つで、殷・商・周時代の青銅器に鋳造された銘文は中定文とも言われ、青銅器時代の祭器は三つ脚、楽器は鐘で代表され、「鍾鼎」は青銅器の全部を云います。

夏王朝は青銅器時代を迎え、優れた銅の精錬と銅器の製造技術を生み出し、周時代には銅も金と呼び、青銅器の銘文は「金文」「吉祥金文字」を云い青銅碑文は、商王朝の終わり秦が六国を滅ぼすまで続きます。

懿と云う文字は日本製ではありません。周りは大国で囲まれた小国で伝統の或る衛国が在ります。

史記巻三十七

衛康叔世家第七

衛康叔名封、周武王同母少弟也。其次尚有冉季、冉季最少。武王已克殷紂、復以殷餘民封紂子武庚祿父、比諸侯、以奉其先祀勿絶。爲武庚未集、恐其有賊心、武王乃令其弟管叔、蔡叔傅相武庚祿父、以和其民。武王旣崩、成王少。周公旦代成王治、當國。管叔、蔡叔疑周公、乃與武庚祿父作亂、欲攻成周。周公旦以成王命興師伐殷、殺武庚祿父、管叔、放蔡叔、以武庚殷餘民封康叔爲衛君、居河、淇閒故商墟。

周公旦懼康叔齒少、乃申告康叔曰：「必求殷之賢人君子長者、問其先殷所以興、所以亡，而務愛民。」告以紂所以亡者以淫於酒、酒之失、婦人是用、故紂之亂自此始。爲梓材、示君子可法則。故謂之《康誥》、《酒誥》、《梓材》以命之。康叔之國、旣以此命、能和集其民、民大説。

成王長、用事、舉康叔爲周司寇、賜衛寶祭器、以章有德。

衛康叔の名に封じる（称号を与える）、周武王と同じ母で少弟也。其の次に尚有り末っ子、末っ子で最も年少。武王（中国古代王爵の封号）己の紂（殷代末の君主・暴君と云い伝えられている）は情が厚く丁寧である、以って殷の余る民を戻す封は武庚祿が父で紂は子（武庚祿の父は殷王朝の周王の息子である）、諸侯を比べる、以って捧げる其の先の祀りはせずに絶える。武の年齢は分かっていない、恐ろしくも其の賊の心は有る、武王は再び

その弟管叔（[？～紀元前1039年]、姫姓、名は鮮、殷王朝滅亡後に周文王が初めて3人の監督者を設けるその一人）に命令する、蔡叔（[蔡仲、姫姓、名は胡、周文王の孫、蔡叔度の子、周武王の侄子、西周時代諸侯國の蔡國の第二國君主）は武庚（[生卒年不詳]、子の姓は武氏、名庚、字は祿父、沬城[今河南衛輝市]人。商朝宗室大臣、商紂王帝辛の子)に相傳える、以って其の民と和解。武王崩壊、幼帝に成る。周公且成王（周成王姫誦[？～前1021年]姫姓、名誦、岐週[今は陝西省岐山県]人。周朝の第二位君主、周武王姫發の兒子、太師姜子牙の外孫、母は王后の邑姜）が代り治める、国になる。管叔、周公は蔡叔を疑う、再び武庚祿の父は暴乱を興す、周は攻撃を必要とし成す。周公は明け方を以って王命を成す昌平君興師伐殷（史記　史記卷六　秦始皇本紀第六に昌平君記載別項参照。武庚[生卒年不詳]、子供の時の姓武氏、名は庚、通称祿父と呼ばれていました、沬城[今河南衛輝市]の人。役職は商朝宗室大臣、商紂王帝辛の子）武庚の高官の父を殺す。管叔、蔡叔を放す、以って武庚殷私は民衆を封じ康叔は衛国の君主に為す、河にとどまる、淇（中国河南省の斉山の源から渭河に流れる水の名前）に囲まれている故に商家の廃墟があった。所は以って亡くなった、周公は少し康叔齒らを恐れた、再び申し告げると康叔曰く:「必ず求める殷は賢人君子長者、問う其の先殷所を以って興す、所は以って亡くなる、而民衆を大切扱う」以って紂の所に告げる以って亡者以って淫らで以って酒、酒之失う、夫人は是召し上がる、故に紂は之（心が）落ち着かない此れを始める。為す木版に彫る、君子は法則を示す。故に之を謂う（康誥）、（酒誥）、（梓材）以って之命。之康叔の國、既に以って此れ命令、集まった其の民衆に、大きく説明を民衆にする。成王長、事に必要である、康叔を推挙し周司寇に為す、衛の寶祭器を賜る、以って品性の章は有る。

成為中國史上國祚最長國家と言われた衛国の皇帝の年表です。

衛康叔（康叔封）→衛康伯→衛考伯→衛嗣伯→衛疌伯（衛擊伯）→衛靖伯→衛貞伯（衛箕伯）→衛頃侯（前866～前855）→衛釐侯（前854～前

813）→衛共伯（前 813）→衛武公（前 812 ～前 758）→衛莊公（前 757 ～前

855）→衛桓公→衛州吁→衛惠公→公子黔牟→衛惠公（復）（前 686 ～前

669）→衛懿公（前 668 ～前 660）→衛戴公（前 660）→衛文公（前 659 ～前

635）→衛成公→公子瑕→衛定公→衛獻公→衛殤公→衛獻公→衛襄公→

衛靈公→衛出公→衛出公→公孫斑師→公子起→衛出公→衛悼公→衛敬公

→衛昭公→衛懷公→衛慎公→衛聲公　衛成侯→衛平侯→衛嗣君→衛懷君

→衛元君（前 252 ～前 230）→衛君角（前 229 ～前 209）

衛惠公

左右公子不平朔之立也、惠公四年、左右公子怨惠公之讒殺前太子伋而
代立、乃作亂、攻惠公、立太子伋之弟黔牟爲君、惠公奔齊。

衛君黔牟立八年、齊襄公率諸侯奉王命共伐衞、納衞惠公，誅左右公子。
衞君黔牟奔于周、惠公復立。惠公立三年出亡、亡八年復入、與前通年凡
十三年矣。

二十五年、惠公怨周之容舍黔牟、與燕伐周。周惠王奔温、衞、燕立惠
王弟穨爲王。二十九年、鄭復納惠王。三十一年、惠公卒、子懿公赤立。

衛惠公

左右公子は北には不平だが此れ立つ也、惠公四年、左右公子は之惠公
を怨む之讒言（中傷する）する前に太子の伋を殺し而代わりに立ち、再
度亂を起こす、惠公は攻める、立太子の伋之弟黔牟（姫姓衛氏、衛國第
十七代の君主、紀元前 696 年～紀元前 688 年迄在位、父親は衞宣公、太子の伋とは
同じ母の弟、衛惠公は異母兄）が君主に為、惠公は去る。

衛君黔牟黔立つ八年、齊襄公は諸侯に割合の王命を奉じると共に衞を
誇る、衞惠公は納める、左右公子を罰す。衛君黔牟は義理で周に駆けつ
ける、惠公は繰り返し立。惠公立って三年で出ない、出ずして八年で復
入、與前から通年凡十三年矣。

二十五年、惠公は周を怨む之黔牟を容赦して放り出す、燕攻めて周を
征伐する。周惠王は温に向かって行く、衞、燕立つ（征定する）惠王弟

黷爲王。二十九年、鄭は惠王を元に納める。三十一年、惠公は終わる卒、子の懿公赤が立。

衞懿公

懿公卽位、好鶴、淫樂奢侈。九年、翟伐衞、衞懿公欲發兵、兵或畔。大臣言曰：「君好鶴、鶴可令撃翟。」翟於是遂入、殺懿公。

懿公卽位、鶴を好む、淫で贅沢な暮らしを楽しむ。九年、翟は衞を攻める、衞懿公は出兵を必要とする、兵を畔に少し。大臣言う曰：「君主は鶴を好む、翟は鶴を撃てと命じる。」翟於ける是遂に領域に入る、懿公は戦う。

衞戴公

懿公之立也、百姓大臣皆不服。自懿公父惠公朔之讒殺太子伋代立至於懿公、常欲敗之、卒滅惠公之後而更立黔牟之弟昭伯頑之子申爲君、是爲戴公。戴公申元年卒。

衞戴公

懿公之制定する也、百姓大臣皆不服。自から懿公の父君惠公朔之中傷し殺す太子伋代りに立つに至った懿公、常に打ち破ることを必要とする之、惠公は滅びる之後に而に更立つ黔牟之弟昭伯頑之子申君主に為す、是戴公に為す。戴公申元年に滅びる。

春秋左傳注　閔公　二年

冬十二月、狄人攻打衞國。衞懿公喜愛鶴、王宮裡的鶴有乘坐軒車的。衞國將要與狄人開戰了。衞國接受作戰所用的甲冑的人（即將士們）都說："派鶴去打仗吧！鶴享有俸祿和官職——我們怎麼能去打仗呢！"衞懿公把玦賜給石祁子、表示決定權；把矢賜給寧莊子、表示指揮權、派他們守禦、說："用這個來行使我給你們的權力、輔助咱衞國吧！"衞懿公還賜給那些出

征人高貴的繡衣、說："各位要服從石祁子、寧莊子的指揮。"衛懿公又安排渠孔駕馭戰車、子伯為車右，黃夷為前鋒、孔嬰齊殿後。開戰了。衛國的軍隊與狄人在熒澤交戰。衛國打了敗仗、狄人於是滅掉了衛國。衛侯不肯去掉自己的旗幟、所以慘敗。狄人囚禁了史官華龍滑和禮孔以追趕衛國人。這兩個人說："我們、是太史之官、執掌祭祀。如果不先回去、你們是不能得到國都的。"於是就讓他們先回去。他們到達、就告訴守衛的人說："不能抵禦了。"夜里和國都的人一起退走。狄人進入衛國國都、跟著追上去、又在黃河邊上打敗了衛國人。

　　衛懿公が狄人に敗れて殺されたのかと調べましたが「殺」という文字は衛懿公が殺されたのか？　だが卒滅とは記載されていません。念のため左傳も調べましたが意見が多く纏めきれません。在位の短さ、卒をすれば直ぐに後任がいる不自然さ、衛懿公はお姿を消しただけと解釈しました。日本に来て神武天皇と名乗っていたでしょうか、神姓は神ですが武は古代文では踏み出した足の歩幅を云います。それと孫の代が終わると懿徳天皇が現れます。考えすぎかもしれませんが懿の文字が使われているのは偶然でしょうか。私が考えるのはやはり名は残したい、私の名を後世に残せと命じられているように受け止めています。他の一つは神姓で赤帝（炎帝）ではないか衛国は姫姓（黄帝）なのでこれは無いと思っていましたが、神は神で赤を表すだけで武の文字を歩幅と分かりましたので衛国の君主でも神姓を名乗ってもこれで可笑しくありません。

　　史記に目を通していた私はふと気が付きました。瓶姜も気が付いた。目の前の王、景行天皇の祖は衛懿公なのだ！　三男五女の長女の瓶姜は学問を習得していれば史記に載っている衛懿公の話を分からないはずはない、彼女は十分に生活できる多くの財宝がありますから優雅に暮らせるはずです。わざわざ皇位継承に興味を示す必要はありませんが分かってしまったから、わき目もふらずにそれで衛国の君主の歴史を消してはならないと使命感に悩みながら此の目的に突き進んでいきます、そのこ

とを詳しく書いた書（古代史）が古代史に無いと言っても既に本人は倭に来ています。書が無くても仕方ありません。

　次に気になったのが正月やめでたい日に床の間に架ける、お日様（天皇）と鶴の絵柄の掛け軸です。お日様に鶴の取り合せ、鶴が見られる所で赤いお日様の日の出が見えますか？　鶴が見える位置では、お日様は白くなっているはずです。

　神武天皇の後に考昭天皇の考の文字の天皇が続いていきますが、"考"の文字は桃山時代に造られた北魏形式の仏像、摩崖仏が知られています。北魏を建国したのは鮮卑の"孝"文帝です。調べていくとどのような話でも魏付近の国が関係してきますので、一帯の地域の出来事と解釈できます。

　左傳　関公二年冬十二月、

　冬十二月、狄人伐衛。衛懿公好鶴、鶴有乘軒者。將戰，國人受甲者皆曰："使鶴，鶴實有餘焉能戰！"公與石祁子玦、與甯莊子矢、使守、曰："以此贊國、擇利而為之。"與夫人繡衣、曰："聽於二子。"渠孔禦戎、子伯為右、黃夷前驅、孔嬰齊殿。及狄人戰於熒澤、衛師敗績、遂滅衛。衛侯不去其旗、是以甚敗。狄人囚史華龍滑與禮孔以逐衛人。二人曰："我、大史也、實掌其祭、不先、國不可得也。"乃先之。至則告守曰："不可待也。"夜與國人出。狄入衛、遂從之、又敗諸河。狄人囚史華龍滑與

　冬十二月、狄人が衛国を攻める。衛懿公は鶴を好む、小さな部屋でこれに鶴が乗じる。将は戦う、国民は受ける優れ者は皆曰く："鶴を使う、実に鶴が幸せと長寿で戦いに余裕が有る！"公は興す石祁子（春秋時代の衛国の政治家の人物、石氏）は頑固者、甯莊子は興す（戦う）誓う、守りに使う、曰く：以って此の國に賛同する、官者も而為之。"絹に刺繍入りの衣装で始める、曰く：聞く於ける二人の子。支配する渠孔を 戒める、手仕事（縫製）為また、古代の東夷の前を駆ける、（孔嬰齊、姫姓、孔氏、中國の春秋時代の衛國人）殿。及び狄人と戦いに於ける熒澤、衛国の師の成果は敗れ

る、遂に衛国を滅ぼす（直ぐに代わりの王を立てている）。衛侯のその旗は退去しない、是を以って甚だしく敗れる。狄人は<u>華龍滑</u>と禮孔を捕らえ監禁する以って遂に衛人。二人曰く：“我、大史（歴史書）也、実を掌握し其れを弔う、その後、苦には可笑しくなる也”再び先に之。至即守りを告げる：“不可町也。”夜に国人は脱出。狄が衛國に入る、遂に従う之、亦敗れる諸黄河。<u>華龍滑</u>を捕らえた史を狄人囚が作る。

　衛懿公の話は、左傳の方が、よく知られていますが、未だに分かり難い箇所があります。

　この文章なら衛国は滅亡のはずですが、直に代わりの衛文公（紀元前659年～紀元前635年・終わりは衛君角：野王［史記紀元前229年～紀元前209年在位］）が代役をしてそのまま始皇帝が国を纏め、または魏に吸収されるまで国は亡くなっていないので議論が多いのはやむをえません、正解を求めるならその時の人が現代まで生きていなければ正解はありません。

第八章

野王

　野王が日本で登場するのが、先代旧事本紀巻第一　神世本記　陰陽本紀　神世本記　……　神代系紀　天祖天譲日天ノ狭霧國禪日国ノ狭霧ノ尊

　一代倶生　天　神
　天御中主尊　亦云天常立尊
　可美葦牙彦舅尊
　　二代化生天神
　國常立尊　亦ハ云國挟立尊亦云國挟槌尊
　　　　　　亦云葉國尊
　豊國主尊　亦云豊斟渟　亦豊香節野野豊尊
　　　　　　亦云浮注亦云豊歯尊經、野、豊、買、尊
　　　　　　天八下尊　獨化天神第一世之神也

　野、豊、買、と載っています、野は野王です。出雲国風土記では八束水臣□野命、全てを束ねた水の臣下□野命です。□は墨書きで分かりませんが古い水の名だと言われています。因幡の白兎、野兎でしたら区別がつきません。兎、白兎でしたら特別だと分かります。

　この時代所謂、紀元200年以降の話で野姓を探します。

　東野姓は中華姓氏の一つ。源は姫姓で「東野志」に記載されています。

東野の由来の源は姫姓です。黄帝姓、公孫名は軒轅、初めの姫水の後に改めて姓は姫。武王の商が滅亡した後に、周公（姫旦）が魯の首長になります。周公が亡くなり後に武王が助けます。成王元年、周公の長男伯禽に代ります、魯公です。魯公の長子は襲、次男は熙、末の子は魚、魯公から三子を東野が賜り自ら育てます、此れで東野姓が出来ます。名前は田、此れが東野姓の歴史になります。東野が自ら得た姓でその後、魯で暮らします。漢靈帝光和七年（紀元184年）に黄巾の乱が自らの三国と晉に及びます。討伐の兵は不足して、東野熙（東野三十一世）は一族を挙げて東海に移ります。此れが野姓と言われています。が此の後の詳細が分かりません。他に野王があります。"亦野作"という言葉もあります。現在の河南沁陽です。少し厄介だと思っているのは衛国の文字が出てきます。時代は春秋の晉の土地でした。戦国時代は朝に属しています。野王は紀元前11世紀に西周や東周も知っています。紀元前262年に秦国に攻め取られます。紀元前に此処に居る衛君角に秦始皇帝が会い其の後秦二世が如何にでも出来る衛君角に廃止させます。歴史上に残る野王、周朝衛国の第五の都城でした。

　土地名称と人名は違いますが、此処の出身者は日本に来たかもしれません。何方にしても日本の祖は姫姓で黄帝に成ります。アジア大陸で一番古い歴史を持っている国になります。

第九章

日本人は何処から？

　何処から来たのか尋ねられたら、衛国から来られた鶴が大好きな衛懿公で日本に来られて神武天皇と名乗ります。秦の始皇帝の使いで不老長寿の薬を求めて倭に来た徐市一行。それに伴って出雲国に来た燕国の最後の王、燕喜です。何れも単独でなく多くの一族と共に来たのです。朝鮮半島に南下してきた高句麗に同行した吉、女真族（土蜘蛛）も朝鮮半島を跨いでしまいました。楚が東に隣接している秦に攻められて倭に来ます。熊王を忘れてはならないと熊襲（熊王を襲名する）と名乗ります。熊王の祖は有熊、有明海の有です。楚は長江に面しているので造船、木工に優れていると言われていますが、あらゆる技術に優れています。

　徐市が日本を脱出して台湾に渡り日本に帰ってきますが、この時に共に来たのが物部（楚）ではないか？　物作りが共通しているので資料は無いのですが、豊後風土記に載っている白水朗は長江の源、白水（清水）県の人で東に向かって長江を南下しますが停泊するのは河口の南側で福州・福建省から白水朗が来ています。豊後国風土記では此処の白水朗は百姓していると載っています。海部郡　郷肆所里一十二　駅（連絡用の馬を置いている）壱所　烽（烽火・のろし）弐所此郡百姓　並海辺白水郎也因日海部郡　ここ以外にも白水朗は来ています、肥前国風土記です。

　昔者　纏向日代宮御宇天皇（景行天皇）　巡幸之時　此村有土蜘蛛（女真族）　名曰大身　恆拒皇命　不肯降服　天皇　勅命誅滅　自爾以来白

水郎等　就於此島……　彼白水郎　富於馬牛　或有一百余近島　或有八十余近島　西有泊船之停二処　一処名曰相子田停　応泊二十余船一処名曰川原浦　応泊一十余船　遣唐之使　従此停発　到美彌良久之埼即川原浦之西埼是也　従此発船　指西度之　此島白水郎　容貌似　隼人　恆好騎

　長江沿いには水田でなく棚田が見られます、それも2人がやっと通れる幅の棚田でびっしりと隙間なく作られています。この当時のお米は貴重でした。何方かと云うと北はお米を買っています。其の後、日本の満洲経営の足元を引っぱっていたのはお米です。

　越も来ています。地名でも越は使われていますが、烏越の郷と相談する、と三国志の倭の項で記載されていますし、長江の東南の河口は百越が衰退して残りの一部が閩越になります。福州で福建省です。始皇帝に敗れて倭に来たのでしょうか？　お金が無くては倭に来ることは出来ません。おおらかな先祖のDNAは日本の人のDNAに残っているのでしょうか。

　分からないこともあります。大分県の阿蘇は牧場になった所です。東の熊本で灯篭を頭に乗せた郡上八幡踊りがあります。北にある榛名山の牧場は群馬県です。同じ八幡踊りが有るのが山形県です。近年、榛名山の遺跡が話題になりましたが、日本で一番古い多胡石碑がありますが、胡は鮮卑と烏丸に分かれる前は同じ一族です。

　北は渤海湾の突き出た処の東側旅順・大連から、南は福建省から特に福建省からですと日本海をぐるりと廻って岸を見ながら来なければ成りません、一度に多くの人が移動しますので船なら食料・休むことが出来ます。陸路なら賊に襲われる、宿舎が無い、特別な食料が無いで陸路は無理だと分かります、戦闘の場合は長い旅はしません、テント住まいでも間に合います。

　東南海の意味は岸を見て走る船は南に倭があるので北を向いて走っていても東方向、岸を見て走っているので東南海です。

第十章

卑彌呼と俾彌呼

　普通に使われているのは「卑弥呼」ですが、三国志では物語の文に「卑彌呼」と「俾彌呼」と書かれています。卑彌呼は三国志巻三十　魏書三十　烏丸鮮卑東夷傳第三十の巻末の項に　倭人在<u>帯方</u>東南大海之中、依山島為邑。……　日本では通称魏志倭人伝と言われています三国志の一部の写しで、三国志の特に太祖（曹操）と袁紹の話を読まなければ答えは出てきません。何故なら巻三十魏書の倭人の話は登場人物の名前を伏せています。三国志には魏書（太祖曹操）・蜀書（先主劉備）。吳書（孫堅）の勢力争いの話が主になっていますが、倭の項だけ名前が伏せてあります。全員の姓名が表しているのにこの項だけ名前を伏せているだけでなく其処のその地で暮らした人でなければ伝承にしては詳しすぎます、それだけでなく伝承ならもっと正確に書かれた文章もわざと怪しげな文章があります。此れは卑彌呼が作者の陳寿に会って話したなら分かります。

　陳寿と卑弥呼が会う？　魏書には記載されていませんが蜀書には陳寿の登場が載っています。

　三国志巻三十五　蜀書五　諸葛亮傳第五の終わりに近い箇所です。

　伏惟陛下邁蹤古聖、蕩然無忌、故雖敵國誹謗之言、咸肆其辭而無所革諱、所以明大通之道也。謹錄寫上詣著作。臣壽誠惶誠恐、頓首頓首、死罪死罪。<u>泰始十年二月一日癸巳</u>、<u>平陽侯相臣陳壽</u>上。

これは伏す陛下が（大きく歩をとって）歩く足跡は古くから（知性・知識を持っている・足跡は歩んできた）讃えられるが、揺れは然るに避けるわけでない、故にたとえ敵の国が誹謗しても之は話す、ことごとく勝手気ままに振るう其れ辞退する而無所に変え忌む、所を以って明るく大きくて通しになっている之道也。作品を丁重に写し取り書き来たる。

　私（君主に対する官史の名）こと陳寿は実際にびくびくして確かに恐れている、詩（講義）を教えるのを少し止めるまた詩の教えを止め一息入れる、とんでもないとかしょうがないなと罵ったりからかったりするときに名詞の前に置く死は難儀なこと、苦しいこと。<u>泰始</u>十年二月一日癸巳、<u>平陽侯</u>の相臣<u>陳壽</u>上。

　我が国では魏志倭人伝と云い、まるで４〜５頁の一つの資料になっていますが、あくまで三国志の一部を模写したもので、この本に書かれた文章で古代に起きた事柄を全て分かるはずがありません。

　三国志では、魏書四　三少帝紀第四に俾彌呼として登場します。

　四年春正月、帝加元服、賜羣臣各有差。夏四月乙卯、立皇后甄氏，大赦。五月朔、日有蝕之、旣。秋七月、詔祀故大司馬<u>曹真</u>、<u>曹休</u>、征南大將軍<u>夏侯尚</u>、太常<u>桓階</u>、司空<u>陳羣</u>、太傅<u>鍾繇</u>、車騎將軍<u>張郃</u>、左將軍<u>徐晃</u>、前將軍<u>張遼</u>、右將軍<u>樂進</u>、<u>太尉華歆</u>、司徒<u>王朗</u>、驃騎將軍<u>曹洪</u>、征西將軍<u>夏侯淵</u>、後將軍<u>朱靈</u>、<u>文聘</u>、執金吾<u>臧霸</u>、破虜將軍<u>李典</u>、立義將軍<u>龐德</u>、武猛校尉<u>典韋</u>於太祖廟庭。冬十二月、倭國女王<u>俾彌呼</u>遣使奉獻。

　五年春二月、詔大將軍<u>曹爽</u>率衆征蜀。夏四月朔、日有蝕之。五月癸巳、講尚書經通、使太常以太牢祠<u>孔子</u>於辟雍，以<u>顏淵</u>配；賜太傅、大將軍及侍講者各有差。丙午、大將軍<u>曹爽</u>引軍還。秋八月、<u>秦王詢薨</u>。九月、<u>鮮卑</u>內附、置遼東屬國、立<u>昌黎縣</u>以居之。冬十一月癸卯、詔祀故尚書令<u>荀攸</u>於太祖廟庭。

　四年春正月（三国志・正始元年は240年）、帝（曹叡）にする元服、臣に賜る群れには各差がある。

夏四月乙卯に、皇后甄氏（文昭瓶皇后・中山無極人）は立つ、放免する。五月陰暦の一日、日蝕が有る之、既に。秋七月、告知する故に崇拝せよ大司馬（古代の官命）曹真、曹休、征南大将軍夏侯尚、太常（古代宮廷で祖廟の礼法を担当する役人、漢代の九大臣の位の中で第一位）桓階、司空（土木を担当する官職）陳羣、太傅（朝廷の次官および天皇の補佐官）鍾繇、車騎将軍張郃、左将軍徐晃、前将軍張遼、右将軍樂進、太尉華歆、司徒王朗、驃騎将軍曹洪、征西将軍夏侯淵、後将軍朱靈、文聘、執金吾臧霸、破虜将軍李典、立義将軍龐德、武猛校尉典韋於太祖廟庭。冬十二月、倭國女王俾彌呼（中山無極人瓶姜）遣使奉獻。

　此処では 244 年になります、官渡の戦いが 200 年、袁紹が亡くなったのが 202 年、喪に付して 205 年なら俾彌呼が倭に来たときは 20 歳前、倭の暮らしも長いですが瓶姜はこの朝貢の後に妹の瓶蜜（文昭瓶皇后）の元に帰ってからも女族退治に出かけています。

　現代日本の人は“卑弥呼”を使っていますが、三国志では「卑彌呼」と「俾彌呼」が記載されています。三国志巻三十　魏書三十　烏丸鮮卑東夷傳第三十　の巻末に紹介されていてその写しが魏志倭人伝です。此の文章の初めは女王国と書いていますが次に倭王になり倭女王卑彌呼と出てきます。卑彌以死、大作家、（卑彌呼は死ぬ、大きな家を作る）と書いてある後は復立卑彌呼宋女壹興、年十三為王、（再び立つ卑彌呼一族の女壹興です、此の壹は邪馬壹国の壹と共通していて書かれている意味に注意してください）年十三はこの当時の男性は十五歳で女性は十三歳で結婚しますので、此処で言う十三歳は成人になったと云っています。俾彌呼と書かれているのは瓶姜です。卑彌呼以死、は袁紹の后劉夫人です。卑彌呼宋女壹興の卑彌呼は瓶姜です。宗方三姉妹は一族の女性、劉夫人・瓶姜・豊でどうでしょうか。既に瓶姜は大王の継続をもくろんでいます。その証は壹興です、壹は壹で一ではありません。壹は大王のことです。此処の部分を読み違えた為に今日の混乱を招いています、古代漢字は面倒でも、1字1字調べなければなりません。

女子為王、名曰卑彌呼、事鬼道、能惑衆、年巳長大、無夫婿、有男弟佐治国。自為王以来、少有見者。以千人自待、有男子一人給飲食、傳辭出入。居處宮室樓觀、城柵嚴設、常有人持兵守衛。

　ここでは自ら王に為る卑彌呼は瓶姜です。王以来の王は仲哀天皇になります、世話をする男子は瓶姜で男装の麗人というところです、国を治める手伝いをする男弟が袁買で、出雲国風土記に出てくる須佐能袁・大国主命です。事鬼道は鮮卑の壇石傀が匈奴を倒したのちに鬼道で鮮卑国を治めます、此処から灘升米が来ています、灘は鮮卑の姓です。
　我が国の風土記では、お二人の名が豊後国風土記に載っています。

日田郡　郷伍所里一十四　駅壱所
　昔者　纏向日代宮御宇大足彦天皇　征伐球磨贈於　凱旋之時発筑後国生葉行宮　幸於此郡　有神名袁久津媛　化而為人参迎　弁増国消息　因斯袁久津媛之郡　今謂日田郡者　訛也

日田郡　郷伍所里一十四　駅壱所（伝令用の馬舎）
　昔者　景行天皇が熊襲征伐に於いて　凱旋之時に筑後国生葉行宮を発つ　幸い此の郡に於いて　神の名は袁久津媛と有り　布施を求める而人が参るのを迎える　官史から増国の消息を知る　これを受け継ぎ袁久津媛之郡　今謂う日田郡の者　訛也
　ここでは袁久津媛は袁家の人と分かりますから袁紹の后劉夫人です。久津の久は比佐ですし早く亡くなったことも分かります。

速見郡　郷伍所里一十三　駅弐所　烽壱所
　昔者　纏向日代宮御宇天皇　欲誅球磨贈於　幸於筑紫　従周防国佐婆津　発船而渡　泊於海部郡宮浦　時　於此村有女人　名曰速津媛　為其処之長　即聞天皇行幸　親自奉迎　奏言　此山有大磐窟　名曰鼠磐窟

土蜘蛛二人住之其名曰青白　又　於直入郡祢疑野　有土蜘蛛三人　其名
曰打猿八田国摩侶　是五人　並為人強暴　衆類亦多在　悉皆謡云　不従
皇命　若強喚者　興兵矩焉　於茲　天皇遣兵遮其要害　悉誅滅　因斯名
曰速津媛国　後人改曰速見郡赤湯泉在郡西北此湯泉之穴　在郡西北竈門
山　其周十五許丈　湯色赤而有□　用足塗屋柱　□流出外　変為清水
指東下流　因曰赤湯泉玖倍理湯井在郡西此湯井　在郡西河直山東岸　口
径丈余　湯色黒　□常不流

　速見郡　郷伍所里一十三　駅は弐ケ所　のろしは壱所
　昔の者　<u>景行天皇</u>　熊襲を殺（……することを）必要とする　幸いにし
て筑紫に於いて従う　周防国の佐婆津　船は出発而渡る　海部郡宮浦に
於いて泊る　この時に此村に於ける女人有り　名は日速津媛（瓶姜）為
す其処之長　即聞く天皇行幸する　親しく自から奉迎　此の山に大きな
洞窟が有ると言葉を申し上げる　名は曰く鼠磐窟　土蜘蛛二人住む之其
の名は曰く青白　於いて直入郡祢する疑野　有り土蜘蛛三人　其の名は
曰く打猿八田国摩侶　是五人　並為す人に強暴　多くの民衆亦多く住む
悉に皆（でたらめな）うわさを云う　皇命に従わない　若くて強くて喚く
者　兵を興しこれから掟をあたえる　於茲　天皇が遣わす兵を遮る其の
要する害（邪魔）　すべて誅殺し滅する　これに元づいて名は曰く速津媛
国　後人改め曰速見郡　赤湯泉在郡西北　此湯泉之穴　在郡西北竈門山
其周十五許丈　湯色赤而有□　用足塗屋柱　□流出外　変為清水　指東
下流　因曰赤湯泉玖倍理湯井在郡西此湯井　在郡西河直山東岸　口径丈
余　湯色黒　□常不流

　似た話が日本書記では"爰女人有曰神華磯姫"です。説明すると爰は
烏垣の爰（地域）で、袁紹等の居住地です。神は神姓ですが神武天皇に
かけて神と名乗ります。華は華夏族の華です。磯は景行天皇の纏向から
南の磯城です。姫は高貴な姫ですがここでは神武天皇本名の衛国の姫姓
を使っています。瓶姜は纏向で少しの間景行天皇と共に暮らし（但し年

度が不明です）、それから景行天皇が行幸されて南の磯城から玉城に居住を移します。そして、伊勢神宮の造営に入ります（ではないかという話です）。この二人の卑彌呼を物語としてまとめられたのが天の岩戸の物語です。

卑弥呼の姓は劉ですが漢の人で劉夫人の名は分かりません、漢に味方する多くの豪族の長には数人の后がいてその中に劉姓の女子が一人います。

瓶姜は妹の居る魏にかえります。

青垣山は俾彌呼たちの故郷、烏丸の爰から瓶姜は劉、買と倭国に来ましたが、妹の文紹瓶皇后の待つ魏に帰ります。劉と買は共に亡くなり共に帰れません。無念ですが帰れない故郷を偲んで欲しいと木次神社を建立します。木次神社→杵築神社→出雲大社です。奈良の三宅の杵築神社は天照大神・素盞男をお祀りしています、末社が、お二人を別々にでも祀りしているなら本社は天照大神・素盞男が祭神です。

社に使われている此の杉の大木は出雲の国にはありません。かなり離れた深山から切り出され出雲国に運び込まれた出来事を表しているのが諏訪の御柱です。

出雲国は三百玖拾玖社あります。出雲大社が二神ですから四百社になります。四の文字は凡そ半分という意味で八の文字は全部を表します。“八雲立　出雲国”を訳せば八は全ての、雲は云いますよ、立は出来ていく姿＆伝える、また“立”という文字は“りゅう”と読みます、龍に通じ王を表します。石見神楽の八匹の龍は全ての王を倒したことを表現

しています。また玖は王を表す文字ですから二の王をお祀りしているこ
とを知らせています。

第十一章

始皇帝 <small>（史記から第六章）</small>

史記巻六

秦始皇本記第六

　秦始皇帝者、秦莊襄王子也。莊襄王為秦質子於趙、見呂不韋姫、悅而取之、生始皇。以秦昭王四十八年正月生於邯鄲。及生、名為政、姓趙氏。年十三歳、莊襄王死、政代立為秦王。當是之時、秦地已并巴、蜀、漢中、越、宛、有郢、置南郡矣：北收上郡以東、有河東、太原、上黨郡：東至滎陽、滅二周、置三川郡。呂不韋為相、封十萬戸，號曰文信侯。招致賓客游士、欲以并天下。李斯為舍人。蒙驁、王齮、麃公等為將軍。王年少、初即位、委國事大臣。

　秦の始めの皇帝の者、秦莊襄王の子也。莊襄王は秦からの人質の子を為す於ける趙から、見る呂不韋姫（姫は衛姓）（紀元前292〜紀元前235年）、姓は姜、呂氏、名は不明、衛国の濮陽（現在の河南省安陽市華県）に生まれ。姜子牙の23番目の孫で戦国時代の末期、秦国の実業家、政治家、思想家、宰相）、喜ぶ而之を受け取る、始めの皇帝が生まれる。以って秦昭王四十八年正月に生まれる於ける邯鄲（河北省の邯鄲市は、略して"漢"と呼ぶ）。及び生きる、名は政と為す姓は趙氏。年十三歳、莊襄王死に、政が代って立つ為す秦王。秦の已の地并（山西省太原市、漢の時代に并州があった）巴、蜀、漢中、越、宛、有郢、置南郡矣：北収上郡以東、有河東、太原、上黨郡：東至滎陽、滅二周、置三川郡。呂不韋為お互いに、境界内十萬戸、

号曰<u>文信侯</u>。賓客を招き致り卿（太夫と庶民の間）と付き合う、欲を以って并の天下。<u>李斯為</u>（李斯［？〜208年前］戦国時代末期に楚国の上蔡［現在の河南省駐馬店市上蔡県］で生まれた秦代の政治家、作家、書道家）為す舎人。<u>蒙</u><u>驁</u>（孟澳［？〜紀元前240年］、戦国時代末期の秦国の名将。蒙恬は斉の出身ですが、後に秦に亡命し、官職は最高位です）。<u>王齮</u>、<u>麃公</u>等為將軍。王は年少、初即位、委國（後魏国）の事の大臣。

　<u>晉陽</u>反。元年、將軍<u>蒙驁</u>撃定之。二年、<u>麃公</u>將卒攻<u>卷</u>、斬首三萬。
　三年、<u>蒙驁</u>攻<u>韓</u>、取十三城。<u>王齮</u>死。十月、將軍<u>蒙驁</u>攻<u>魏氏暢</u>、<u>有詭</u>。歲大饑。四年，拔<u>暢</u>、<u>有詭</u>。三月、軍罷。秦質子歸自<u>趙</u>　<u>趙</u>太子出歸國。十月庚寅，蝗蟲從東方來，蔽天。天下疫。百姓內粟千石、拜爵一級。五年、將軍<u>驁</u>攻<u>魏</u>、定<u>酸棗</u>、<u>燕</u>、<u>虛</u>、<u>長平</u>、<u>雍丘</u>、<u>山陽城</u>、皆拔之，取二十城。初置<u>東郡</u>。冬雷。六年、<u>韓</u>、<u>魏</u>、<u>趙</u>、<u>衛</u>、<u>楚</u>共擊<u>秦</u>、取<u>壽陵</u>。秦出兵、五國兵罷。拔<u>衛</u>、迫<u>東郡</u>、其君<u>角</u>率其支屬徙居<u>野王</u>、阻其山以保魏之<u>河</u><u>內</u>。七年，彗星先出東方、見北方、五月見西方。將軍<u>驁</u>死。以攻<u>龍</u>、<u>孤</u>、<u>慶都</u>、還兵攻<u>汲</u>。彗星復見西方十六日。<u>夏太后</u>死。八年、王弟<u>長安君成</u><u>蟜</u>將軍擊<u>趙</u>、反、死<u>屯留</u>、軍吏皆斬死、遷其民於臨洮。將軍壁死、卒<u>屯</u><u>留</u>、<u>蒲鶮</u>反、戮其屍。<u>河魚大上</u>、輕車重馬東就食。

　晉陽（晋陽は現在、山西省太原市の古名で山西省太原です、古代中国の有名な北方の大都市で晋陽がいつ建てられたかは不明で晋陽が初めて歴史書に登場するのは紀元前497年に趙国の首都、秦太原県漢初期の首都、漢冰州統治、曹魏冰州統治、西晋太原都、旧秦の首都、北魏冰州統治、実質的な行政の中心地を歴任し北魏後期、東魏、北斉の下都と行政の中心地、白都の行政の中心地、隋の太原県政府、唐初期の冰州政府、北都呉周時代、唐の北都、唐の北京、晋の首都、後唐の西京と北京、後晋の北京、後漢の北京、北漢王朝の首都）は反対する。元年、將軍蒙驁は撃墜し安定する之。二年、麃公將は攻め終わらせる、斬首三萬。三年、蒙驁は韓を攻め十三城を取る。王齮は死ぬ。十月、將蒙驁軍は魏の氏暢を攻める、有詭。とき大飢餓。四年、暢は引き抜く、有詭。三月、軍は

放棄する。秦は人質を趙に自から帰る、趙太子は歸國に出発。十月庚寅、蝗蟲（ばった）從東方に來たる、ぼろぼろの天と空。天の下は疫病。百姓の中は粟（あわ）千石（10斗、100升）、爵（爵位）一級はぬかずく。五年、將軍は魏の攻撃に驚く、酸棗は落ち着く、燕、虛、長平、雍丘、山陽城、皆（敵の陣地を）拔く之、奪う二十城。初めに東郡に置く。冬雷。六年、韓、魏、趙、衛、楚共に秦は攻撃する、壽陵を取る。秦出兵、五國の兵をふるいにかける。衛国が抜きんでている、東郡を追撃、其の衛君角（衛国の王・紀元前241年、秦は魏の東の領土を占領して東君を設置します、魏元君を廃し、魏公の子孫の子南焦を王に任命し、歴史上魏君角と名乗ります、魏君角を野王県に移す）率いる其の支族に野王（出雲国の八束野王の祖）が居る、其の山を以って阻み魏を保つ之河内。七年、彗星東方に出る、見る北方、五月見西方。將軍驚死す。以って攻撃する龍、孤、慶都、汲々として帰還兵を攻める。彗星を再び見る西方十六日。夏太后死ぬ。八年、王の弟長安君成蟜將軍趙を攻撃。反逆、屯留死ぬ、軍吏皆斬られ死ぬ、其の民衆が遷る於臨時にとどまる。將軍は壘壁（とりで）で死ぬ、屯留は突然、蒲鶴は反逆、殺した其の屍。まさに河（黄河）で魚が上がろうとしている、軍用車両が就（……をおかずにしてご飯を）食べる。

嫪毐封為長信侯。予之山陽地、令毐居之。宮室車馬衣服苑囿馳獵恣毐。事無小大皆決於毐。又以河西太原郡更為毐國。九年、彗星見、或竟天。攻魏垣、蒲陽。四月、上宿雍。己酉、王冠、帶劍。長信侯毐作亂而覺、矯王御璽及太后璽以發縣卒及衛卒、官騎、戎翟君公、舍人，將欲攻蘄年宮為亂。王知之、令相國昌平君、昌文君發卒攻毐。戰咸陽、斬首數百、皆拜爵、及宦者皆在戰中、亦拜爵一級。毐等敗走。即令國中：有生得毐、賜錢百萬：殺之、五十萬。盡得毐等。衛尉竭、內史肆、佐弋竭、中大夫令齊等二十人皆梟首。車裂以徇、滅其宗。及其舍人、輕者為鬼薪。及奪爵遷蜀四千餘家。家房陵。四月寒凍、有死者。楊端和攻衍氏。彗星見西方、又見北方、從斗以南八十日。十年、相國呂不韋坐嫪毐免。桓齮為將軍。齊、趙來置酒。齊人茅焦說秦王曰：「秦方以天下為事、而

大王有遷母太后之名、恐諸侯聞之、由此倍秦也。」秦王乃迎太后於雍而入咸陽、復居甘泉宮。

嫪毐（［？～紀元前238年］戦国時代末期の秦国の張信侯［長信侯］。老愛[lào í]［？～紀元前238年］、本名は諸説ありますが、「摎毐」であると言われています）を幽閉する。予め之山陽（昌義王国は前漢時代の封建国家で首都は昌義です、中元6年［紀元前144年］漢の景帝は劉定に山陽王の称号を与えます）の地、良い毐（山陽に毐国が出来て、一時は勢力を誇った。その後通報を受け反乱出来ず、秦王応正によって死刑を宣告され、車裂而死亡）が居る之。宮殿のような車馬衣服豪華な御苑に狩猟かってきままに（過ごした）（思いを）馳せる毐。事の大小で無く而にすべて決めてしまう毐。又以って河西太原郡更に為す毐國。

大索、逐客、李斯上書說、乃止逐客令。李斯因說秦王、請先取韓以恐他國、於是使斯下韓。韓王患之。與韓非謀弱秦。大梁人尉繚來、說秦王曰：「以秦之彊、諸侯譬如郡縣之君、臣但恐諸侯合從、翕而出不意、此乃智伯、夫差、湣王之所以亡也。願大王毋愛財物、賂其豪臣、以亂其謀、不過亡三十萬金、則諸侯可盡。」秦王從其計、見尉繚亢禮、衣服食飲與繚同。繚曰：「秦王為人、蜂準、長目、摯鳥膺、豺聲、少恩而虎狼心、居約易出人下、得志亦輕食人。我布衣、然見我常身自下我。誠使秦王得志於天下、天下皆為虜矣。不可與久游。」乃亡去。秦王覺、固止、以為秦國尉、卒用其計策。而李斯用事。

ひどく寂しい、逐（追い払う）客、大索、逐客、李斯（[？～紀元前208年]戦国時代末期に楚国の上蔡［現在の河南省駐馬店市上蔡県］に生まれた、秦代の有名な政治家、作家、書道家）上書說、再び命令する逐に客を止める。秦王の説明に李斯応じる、どうぞ韓を先に取らえてください。以って他国は恐れる、於ける是李斯を使って韓を下す。韓国王は患う之。韓非（[紀元前280年頃～紀元前233年頃]後世、彼を韓非子・漢子と称えた。戦国時代の新鄭

［現・河南省鄭州市新鄭市］生まれ。哲学者 戦国時代末期の唯物論の 思想家・随筆家）は興味を持って秦の弱点をさぐる。<u>大梁</u>（大梁は中国河南省の古代地名。河南省開封市の北西部に位置し、もとは中期戦国時代の七英雄の一つ魏国の首都で、紀元前 364 年の夏、当時の魏の魏恵王は安邑［現在の山西省夏県］から大梁に都を移し、六代の君主達は大梁を魏の首都としました。魏王国が「梁王国」として記録されます）の人。<u>尉繚</u>（魏廖［生没年不詳］、名は廖、秦国の副官であったため、役人を姓としたため、姓は長く失われていました、魏国大梁［河南省開封］生まれ、秦王嬴政の重要顧問、戦国時代の軍学者、秦王の政権の 10 年後［紀元前 237 年］、魏遼が魏から秦に来ました、魏遼は秦王嬴政の邪悪な心を一目で見抜き、秦王に仕える気はなかった、彼は秦から逃げる機会を待ちます、秦王はその知らせを聞くと、人を送って留まるよう説得させ秦国の将に任命します）が来る、説秦王曰く「以って秦之境界、諸侯をたとえれば郡縣は如し之君主、但し臣下は諸侯の合従を恐れる、従順だが而不意に出る、此れ再び<u>智伯</u>、<u>夫差</u>、<u>潜王</u>之所以って亡くなる也。願わくば大王の母財物を重んじ、財物を贈る其の（才能や力量が）人並優れた臣下、以って其の謀もつれる、いいえ三十萬金を亡くしたことがある、則諸侯は忠実ならしてよろしい。」<u>秦王</u>其の謀ごとを勝手にさておく、見るつ<u>尉繚</u>は礼儀知らずで高慢である、同じく衣服食飲もまといつき始める。同。繚曰：「秦王と云う人は、上がった鼻筋、細長い目、貪欲、残酷さ、圧政、少しの恩而虎狼の心、約束を見くびり出入りする下人も居る、心差しを得る而軽く食べさせる人。私は普通の人です、我布衣然るに我を見て常に我が身を卑下することがあります。誠意が秦王の天下に於ける志しを得る達成させ、天下は皆為す捕虜に矣。（私と）久しく付き合うことも出来ません。」再び亡き去る。秦王感じる、固く止める、以って為す秦はこの国に安心する、突然の其の計策は。而に李斯が仕えることに使う。

　十一年、<u>王翦</u>、桓齮、楊端和攻鄴、取九城。<u>王翦</u>攻閼與、撩楊、皆并為一軍。翦將十八日、軍歸斗食以下、什推二人從軍取鄴安陽、<u>桓齮</u>將。十二年、<u>文信侯不韋</u>死、竊葬。其舍人臨者、晉人也逐出之：秦人六百石

以上奪爵、遷：五百石以下不臨、遷、勿奪爵。自今以來。操國事不道如
嫪毐、不韋者籍其門，視此。秋、復嫪毐舍人遷蜀者。當是之時、天下大
旱、六月至八月乃雨。

十一年、王翦、桓齮、楊端和を鄴が攻める、九城を取る。王翦攻める
閼與、橑楊、皆并州の為す一軍。翦將十八日、斗食以下で軍は歸る、軍
から二人を推し鄴安陽を取った、桓齮將。十二年、文信侯不韋死ぬ、自
らの葬儀。其の舍人訪れる者、晉の人也逐い出る之：秦の人六百石以上
奪う侯爵、遷えす：五百石以下にしようとする際に、遷す、男爵から奪
うな。自から今以って来る。國を操る事は嫪毐の如くの話ではないと思
う、不韋の者書籍其れを教える、視る此れ。秋、復嫪毐は復權して舍人
遷蜀の者。當是之時、天下は大間伐、六月至八月乃（ふたたび）雨。

十三年、桓齮攻趙平陽、殺趙將扈輒、斬首十萬。王之河南。正月、彗
星見東方。十月、桓齮攻趙。十四年、攻趙軍於平陽、取宜安、破之、殺
其將軍。桓齮定平陽、武城。韓非使秦、秦用李斯謀、留非、非死雲陽。
韓王請為臣。

十三年、桓齮は趙平陽を攻める、趙將軍と扈輒を殺す、斬首十萬。王
之河南。正月、東方に彗星を見る。十月、桓齮攻趙。十四年、攻める趙
軍於ける平陽、宜安を取る、之破る、其の將軍を殺す。桓齮定は平陽、
武城を制定する。韓非は秦に使者を出す、秦は李斯に謀りごとる用意す
る、非が留める、非死雲陽。で非は雲陽で死ぬ、武城韓王は為君臣に請う。

十五年、大興兵、一軍至鄴、一軍至太原、取狼孟。地動。十六年九月、
發卒受地韓南陽假守騰。初令男子書年。魏獻地於秦。秦置麗邑。十七年、
內史騰攻韓、得韓王安、盡納其地、以其地為郡、命曰潁川。地動。華陽
太后卒。民大饑。

十五年、大規模な兵を興す、一軍は至る鄴、一軍至太原、狼孟を取る。移動する。十六年九月、突然出す目的地は韓南陽守りを休む騰。書き記した年の男子に命令する。魏は土地を献上する於秦。秦置く麗邑。十七年、内史官騰攻める韓、韓王安は得る、尽くす盡納其の地を納めることに尽くす、以って其の地為郡、命曰穎川。地震。華陽太后はにわかに。民は大飢餓。

十八年、大興兵攻趙。王翦將上地、下井陘、端和將河內、羌瘣伐趙、端和圍邯鄲城。十九年、王翦、羌瘣盡定取趙地東陽、得趙王。引兵欲攻燕、屯中山。秦王之邯鄲、諸嘗與王生趙時母家有仇怨、皆阬之。秦王還、從太原、上郡歸。始皇帝母太后崩。趙公子嘉率其宗數百人之代，自立為代王、東與燕合兵、軍上谷。大饑。

十八年、趙に対する攻撃が発展する。王翦將上地、下井陘、端和將河內に、羌瘣伐趙、端和圍邯鄲城。十九年、王翦、羌瘣は忠誠で趙と東陽の地を取る、趙王を取る。兵を引き抜く欲攻燕を攻める、中山で駐屯する。秦王之邯鄲、以前に王が生まれた趙の時母家に遺恨が有り怨む、皆阬（悪らつな手段で人を陥れる）之。秦王還、從太原、上郡歸。始皇帝母太后崩れる。趙公子嘉は率其の総数百人を率いる之代、自から立つ為代王、東で與る燕兵を一つにする、軍は上谷。酷く飢える。

（此処では中山が出てきます、劉備。瓶姜は中山の人です、燕が出てきます、燕国は秦に占領され燕国最後の王燕喜が出雲の国に来ています。）

二十年、燕太子丹患秦兵至國、恐、使荊軻刺秦王。秦王覺之、體解軻以徇、而使王翦、辛勝攻燕。燕、代發兵擊秦軍、秦軍破燕易水之西。二十一年、王賁攻（薊）荊。乃益發卒詣王翦軍、遂破燕太子軍、取燕薊城，得太子丹之首。燕王東收遼東而王之。王翦謝病老歸。新鄭反。昌平君徙於郢。大雨雪、深二尺五寸。

二十年、燕太子丹は患う秦の兵が至燕國に至る、恐しい、使いの荊軻を秦王は刺す。秦王悟る之、内輪の人を軻(車軸を持つ荷車)で護送する以って民衆に宣言する、而に王翦が使う、燕に攻めて辛うじて勝。

　燕、代の兵が秦軍に攻撃を発す、秦軍破れる燕易水之西。二十一年、王賁攻(薊)荊。突然詣うでる王翦は再び軍を出す、遂に破る燕太子軍、燕薊城を取る、太子丹得之首。燕王は東の遼東に収まる而王之。王翦は病老で謝り歸る。新鄭反。昌平君は郢(古代中国の楚州の首都・現在の湖北省江陵県近く)しかない。大雨に雪、深さ二尺五寸。

　燕王が遼東に収まる、出雲国風土記に出雲国に来たことが載っています。

　二十二年、王憤攻魏、引河溝灌大梁、大梁城壊、其王請降、盡取其地。

　二十二年、王憤慨して魏を攻撃する、河溝を引いて大梁に水をそそぐ、大梁城破壊する、其の王請う降参、出来るだけ取る其の地。

　二十三年、秦王復召王翦、彊起之、使將撃荊。取陳以南至平輿、虜荊王。秦王游至郢陳。荊將項燕立昌平君為荊王、反秦於淮南。二十四年、王翦、蒙武攻荊、破荊軍、昌平君死、項燕遂自殺。

　二十三年、秦王復活する召す王翦、意地を張って起る之、將は荊を使い墜。取陳は取らえられ以って南の平輿に至る、荊王は捕虜となる。秦王付き合う至郢陳と。荊(古代楚の別称)の将校項燕立つ昌平君為荊王、秦に反する於淮は南。二十四年、王翦、蒙武攻る荊、破る荊軍、昌平君死、項燕遂に自殺。

　二十五年、大興兵、使王賁將、攻燕遼東、得燕王喜。還攻代、虜代王嘉。王翦遂定荊江南地:降越君、置會稽郡。五月、天下大酺。

二十五年、大興兵、王賁を将軍に使う、燕遼東を攻める、燕王喜を得る。代は攻めて還る、代王嘉は虜われる。王翦遂に定荊江南地に定める：越君は降りる、會稽郡に置く。五月、天下大酒盛りをする。

二十六年、齊王建與其相後勝發兵守其西界、不通秦。秦使將軍王賁從燕南攻齊、得齊王建。

二十六年、齊王建（斉王堅［約紀元前280年～紀元前221年］、別名斉飛王、斉公王、姓は魏、天、姓は建、戦国時代の斉の最後の人。紀元前264～221年まで統治した君主）興す其の相後勝兵を出し守る其西界、秦は通れない。秦は将軍王賁を使い燕はそれに従い南の齊を攻める、齊王建を得る。

秦初并天下、令丞相、御史曰：「異日韓王納地效璽、請為藩臣、已而倍約、與趙、魏合從畔秦、故興兵誅之、虜其王。寡人以為善、庶幾息兵革。趙王使其相李牧來約盟、故歸其質子。已而倍盟、反我太原、故興兵誅之、得其王。趙公子嘉乃自立為代王、故舉兵擊滅之。魏王始約服入秦、已而與韓、趙謀襲秦、秦兵吏誅、遂破之。荊王獻青陽以西、已而畔約、擊我南郡、故發兵誅、得其王、遂定其荊地。燕王昏亂、其太子丹乃陰令荊軻為賊、兵吏誅、滅其國。齊王用后勝計、絕秦使、欲為亂、兵吏誅、虜其王、平齊地。寡人以眇眇之身、興兵誅暴亂、賴宗廟之靈、六王咸伏其辜、天下大定。今名號不更、無以稱成功、傳後世。其議帝號。」丞相綰、御史大夫劫、廷尉斯等皆曰：「昔者五帝地方千里、其外侯服夷服諸侯或朝或否、天子不能制。今陛下興義兵、誅殘賊、平定天下、海內為郡縣、法令由一統、自上古以來未嘗有、五帝所不及。臣等謹與博士議曰：「古有天皇、有地皇、有泰皇、泰皇最貴。」臣等昧死上尊號、王為「泰皇」。命為「制」、令為「詔」、天子自稱曰「朕」。」王曰：「去「泰」、著「皇」、采上古「帝」位號、號曰「皇帝」。他如議。」制曰：「可。」追尊莊襄王為太上皇。制曰：「朕聞太古有號毋謚、中古有號、死而以行為謚。如此、則子議父、臣議君也、甚無謂、朕弗取焉。自

今已來、除諡法。朕為始皇帝。後世以計數、二世三世至于萬世、傳之無窮。」

1.　秦初并（山西省太原市の別名）の天下、首相、御史曰：「後日韓王地を納める異日國璽尚書の効果、請う為藩臣、已而倍の約束、與趙、魏と合從秦は背く、故に許した兵を殺す之、其の王は捕虜となる。人が少ない以って為す善良、平民のほとんどは子女兵を改める。趙王は其の相手を使い李牧と同盟の約束で來る、故に其の人質は歸る。已の而盟約は倍になる、我は太原に反対する、故に兵を興し誅殺之、其の王を得る。趙公子嘉乃再び自から立ち代りの王に為す、故に保持したが兵撃滅之。魏王始めの約そく服從し入る秦、已れ而與韓を興す、趙謀り秦を襲う、秦の兵とが吏官を誅殺、遂に破る之。荊王ささげる青陽以って西へ、已から而るに畔（ほとり）へと誘う、我々は追撃南郡、故に兵を放つ誅殺、其の王を得る、遂に定める其荊地。燕王亂れ氣を失う、其の太子丹再び陰から命令する荊軻（［？～紀元前227年］姓は江、名は清、子飛戰国時代末期の灘国出身、戰国時代の有名な暗殺者）為賊、兵官吏を殺す、其の國滅亡。齊王召し上がる后勝は計りごと、秦の使いは尽きる、欲する為亂、兵と官吏誅、其の王虜にする、齊は平穏な地。未亡人以って片方の目が見えない之我が身、兵を興し誅殺暴亂、賴宗廟之靈、六王すべて隠れる其れに從う、天下は大きく落ち着く。今名號は今更不要、無以成功と称する、傳紀後世に。其の意見帝はわめく。」丞相（一方が働きかける行為や態度を表す）綰、御官史博士：医者の劫、廷べる尉（官名の一つ）斯等皆曰：「昔者五帝（五帝：五帝時代の5人の部族指導者・部族連合の指導者、黄帝、宣緒、九帝、堯、舜）地方千里、其を外侯の服は夷服諸侯は或いは（……向かう）向かう或いは否、天子は設定（取り決め）は不能。今陛下は義兵を興す、残った賊を誅、平定天下、海內為郡縣、法令によって統一する、自から上古以来の未にかって有った、五帝の所在は不名に及ぶ。臣等謹與博士議曰：「古有天皇、有地皇、有泰皇、泰皇最も貴ぶ。」君臣等暗い死を致命と上は從う、王為「泰皇」。命為「制」、

152

令為「詔」、天子自稱曰「朕」。王曰：「去「泰」、著「秦」、采上古「帝」位號（、號曰「皇帝」。他如議。」制曰：「可。」追尊莊襄王為太上皇。

制曰：「朕は聞く太古から有る號（叫ぶ、喚く、大声で泣く）母と称する、中古からある有る號、死而以って行いとする。如く此れ、子に学べと主張する父、君臣の意見也、甚だしい無情に言う、朕は取るべきものはここにはない。自から今已は來る、法律と称するのは除く。朕為始皇帝。後世に以って計画し広げる、二世三世至于萬世、伝える之貧しさをなくす。

　始皇推終始五德之傳、以為周得火德、秦代周德、從所不勝。方今水德之始、改年始、朝賀皆自十月朔。衣服旄旌節旗皆上黑。數以六為紀、符、法冠皆六寸、而輿六尺、六尺為步、乘六馬。更名河曰德水、以為水德之始。剛毅戻深、事皆決於法、刻削毋仁恩和義、然後合五德之數。於是急法、久者不赦。

　始皇帝讓って終わる始めの五德之傳える、以って為周は出来上がり盛上がり得る、秦代る周ははなれる、勝たなくて從う所。いましがた流れる水の心之を始める、年が改めた始めに、朝賀は皆自から十月陰暦のついたちに。衣服旄（ヤクの尾を飾りにした旗）旌祭りの旗皆上黑。広げる以六為ものがたりの初め、合致する、法冠皆六寸、而興す六尺、六尺為步、乘六馬。更に名は河曰德水、以為水德之始め。堅いきずな親密さが戻る、事は皆決まる於法で、刻む削る母慈しみ恩和義理、然るに後合う五德之広げる。於是急法、久者不赦。

　丞相綰等言：「諸侯初破、燕、齊、荊地遠、不為置王、毋以填之。請立諸子、唯上幸許。」始皇下其議於群臣、群臣皆以為便。廷尉李斯議曰：「周文武所封子弟同姓甚衆、然後屬疏遠、相攻擊如仇讎、諸侯更相誅伐、周天子弗能禁止。今海內賴陛下神靈一統、皆為郡縣、諸子功臣以公賦稅重賞賜之、甚足易制。天下無異意、則安寧之術也。置諸侯不便。」始皇曰：「天下共苦戰鬬不休、以有侯王。賴宗廟、天下初定、又復立國、是樹兵也、

而求其寧息、豈不難哉！廷尉議是。」

　丞相綰等言：「諸侯初めに破る、燕、齊、荊遠い地、ほっておく為す王ではない、母以って（決められた場所に）書き込む之。諸々の子をたちどころに呼ぶ、ひたすら上を願い許す。」始皇帝下其の意見に於いて大臣。諸臣、諸々臣皆以為都合がよい。廷尉李斯議曰：「周文武所封（王侯に封ずる）子弟は同じ姓甚だしい多くの人、然るに後に一族は遠くてまばらである、相い攻撃の如く仇が讎（二人の人が対［ペアー］になる）、諸侯は更に相てを殺す攻める、周天子がない知らせるのを禁ず。今内側とても多い陛下神靈一統に頼る、皆為郡縣、諸子の功臣以って公賦税重賞賜る之、甚だ軽視する制定し足りる。天下はことなていない、則安定して鎮める之技なり也。諸侯を置く不便。」始皇曰：「天下共に闘争するも苦戦不休、以有侯王。一族の神殿に頼る、天下初定、又復立國、是兵を育て上げる也、而其れより子女を求む、どうしても難しくはないのかな！廷（天子が政治を行う場所）で尉（官史名）議論する是。」

　分天下以為三十六郡、郡置守、尉、監。更名民曰「黔首」。大酺。收天下兵、聚之咸陽、銷以為鐘鐻、金人十二、重各千石、置廷宮中。一法度衡石丈尺。車同軌。書同文字。地東至海曁朝鮮、西至臨洮羌中、南至北向戶、北據河為塞、并陰山至遼東。徙天下豪富於咸陽十二萬戶。諸廟及章臺、上林皆在渭南。秦每破諸侯、寫放其宮室、作之咸陽北阪上、南臨渭、自雍門以東至涇、渭、殿屋複道周閣相屬。所得諸侯美人鐘鼓、以充入之。

　天下を分ける以為三十六郡、郡置守、尉、監。更名民曰「黔（貴州省の別称）首（最高）」大きな酒盛り（をする）。天下の兵を収める、集める之咸陽、売る以為鐘と鐻（鐘に似た楽器）、女真族十二人、重く各千石、宮中にとどめ置く。

二十七年、始皇巡隴西、北地、出雞頭山、過回中。焉作信宮渭南、已更命信宮為極廟、象天極。自極廟道通酈山、作甘泉前殿。筑甬道、自咸陽屬之。是歲、賜爵一級。治馳道。

二十七年、始皇帝は隴西を巡る、北地、雞頭山を出て、回中を過ぎる。ここは作信宮渭（咸陽宮殿は秦帝国の正宮）の南、已は更に命令する信宮為極廟（秦の宮殿）、姿は天極（天を極める・最高を云う）自極廟道通酈山、甘泉の前に御殿を作る。甬道（石畳の小道）を作築造する、自咸陽屬之。是とき、賜爵一級。治馳道。

二十八年、始皇東行郡縣、上鄒嶧山。立石、與魯諸儒生議、刻石頌秦德、議封禪望祭山川之事。乃遂上泰山、立石、封、祠祀。下、風雨暴至、休於樹下、因封其樹為五大夫。禪梁父。刻所立石、其辭曰：

二十八年、始皇帝東行郡縣、鄒嶧山に上がる。立石、魯が興す諸の儒（孔子を始祖とする学派）学生に討論する、頻繁に石に刻む秦は手に入れる、討論を封じ禅を望む山川を祭るは之の事。再び遂に上がる泰山、立石、封、祠祀。下、風雨暴至、休於樹下、因封其樹為五大夫。禪梁父。（梁父山、別名映佛山、迎福山。位置は山東省泰安市徂徠山南麓）所を石碑に刻む、其辭曰：

皇帝臨位、作制明法、臣下修飭。二十有六年、初并天下、罔不賓服。親巡遠方黎民、登茲泰山、周覽東極。從臣思跡。本原事業、祗誦功德。治道運行、諸產得宜、皆有法式。大義休明、垂于後世、順承勿革。皇帝躬聖、既平天下、不懈於治。夙興夜寐、建設長利、專隆教誨。訓經宣達、遠近畢理、咸承聖志。貴賤分明、男女禮順、慎遵職事。昭隔內外、靡不清淨、施于後嗣。化及無窮、遵奉遺詔、永承重戒。

皇帝は向かい合い敬意をもって呼びかける、制度を作る明るい法、臣下は修正して整理する。二十有六年、初めはいずれも皆天下、隠すが客

の服でない。遠方の多くの民衆は巡りてたしなむ、これ泰山に登る、周りを閲覧東をきわめる。従う臣思わくの跡。こちらのもとの事業、大地の神を称賛して品性を学ぶ。道（旧時の行政区画）を治めまさに運営しようとしている、諸を生産し広く知らせる、皆法式有り。大いなる正義は喜びを表明する、後世にかかわることをして下さる、あえば危篤であるから引き受けるな。皇帝みずから聖（皇帝に対する敬称）人、既に天下は平安である、怠らないように於治める。朝早く起きて夜寝る、建てるがもしも長引けばよい、もっぱら夜のとばりで教える。教え論し経験して広く知らせて伝える、はるかに分かり易い理屈は終わる、聖の志ざしをみんな招致する。地位が低くても重んじ分け与えるのははっきりさせる、男女とも筋道が通り丁重に応対する、慎み従う事。

　內外をさえぎらずに明かにする、贅沢は不清淨、実施にたいして後に受け継ぐ。遵奉遺詔、永く承わり重く戒め。

　於是乃并<u>勃海</u>以東、過<u>黃</u>、<u>腄</u>、窮<u>成山</u>、登<u>之罘</u>、立石頌<u>秦</u>德焉而去。

　於是再び并<u>勃海</u>以って東、<u>黃羽</u>を過ぎる、<u>腄</u>（黄仙県と玉県県がある）、<u>成山</u>（"山海経"に記載されている山名）尽きる、<u>之罘</u>（現在山東省煙台市の北部にある"志府"山の名）を登る、石碑を立て祈る<u>秦</u>それを手に入れる而に去る。

　南登<u>瑯邪</u>、大樂之、留三月。乃徙黔首三萬戶瑯邪臺下、復十二歲。作瑯邪臺、立石刻、頌秦德、明得意。曰：

　南登<u>瑯邪</u>（<u>秦の始皇帝</u>の時代に<u>琅邪山</u>建設された<u>琅邪棚田</u>と秦朗雅<u>彫刻石</u>）、大（協調を表す）樂しむ之、留まる三月。再び官職が移動する<u>黔</u>（貴州省の別称）の最高の首領初め三萬戶真珠のような怪しい高台の下、十二歳で復活。純白の石で怪しげな遠望が出来る高台を作り、石に刻んだ立柱、賞賛を受けた秦の恩恵、明らかに得意。日：

維二十六年、皇帝作始。端平法度、萬物之紀。以明人事、合同父子。聖智仁義、顯白道理。東撫東土、以省卒士。事已大畢、乃臨于海。皇帝之功，勸勞本事。上農除末、黔首是富。普天之下、摶心揖志。器械一量、同書文字。日月所照、舟輿所載。皆終其命、莫不得意。應時動事，是維皇帝。匡飭異俗，陵水經地。憂恤黔首、朝夕不懈。除疑定法、咸知所辟。方伯分職、諸治經易。舉錯必當、莫不如畫。皇帝之明、臨察四方。尊卑貴賤、不踰次行。瑕邪不容、皆務貞良。細大盡力、莫敢怠荒。遠邇辟隱、專務肅莊。端直敦忠、事業有常。皇帝之德、存定四極。誅亂除害、興利致福。節事以時、諸產繁殖。黔首安寧、不用兵革。六親相保、終無寇賊。驩欣奉教、盡知法式。六合之內、皇帝之土。西涉<u>流沙</u>、南盡<u>北戶</u>。東有<u>東海</u>、北過<u>大夏</u>。人跡所至、無不臣者。功蓋<u>五帝</u>、澤及牛馬。莫不受德、各安其宇。

　維二十六年、皇帝作始。法の不平等さを徹底的に取り除く、萬物之記憶に留める。以って明るい人事、合同父子。聖者の智慧は仁義、ひけらかすみせびらかすわけ（顯白・道理は熟語）。東でなぐさめ東の地方、以って男子の兵を省く。己の大仕事は終わる、再び海（海に接する広い塩水領域）に対して挑む。皇帝之手柄、勸勞（熟語）民衆を説得するのが仕事。農業は前に進み末は除く、黔（貴州省の別称）の首都是富む。広い空之下で、ぐるぐるまわる心両手を胸の前で組み合わせておじきをする志。器具機械等しく量る、同じく書の文字も。日月所照、舟を興しながら場所を教える。皆終其命、不得意ではない。應じて時には動事、是皇帝は維持する。遠隔地に住む人々を正しく直す、陵水李族の統治する地。貴州の首都を憂え心配する、朝夕垂水と疲労。法を定めて疑いを除く、みんな法を知る所。いままさに伯父の職を分ける、多く支配するも見くびる。必ず引き受け推挙するが間違っている、書はそれほど良くない。皇帝之はっきりさせる、四方を観察しようとするが。深くて理解が難しい、まさに多くのことをしようとしても出来ない。善も悪も不容（秦の始皇帝28年［紀

元前 219 年］東方の地方を歴訪したときに、郎野で石碑を建てました。その行に善も悪も許されず、すべてが貞淑で善である、大小にかかわらず怠けることなく最善を尽くす）、皆務貞良。綿密に大きな力を全部出し切る、（仕事など）おろそかにするなあえて（思いきって大胆に）するな。遠くても近くても法は表に現れない、荘園に恭しく専ら務める。敦（キビなど入れる器）を真っ直ぐに捧げ持ち忠実である、常に業務有り仕える。皇帝之徳、皇帝の徳は四極（四方八方と遠く離れた国を指す）に蓄えられている。誅亂除害、興す利致る福。大切な事を以って（決まった）時刻、諸々を植える繁え産む。貴州の首都は安寧、不用の兵を改める。六親（父と子、実の兄弟、父の兄弟、祖父の兄弟、曽祖父の兄弟、同じ一族の兄弟を指す。一例で他に色々と有ります）相保つ、寇賊（盗賊と泥棒は裏切り者である）の終わりはない。（目上の人から）教えを頂き喜び興奮する、努力して法式を知る。六合（天と地と東西南北）之内部、皇帝之土。西渉流沙（一連の文書を整理します、六合内皇帝の国西社流砂［蘇陰：張掖市居塩県の北西部］に居岩沢があり、古代中国語で流砂と呼ばれる）南の北湖（北湖：案内上の僻地、秦が白越を奪った地）。南に尽きる北戸（古代の地名）。東有東海、北過大夏。人の跡至所に、無不臣者。五帝（五帝時代の 5 人の部族指導者、黄帝、宣緒、九帝、堯、舜を云います）の功労を思う、恩恵及牛馬。貴州は預かり知らない、それぞれのおもうことがある。安其宇。産

維秦王兼有天下、立名為皇帝、乃撫東土、至于瑯邪。列侯武城侯王離、列侯通武侯王賁、倫侯建成侯趙亥、倫侯昌武侯成、倫侯武信侯馮毋擇、丞相陬林、丞相王綰、卿李斯、卿王戊、五大夫趙嬰、五大夫楊樛從、與議於海上。曰：「古之帝者、地不過千里、諸侯各守其封域、或朝或否，相侵暴亂、殘伐不止、猶刻金石、以自為紀。古之五帝三王、知教不同、法度不明、假威鬼神、以欺遠方、實不稱名、故不久長。其身未殁、諸侯倍叛、法令不行。今皇帝并一海內、以為郡縣、天下和平。昭明宗廟、體道行德、尊號大成。群臣相與誦皇帝功德、刻于金石、以為表經。」

秦王は兼ねて有り天下を維持する、名を打ち立てる為皇帝、再び東の
その土地を保護する、至于琅邪（山の名前で安徽省竹州市の南西部を指す西
晋王朝が呉を征服したときに琅邪耶の王で司馬尼が軍隊を率いてここに駐留したの
で名前が残りました）。古代の騎士団武城侯王離（秦王朝の有名な将軍で王建
の直孫です）。列侯通武侯王賁（秦の天下統一戦で功績を残した帝国の名将で
韓国を除く五か国は全て王建・王賁父子によって滅ぼされる、秦の統一後、英正よ
り"桐武侯"の爵位を授けられる）、倫侯（秦爵名）建成侯（高祖6年［紀元前201
年］庚子正月に建城侯の称号を与えられた。建城侯の首都は河南省永城県の南東部
です、恵庸皇帝2年［紀元前193年］陸時之が亡くなります）趙亥、倫侯昌武侯
成る、倫侯武信侯馮母擇（馮武則［?〜紀元前185年］は、"馮武則"としても知
られ、楚漢時代の劉邦配下の将軍でした。）、丞相隗林（［生没年不詳］、戦国
時代末期の楚国の出身、秦王朝の時代の宰相です）、丞相王綰、卿李斯、卿王
戊、五大夫（爵位名。秦・漢の二十位中九位、医師、官吏、二十位五位、六位、
七位以上の官吏は"最高官吏"と称される）趙嬰、五大夫楊樛従、於海上で議
論をする。曰：「古い之天帝・天子・皇帝の者、千里の道のりも不過、
諸侯は各守る其の地域を封ずる、或朝或否、お互いに侵入するのは暴
亂、残る征伐で不明瞭なのは止める、金属や石刻まれたようである、
以って自から為記録する、古い之五帝三王、教えを知るのと同じではな
い、法の度合いは不明、鬼神の威厳を借りる、以って地方を欺く、實に
列挙された名前ではない、故に長く久しくない。其の身は未には死ぬ、
諸侯は倍寝返る、法令は不行き届き。今皇帝并（山西省太原市の別名、漢
の時代に并州が置かれた）一の海の溶け込む、以為郡縣、天下和平。昭明
宗廟（祖廟は皇帝や王子が祖先を崇拝する場所）、正しい行為を行って、（皇
帝の称号には、名誉称号［紋章］、謚号、年号寺号、の四種類がある）尊號大
成。群臣相與誦皇帝功德、金や石に刻む、以為これが基準。」
　假威鬼神、鬼神の威厳を借りる、で鬼道（鬼神道）が見られます。他
に五帝三王は三皇五帝ですが三国志でもこの文章が使われています。史
記から三国志迄四百年の歴史が在りますが秦の始皇帝と三国志の出来事
は印象に残ったのでしょう。

既已、齊人徐市等上書、言海中有三神山、名曰蓬萊、方丈、瀛洲、僊人居之。請得齋戒、與童男女求之。於是遣徐市發童男女數千人、入海求僊人。

既に已は、齊人徐市等上書、言海中有三神山、名曰蓬萊、方丈、瀛洲、仙人が居る之。招きを得て精進して（嗜好品を）断つ、與童男女求之。於是遣徐市（徐福）發童男女數千人、入海求仙人。

言は言葉・言う・字、云うは雲・言う・話す・曰く、史記では「言う」ですが、出雲国風土記では「八雲立:すべての立ち上がる姿」をいう「云う」が使われています。

始皇還、過彭城、齋戒禱祠、欲出周鼎泗水。使千人沒水求之、弗得。乃西南渡淮水、之衡山、南郡。浮江、至湘山祠。逢大風、幾不得渡。上問博士曰：「湘君何神？」博士對曰：「聞之、堯女、舜之妻、而葬此。」於是始皇大怒、使刑徒三千人皆伐湘山樹、赭其山。上自南郡由武關歸。

始皇還る、彭城を過ぎる、神に祝福を求め祝福を得てから齋を警戒する、欲を出す周鼎泗（蘇州市泗県の水名）水。千人が使う水をまだ求めていなかった之、得られない。再び西南に渡る淮水（古くは淮河と呼ばれた淮河、長江、黄河。吉水は"四都"とも呼ばれ、現在では中国七大河川の一つです）之衡山、南郡。浮かぶ江国（紀元前623年、現在の河南省正陽県が楚国によって滅ぼされ、孫は代々国名を姓とした）、至る湘山祠。逢う大風、すんでのところで得意ではないが渡る。上問博士曰：「湘君何神？」博士對曰：「聞之、堯（九帝の息子、姓は斉、姓は方勲）の女、舜之妻、而葬此。」於是始皇大いに怒る、使刑徒三千人皆で湘山の樹を伐採、（赤土：黄土）其山。上自南郡由武關歸。

二十九年、<u>始皇</u>東游。<u>至陽武博狼沙</u>中、為盜所驚。求弗得，乃令天下大索十日。

　二十九年、<u>始皇</u>東の各地を訪ねる。陽武の博狼沙（博浪沙）に至る、為このところで盜賊に驚。違いを求めて得をえる、再び令天下大索十日。

<u>登之罘</u>、刻石。其辭曰：
<u>登之罘</u>（芝罘は山東省にある山）、刻石。其辭（美しい言葉）曰：

　維二十九年、時在中春、陽和方起。皇帝東游、巡<u>登之罘</u>、臨照于海。從臣嘉觀、原念休烈、追誦本始。大聖作治、建定法度、顯箸綱紀。外教諸侯、光施文惠、明以義理。六國回辟、貪戾無厭、虐殺不已。皇帝哀衆、遂發討師、奮揚武德。義誅信行、威燀旁達、莫不賓服。烹滅彊暴、振救黔首、周定四極。普施明法、經緯天下、永為儀則。大矣哉！宇縣之中、承順聖意。群臣誦功、請刻于石、表垂于常式。

　維二十九年、春の中ごろいつもある、春の暖かさとともに。皇帝は東に旅立、巡り登る之芝罘、于海に向かってくる。臣下も従い美しいと観る、初めの功績を喜ぶな、ただすので本の朗読を始める。治める、ほどよく定めた法を提唱する、重要な綱要を記録する。外から教える諸侯、光の波を施こし自然の現象に恵まれる、表明する以って正しい道理を整える。六國（山東六国は、戦国時代の秦以外の斉、楚、燕、韓、趙、魏のことを指し山東六国と秦国を合わせて戦国七英雄です）に法律を回す、貪しさに戻るのは厭では無い、己は虐殺をしない。皇帝は民衆を哀れむ、遂に軍の最高指揮官が討伐を発する、奮起して軍事と（政治的）品性を広く伝える。正しい道理を信じ罪状を公表して責めを行う、ほかの（目的を）達成して人を抑えて恐れさせたりするような力を燃やす、客もいない従事する者もいない。いこじで粗暴なので煮て（烹は料理の言葉）消す、奮起し貴州省の首都を救う、周は定める四極（四方八方に遠く離れた国）。普通に施

す分かり易い法律、神のもとで経を経験する、永久に為心惹かれて学ぶ。大矣！　宇宙縣之中、聖なる意志に沿ってあずかる。多くの臣下の功労を称賛する、于石に刻むように頼む、普通の様式で表は垂直にする。

其東觀曰：二十九年、皇帝春游、覽省遠方。逮于海隅、遂登之罘、昭臨朝陽。觀望廣麗、從臣咸念、原道至明。聖法初興、清理疆內、外誅暴彊。武威旁暢、振動四極、禽滅六王。闡并天下、甾害絕息、永偃戎兵。皇帝明德、經理宇內、視聽不怠。作立大義、昭設備器、咸有章旗。職臣遵分、各知所行、事無嫌疑。黔首改化、遠邇同度、臨古絕尤。常職既定、後嗣循業、長承聖治。群臣嘉德、祗誦聖烈、請刻之罘。

其東觀曰：二十九年、皇帝春に旅する、遠方の省（行政区）をる。
　海の隅において捕らる、遂に登る之罘（中国山東省の山名「罘罳」とも呼ばれる）、朝陽を表現しようとする際に来る。望み観る廣い麗水（麗水は中国浙江省にある県名）、懐かしく思う威勢に従う下臣、本来の処方は至明らかである。聖なる法を初めて興す、教え調べる理由は極限の内、外から殺すそこなう力。威勢のかたわら思う存分の武力、四極（四方八方に遠い場所・国）に奮い立ち移動する、六王（楚、燕、韓、魏、趙 六國の王）は鳥獸のように滅ぼされる。天のもとに并州（山西省太原市別名）をあきらかにする、薬害は息絶えた、永く（仰向けに）倒れた軍の兵。皇帝の明きらかな心、全て空間の内の筋道を体験する、視たり聴いたりは怠っているが。大義の作戦は立てる、道具は設け備え表現する、威厳ありの目論見の旗。従い臣下のために分ける、各部所に行く、嫌われ疑われ事無く。貴州の首都を改め変化さす、遠くと近くは同じ、更に古いものを廃絶しようとする際に。常に職を今定める、後に受け嗣ぎ業は従う、長きにしていただく皇帝は治める。群臣のど宇徳をよしとする、聖なる大地の神は烈しく述べる、その刻にお願いする之芝罘。

　旋、遂之瑯邪、道上黨入。

その場で、遂に之琅邪（指秦の琅邪刻石 "琅耶石刻石" は秦の時代に出された崖刻で、別名 "琅邪段石刻石" と呼ばれて二つの部分に分かれて秦の二代皇帝元年［紀元前 209 年］に作られ、李斯が書いたと伝えられております。"懐字刻石" は総称して "秦四山刻石" と呼ばれ、石は現在国宝。中国博物館に所蔵されています）、道路は上黨（上堂区は山西省長志市に属する）に入る。

上堂区の歴史は古く燕帝はここに建国し、周南王の 55 年（紀元前 260 年）、秦と趙の間の " 長平の戦い " 後、上黨は秦に属します。

三十年、無事。

三十一年十二月、更名臘曰「嘉平」。賜黔首裏六石米、二羊。始皇為微行咸陽、與武士四人俱、夜出逢盗蘭池、見窘、武士撃殺盗、關中大索二十日。米石千六百。

三十年、何事も起こらない。

三十一年十二月、更名臘曰「嘉平」。貴州省の首都内に六石米を賜る、二羊。始皇為奥深い咸陽（咸陽市は陝西省管轄の地級市で中国最初の封建王朝 "秦帝国" の首都で、戦国時代、秦の蕭公 12 年［紀元前 350 年］に渓陽から首都になります）に行く、才能ある勇士四人を興す、夜に蘭池、で（蘭池とは秦の始皇帝が水を迂回するために造った池で、池の北側には "蘭池宮" 宮殿が建てましたが、秦王朝末期に放棄されて、新たに 2021 年 1 月に竣工します、考古学で秦咸陽城跡が発見されました）盗賊に出逢う、窘を見る、勇士は盗賊を撃墜し殺す、關中（地名：関中は、東通関、西三関（大鎮関）、南武関（蘭関）、北暁関の「四つの峠」を指します）大規模な方策二十日。米石千六百。

三十二年、始皇之碣石、使燕人盧生求羨門、高誓。刻碣石門。壞城郭、決通隄防。其辭曰：

三十二年、始皇之碣石（碣石鎮は広東省陸豊市、汕尾市の管轄下の町で、陸豊市の副中心地）、燕の人盧生（盧生）に有り余ったやりかたを教えて使

う、高誓。（伝説の仙人）碣石（碣石鎮、廣東省汕尾市陸豐市、陸豐市の副中新地）で過酷なやり方を教える。城郭が壊れる、隄防の通路を決める。其辭曰：仙人は方士の事、四人の方士の内燕国の盧生（盧生）が案を始皇帝に吹き込みます、斎国の徐市（徐福）が実行役で童男童女が不老長寿の薬を求めにくる話は 2400 年前の有名な話です。

遂興師旅、誅戮無道、為逆滅息。武殄暴逆、文復無罪、庶心咸服。惠論功勞、賞及牛馬、恩肥土域。皇帝奮威、德并諸侯、初一泰平。墮壞城郭、決通川防、夷去險阻。地勢既定、黎庶無繇、天下咸撫。男樂其疇、女修其業、事各有序。惠被諸產、久并來田、莫不安所。群臣誦烈，請刻此石，垂著儀矩。

遂に師（軍の最高指揮官）が旅を始める、無動（正しい道を歩まず、悪いことをする）を誅殺、為逆らうものを排除する。武力で根絶する暴力は逆らって逆方向に向かう、言葉で返すのは罪がない、人民の心に脅かして心服させる。優しい慈悲の心功勞（ねぎらう）、賞及牛馬、肥えた土の地域の恩恵。皇帝は威厳をもって奮起する、德する并州の諸侯、初めの泰が平穏であるとすれば。壊れ落ちる城郭、水が溢れ溢れて川を防ぐ、異民族は危険で困難な状況は去る。地方の情勢は既に定まる、もろもろの多くの人に教えるひまはない、天下咸撫。男は其の田畑で楽しむ、女は其の仕事を修行する、初めに各事がある。諸々の産出から恵まれる、久しぶりに并州の田畑に来る、誰もいない不安なところ。群臣の功績、請う此の石に刻む、決まりに沿って書いて心惹かれる。

因使韓終、侯公、石生求僊人不死之藥。始皇巡北邊、從上郡入。燕人盧生使入海還、以鬼神事、因奏錄圖書、曰「亡秦者胡也」。始皇乃使將軍蒙恬發兵三十萬人北擊胡、略取河南地。

使にもとづいて韓終（方士の一人）、侯公、（侯公は古代中国の歴史上に"楚

江漢国境 " を出筆した人です、史書に於ける侯公の記録は漢の時代にまで辿ること
が出来ます、班固の " 漢書 "" 高帝記一 " と司馬遷の " 史記項羽本記 " には侯公の記
録があます、紀元前 203 年、漢と楚が彭城 [現在の江蘇省徐州市] で戦い、劉邦は
敗れ、父親は逃亡の途中で楚軍の人質となり紀元前 203 年、劉邦は項羽に父親を釈
放するように話をするため、陸嘉将軍を使者として楚営に送ります、項羽は拒否し
たので、劉邦は侯公を行かせます、項羽は劉邦の父を開放します、劉邦が王位に就
くと、侯公を " 天下弁士 " とほめ、侯公を平国の君主に任命します）、仙人の石生
（方士の一人）は求めます人が死なない之薬。始皇帝は周辺を巡る、従っ
て上郡（上群、古代の郡の名前。戦国時代 [紀元前 446 年から紀元前 396 年の間]
に魏の文侯によって設置される。秦の恵文王十年 [紀元前 328 年]、魏献上郡十五
県は秦初期の三十六県の一つです、県庁は肤施県 [現在の綏徳県] に置かれていて、
前漢・後漢の時代、曹魏の時代に他の県・郡とともに設置される、隋の時代に府城
県は " 上群 " と改名され、唐朝以降の歴史用語になる）に入る。燕の人盧生（卢生）
を派遣したが海に入ったものの還ります、以って鬼神の事、因奏録圖書、
曰「亡秦者胡也」（亡秦者、胡也。為司馬遷 " 史記・秦始皇本紀 " 記載的秦代識語。
秦始皇即位後、用盡各種方法追求長生不老之術。有一位方士盧生、察覺了秦始皇這
種心理、便告訴秦始皇、海上有一座蓬萊仙山、山上住著擁有不死之薬的神仙。訳す
れば秦の時代に亡くなったのは胡です。司馬遷の「史記・秦の始皇帝」に記された
秦の時代の話です、秦の始皇帝は王位に就いた後、不死の術を追求するためにあら
ゆる手段を試みます、方士盧生 [卢生] は秦の始皇帝の考えに気づきます、海の中
に蓬萊仙人山があり、その山には不老不死の薬を持つ仙人が住んでいると秦の始皇
帝に伝えます）。始皇帝再び使將軍蒙恬發兵三十萬人北の胡を撃破、河南
の地を略取する。

　三十三年、發諸嘗逋亡人、贅婿、賈人略取陸梁地、為桂林、象郡、南
海、以適遣戍。西北斥逐匈奴。自楡中並河以東、屬之陰山、以為三十四縣、
城河上為塞。又使蒙恬渡河取高闕、陽山、北假中、筑亭障以逐戎人。徙
謫、實之初縣。禁不得祠。明星出西方。三十四年、適治獄吏不直者、筑
長城及南越地。

三十三年、諸々の名声を発し逃げ隠れして亡くなった人、婿入りする、陸梁（秦時代、五嶺以南のちを陸梁と称していました、史記・秦始皇本紀では桂林、象郡、南海の陸梁地を略取した、司馬貞の史記索隠では：謂南方之人，其性陸梁，故曰陸梁、張守節の史記正義では："嶺南之人，多處山陸，其性強梁，故曰陸梁"と記載されています）の地で賈人（古代政府の物品の購買担当者）を略取する、桂林、象郡、南海、以って適する軍隊を遣わす。西北の匈奴に追って（[金を]支払って）探る。自から楡中（楡中県は甘粛省蘭州市に属します）並びに河（黄河）以って東、屬之陰山（陰山山脈 [Yinshan Mountains]）は蒙古自治區の中部で大青山（[狭義的陰山] 烏拉山和狼山と連なる、最高峰は西端狼山の巴什格の海抜 2364 米）以って為三十四縣にまたがる、城は河の上に為（長城に）まさる。又蒙恬を使う河を渡り高闕を取る、陽山、北假中、巡るための小さな建物を築く以って戎人（中国の西方に居た異民族の総称）を追う。謫（高官を遠隔地に左遷する）に徙う、實に之初めての縣。禁祠（俗謡）は不得てで我慢する。西方から明るい星が出る。三十四年、牢獄を適当に納める官史は不正直者、南越の地まで及ぶ長城を築く。

始皇置酒咸陽宮、博士七十人前為壽。僕射周青臣進頌曰：「他時秦地不過千里、賴陛下神靈明聖、平定海內、放逐蠻夷、日月所照、莫不賓服。以諸侯為郡縣、人人自安樂、無戰爭之患、傳之萬世。自上古不及陛下威德。」始皇悅。博士齊人淳于越進曰：「臣聞殷周之王千餘歲、封子弟功臣、自為枝輔。今陛下有海內、而子弟為匹夫、卒有田常、六卿之臣、無輔拂、何以相救哉？事不師古而能長久者、非所聞也。今青臣又面諛以重陛下之過、非忠臣。」始皇下其議。丞相李斯曰：「五帝不相復、三代不相襲、各以治、非其相反、時變異也。今陛下創大業、建萬世之功、固非愚儒所知。且越言乃三代之事、何足法也？異時諸侯并爭、厚招游學。今天下已定、法令出一、百姓當家則力農工、士則學習法令辟禁。今諸生不師今而學古、以非當世、惑亂黔首。丞相臣斯昧死言：古者天下散亂、莫之能一、是以諸侯并作、語皆道古以害今、飾虛言以亂實、人善其所私學、以非上之所建立。今皇帝并有天下、別黑白而定一尊。私學而

相與非法教、人聞令下、則各以其學議之、入則心非、出則巷議、夸主以
為名、異取以為高、率群下以造謗。如此弗禁、則主勢降乎上、黨與成乎
下。禁之便。臣請史官非秦記皆燒之。非博士官所職、天下敢有藏詩、
書、百家語者、悉詣守、尉雜燒之。有敢偶語詩書者棄市。以古非今者
族。吏見知不舉者與同罪。令下三十日不燒，黥為城旦。所不去者，醫藥
卜筮種樹之書。若有欲學法令者、以吏為師。」制曰：「可。」

　始皇帝は咸陽宮に酒を置く、博士（秦・漢の時代は書物・古典を担当して
故事に詳しい官職）七十人の前で為す壽（老人の）誕生日を祝う（壽は長寿
を祝う時に使う、日本は結婚式でも使う）。僕射周青臣（秦の始皇帝34年［紀元
前213年］咸陽宮の酒宴で秦の功績・美徳を讃えた）進頌曰：「ほかの時は秦
の地は千里を越えていない、明らかに陛下は聖なる神靈に頼る、広い
地域の内部を平定する、蠻夷（周のまわりの少数民族）を放逐する、日月
所照、一つもないでないが足りないのに慣れる。以って諸侯為郡縣、人
人自から安樂、戦い争いは無い之憂える、伝承之萬世。自から古くか
らではない及陛下の威厳と（政治的）品性はある。」始皇帝は悦。齊の
人淳于越（戦国時代の斉国の博士）進曰：「君臣に聞く殷周之王千餘歳、
功臣の子弟に爵位・官位、称号を与える（他に領土を与える）、自ずから
為都の近いところで（花の付いた枝を数える）。今陛下は人だかりの内に
有る、而に子弟は為普通の男、だしぬけに普通の水田が有る、六卿（古
代軍隊を統治した役人）之臣下、助けに背くなかれ、何を以ってお互いの
救いあいを抑えるのか？古代人から事を学ぶでない而能長久者（良い人
も悪い人もいるたとえ）、聞きたくないところなり。今の若年臣下又面と
向かってお世辞を言う以って陛下は程度が甚だしい之かって此のような
があった、非忠臣。」始皇帝は其の議論を下げる。丞相李斯曰：「五帝
またお互いに違いはない、三代はお互い攻撃しない、各以って治める、
其れどころか相互に排他的である、時變異也。今陛下は創大な事業をす
る、萬世に構築する之功労、もとより愚かでよくない儒（孔子を始祖とす
る学派・昔の学者）の所を知る。且つ再び越は言う三代之事、なぜ？　法

は足りる也、異なると諸々に諸侯が并州で争う、厚く招く游學。今天下已定める、法令出一、百姓は（一方に）味方する農耕の家（相対する一方を指す）の能力をならう、士を習う學習法令の法律は禁ずる。今諸生は今の師ではない而に学問が古い、以って當世に合わない、黔（貴州省の別称）の首都の混乱を感じる。丞相臣斯昧死言：古代の者天下を散乱する、何もない之随一知らせる、是以って諸侯は并を作る、皆の古い道理の語り以って今は害、飾虛言以亂實、人善其所私學、以非上之所建立。今皇帝は天空のもとの并に（存在を表す）ある、別に善と悪而定一つを定め尊敬する。私の學び而に相い互い違った法を興す、人に（命令を）下し聞かせる、いずれも以って其の學議を学ぶ之、学問に入る心にあらず、巷で出る議論に学ぶ、主をほめる以って為して言い表す、違う名前を付ける以って為高（相手に関する事物につけて敬意を示す）、おおよそ集落の下の方にでっち上げて（人を）そしる。如此禁じず、主な勢力に学び上の方から降りる、黨（一方的）味方して興し下の方からとなる。我慢する之（下の方が）便利さ。臣下は請う史官（歴史の記載をつかさどった役人）にあらず秦は記録をすべて燃やす之。博士でない官史のするところの職、天の下あえて（思い切って大胆に）する藏にある詩、書、百家語者、すべて知り守る詣うでる、尉官は雜に燒やす之。すべて有る愚かな書を捨て売り買いする者。以って古いと非難する今の者族。歴史書を見も知らず推挙しない者は同罪かもしれない。令下三十日燃やさない、黥（罪人の顔に刺青をする刑罰）為城（城壁で囲まれた区域）の明け方。所不去者、醫藥占い竹（占いに使う）種樹之書。若者有り欲する學法令者、以って吏為師。」制曰：「可。」

三十五年、除道、道九原抵雲陽、塹山堙谷、直通之。於是始皇以為咸陽人多、先王之宮廷小、吾聞周文王都豐、武王都鎬、豐鎬之閒、帝王之都也。乃營作朝宮渭南上林苑中。先作前殿阿房、東西五百步、南北五十丈、上可以坐萬人、下可以建五丈旗。周馳為閣道、自殿下直抵南山。表南山之顛以為闕。為復道、自阿房渡渭、屬之咸陽、以象天極閣道絕漢抵

營室也。阿房宮未成：成、欲更擇令名名之。作宮阿房、故天下謂之阿房宮。隱宮徒刑者七十餘萬人、乃分作阿房宮、或作麗山。發北山石槨、乃寫蜀、荊地材皆至。關中計宮三百、關外四百餘。於是立石東海上朐界中、以為秦東門。因徙三萬家麗邑、五萬家雲陽、皆復不事十歲。

　三十五年、除く道、道九原（九原の地を指し、春秋時代の晉國卿大夫の墓地を指しますが、九泉、黄泉等も入ります。秦の時代に九源郡があり、現在の包頭市九原区です）に代わる雲陽（雲陽県は重慶市の北東部に位置し、「全国文化財分布図」に登録されている古代建築物、遺跡、古墳、石彫刻などの文化財が 145 件あります）、（交通を遮断するための）堀・溝・山小山谷を掘る、直通之。於是始皇以為咸陽（陝西省管轄の地級市で、陝西省関中盆地の中央に位置し、中国大陸の源流であります。咸陽は中国最初の封建王朝「秦帝国」の首都で戦国時代、秦孝公十二年［紀元前 350 年］に咸陽から首都として建設されました）人多し、先王之宮廷が小、吾は聞く周文王（姬昌［紀元前 1152 年頃～紀元前 1056 年］姓は姬、名は昌、殷の時代には、斉州［現在の陝西省岐山県］出身の西伯、伯昌とも呼ばれる、周王朝の創始者）都は豊、武王の都鎬（鎬京周朝初期の国都の名、現在の陝西省西安西南になる）、豐鎬（豐鎬は陝西省西安市長安区にあります。豊京と鎬京和鎬京は総称して「豐鎬」と呼ばれ、西周王朝の首都であり、歴史上「京」と呼ばれた最初の都市であり、中国で最も古い都市で、西周王朝の首都でした、三百年、宗週とも呼びます）之（家屋や物が）空いている、帝王之都也。再び營倉を作朝宮は渭（渭河は甘粛省に源を発し陝西省を経て黄河に入る川の名）南に上り林苑の中。先に作る前殿阿房（阿房宮は、秦帝国の宮殿で、秦の始皇帝三十五年［紀元前二百十二年］に建てられました。万里の長城、秦始皇陵、秦直道。とともに、阿房宮は「秦の始皇帝の四大工程」と呼ばれ、「世界最初の宮殿」として知られています）東西五百歩、南北五十丈、上可以坐萬人、下可以建五丈旗。周囲を馳せる為す閣（建物の門）に続く道、自から殿下は直接到着する南山（廣東省深圳市に属し、深廣東省深圳市市の中西部に位置します、南山区は亜熱帯に位置し、南シナ海に面し、亜熱帯海洋性季節風気候に属し、四季が温暖多湿です）表南山之（あわただしく）走る以って為過ちである。為も

との道にかえる、自から阿房の渭に渡る、属す之咸陽、以って象天極閣道（兵舎に続く道？）を経由して絶対に漢を防ぎ止める営室也。阿房宮は未完成：成、欲更に良い名を選ぶ名之。作宮阿房、故天下謂之阿房宮。この宮に徒刑者の七十餘萬人が隠れる、再び阿房宮を分けて作る、或いは麗山（麗山、又の名は尖崗、安徽省黄山市にあります。有名な石室もあります）で作る。北山（小雅・北山：古代中国詩歌總集（詩経）の中に記載されています）は石の城郭と言い表す、再び蜀（蜀漢［221年5月15日〜263年］三国時代の政権の一つ）を書く、皆荊（楚国（［〜前223年］、又荊楚）の地材に至る。關中（四座關塞、秦漢時代の"四關"、指關中の函谷關、武關、散關、蕭關を指します）計宮三百、關外四百餘。於是立石東海上朐（古代の県の名前で、秦置、江蘇省連雲港市南西部の錦屏山の中腹に県を設置、東魏の時代に、招源県は朐屈県に変更します）界中、以為秦の東門。三萬家にもとづいて麗邑（今、江西吉安県の西南禾水、永新水、府の南）に、五萬家は雲陽（雲南省の略称）、みな死んで10年がたつ。

盧生説始皇曰：「臣等求芝奇藥僊者常弗遇、類物有害之者。方中、人主時為微行以辟惡鬼、惡鬼辟、真人至。人主所居而人臣知之、則害於神。真人者、入水不濡、入火不熱、陵雲氣、與天地久長。今上治天下、未能恬惔。願上所居宮毋令人知、然後不死之藥殆可得也。」於是始皇曰：「吾慕真人、自謂『真人』、不稱『朕』。」乃令咸陽之旁二百里內宮觀二百七十復道甬道相連、帷帳鐘鼓美人充之、各案署不移徙。行所幸、有言其處者、罪死。始皇帝幸梁山宮、從山上見丞相車騎衆、弗善也。中人或告丞相、丞相後損車騎。始皇怒曰：「此中人泄吾語。」案問莫服。當是時、詔捕諸時在旁者、皆殺之。自是後莫知行之所在。聽事、群臣受決事、悉於咸陽宮。

盧生（卢生）説始皇曰：「臣下等は芝奇藥（霊薬・不老不死の薬）を求めるが仙人は常に遭遇することはない、似たものはあるが害が有る之（……する）人。薬の処方が（悪いことや物に）ぶつかる、人はわずかに行

う以始めに悪鬼、悪鬼辟（左側は跪く人、右側は拷問具を模したもので、刑法を課すことを意味し、法を指し規制、君主を指します）、真（本性）人に至る。人は主な所に居る而人私を知る之、災いをならう於ける注意力。真人者、水に入ると濡れない、水に入ると燃えない、雲（文頭に用い語気を表す）侮り欺く、與天地久長。今は上が治める天下、まだ（現状の状況から周囲の事情からいって）許される安らかで静かである。願わくば上所の宮殿に居られる優しい人柄の母を知る、然るに後死ぬのではない之藥は殆ど手にすることが出来る也。」於是始皇曰：「吾慕真人、自謂「真人」、不稱「朕」。」再び命令する咸陽之ほかに二百里内に宮殿を観る二百七十還ると"甬"（宁波は通称"甬"と呼ばれ、周の時代から知られています）の道に相連なる、幕の巾（はば）間に鐘鼓たく美人を充てる之、各案を署（公の仕事をする場所）にむなしく移せない。行き所を願う、言葉を持つ其の場所の者、罪死。始皇帝は梁山宮で願う、たとえ丞相（丞相、古代中国官名、三国時代以降に皇帝の丞相を補佐したのは百政治の官史）車騎の民衆が山上を見ていても、善はない也。或いは庶民は丞相に告げる、丞相後に車騎を損壊する。始皇怒曰：「此の庶民をぶちまけ吾語る。」案の問いに服従するな。阻止する是その時、諸々の他の者がいる時に捕らえ明らかにする、皆殺之。自から知ること是を後するな之所在。聽事、多くの臣下が受け決める事、悉に於す咸陽宮。

侯生盧生相與謀曰：「始皇為人、天性剛戻自用、起諸侯起諸侯、并天下、意得欲從、以為自古莫及己。專任獄吏、獄吏得親幸。博士雖七十人、特備員弗用。丞相諸大臣皆受成事、倚辨於上。上樂以刑殺為威、天下畏罪持祿、莫敢盡忠。上不聞過而日驕、下懾伏謾欺以取容。秦法、不得兼方不驗、輒死。然候星氣者至三百人、皆良士、畏忌諱諛、不敢端言其過。天下之事無小大皆決於上、上至以衡石量書、日夜有呈、不中呈不得休息。貪於權勢至如此、未可為求僊藥。」於是乃亡去。始皇聞亡、乃大怒曰：「吾前收天下書不中用者盡去之。悉召文學方術士甚衆、欲以興太平、方士欲練以求奇藥。今聞韓衆去不報、徐市等費以巨萬計、終不得

藥、徒姦利相告日聞。盧生等吾尊賜之甚厚、今乃誹謗我、以重吾不德也。諸生在咸陽者、吾使人廉問、或為訞言以亂黔首。」於是使御史悉案問諸生、諸生傳相告引、乃自除犯禁者四百六十餘人、皆阬之咸陽、使天下知之、以懲後。益發謫徙邊。始皇長子扶蘇諫曰：「天下初定，遠方黔首未集、諸生皆誦法孔子、今上皆重法繩之、臣恐天下不安。唯上察之。」始皇怒、使扶蘇北監蒙恬於上郡。

侯生盧生相與謀曰：「始皇帝為人、天性（運命の主催者である）どうにか（ある程度に達成する）戻る自から用いる、諸侯は起（力や特性を）発揮する、并州の天下、もくろみを得て従うことを必要とする、以って為自から己れに及ぶ古いことをするなかれ。專任獄吏、獄吏得親幸。博士七十人に任せる、特備員に用はない。丞相諸々の大臣皆受けて事を成す、偏たる論争をする於ける上司の方。上司は喜びとする以って刑で殺す為威嚴、天下は苦しむ官史の俸給に畏敬の念を持つ、何もないがあえてひたすらに忠義をつくす。上司は聞かずに過ぎる而激しい一日、下臣はひれふし憚（保養する）欺き無礼である以って気持ちを容赦する。秦法、兼ねて方法の経験がないから出来上がらない、するといつも動かない。然るに星氣者（占いや星雲を含むさまざまな陰と陽の技術を持つ者）至る三百人にご機嫌を伺う、皆良士、おそれ嫌うはばかりへつらう、あえて自信のない其の過ちを言葉の端でしる。天下之事無小大皆決める於上司、上司至以衡石量書（古文書には竹簡や木簡が使用され、計量石は君主に説明するために使用される文書の重量を計算するために使用することを意味します）日夜有り呈じょうする、内容は進呈出来ない休息。貧しい於いて権勢（勢いのある権力）に至り如何に此、未に可なり為求仙人の薬を求む。」於ける是ふたたび亡くなり去る。始皇帝亡くなったと聞く、再び大怒曰：「吾前に天下を収めた書は出来ない者はそのままで去る之。すべての文學方術士呼び寄せる民衆は甚だしい、欲を以って太平を発展させる、方士を欲し（事案を）練る以って求む奇薬。今に聞く韓衆（古代の伝説では不死の神：仙人）は去る報はきかない、徐市（徐福）等の費用以っ

172

て巨萬を計る、薬は得ずして終る、やつらはうまく立ち回る利相が告げてその日に聞く。盧生（燕の方士：盧生）等吾を尊び賜る之甚だ厚かましい、今ふたたび我は誹謗する、以って重重々しく吾の恩恵を与えるべきでない也。諸々の生涯に咸陽者（最初に秦を破って咸陽に入った者が王と称される）、吾が使う人は問うと正直、或は為す狡い人の言葉を以て貴州の首都。」於是使用する御史の全ての案を問う諸生（学生）、諸々の生徒にお互いに傳えて告げて導く、再び自から犯禁者四百六十餘人を除く、皆ものを云う之咸陽、天下を知るのに使う之、以って後に懲らしめる。ますますあばく知らない徒の側を咎める。始皇帝の長男扶蘇諫曰：「天下初定、遠方貴州の首都は未だに集まらない、諸々生れ皆孔子の法を暗唱する、今上司皆再び法をただす之、臣下は天下の不安恐れる。唯上司は察する之。」始皇帝は怒、扶蘇（［始皇帝の長男？～紀元前210年］嬴姓）を使い北の蒙恬於上郡を監視する。

三十六年、熒惑守心。有墜星下東郡、至地為石、黔首或刻其石曰「始皇帝死而地分」。始皇聞之、遣御史逐問、莫服、盡取石旁居人誅之、因燔銷其石。始皇不樂、使博士為仙真人詩、及行所游天下、傳令樂人歌弦之。秋、使者從關東夜過華陰平舒道、有人持璧遮使者曰：「為吾遺滈池君。」因言曰：「今年祖龍死。」使者問其故、因忽不見、置其璧去。使者奉璧具以聞。始皇默然良久、曰：「山鬼固不過知一歳事也。」退言曰：「祖龍者、人之先也。」使御府視璧、乃二十八年行渡江所沈璧也。於是始皇卜之、卦得游徙吉。遷北河榆中三萬家。拜爵一級。

三十六年、熒惑守心。墜落する星（流れ星）の下に東郡が有る、至地面為石（隕石）、何もない首都或いは其石が刻む日「始皇帝死ぬ而地が分れる」。始皇聞く之、御史（古代の官名）を遣わし逐に問う、服従はない、他の人が謀り石をありったけ取る之、燃え尽きたためにあんな石。始皇ああ楽しくない、博士を使う為仙真人詩（この詩は現代伝わっていない）、行く所をぶらぶらする天下に及ぶ：游（付き合う）秋、傳令する樂人に

歌う弦をならす之。秋、關東の夜華陰平舒道（華陰市の平樹路）を過ぎて
使者は従う、有人持璧遮使者曰：「為吾遺滈池君。（司馬貞《史記索隱》：服
虔雲水神、是也・水神の名）」因（受け継ぐ）言曰：「今年祖龍死。」使者問其
故、に依って突然見えない、置く其の璧を取り去る。険しい壁に器具を
もって使者が信仰する以聞。始皇だまり間違いない非常に久しい、日：
「山鬼むろん過去は知らない一歳事也。」退言曰：「祖龍者、人之先也。」
御府視璧を使う、ふたたび二十八年行き江の渡る所で璧は沈む也。於是
始皇予測する之、八卦（易）は得（思いどおりにいかなかったり当惑した気持
ちを表す）道理に官職が遠方へ移動する吉。北河楡中三萬家遷。拜爵一級。

三十七年十月癸丑、始皇出游。左丞相斯從、右丞相去疾守。少子胡亥
愛慕請從、上許之。十一月、行至雲夢、望祀虞舜於九疑山。浮江下、觀
籍柯、渡海渚。過丹陽、至錢唐。臨浙江、水波惡、乃西百二十里從狹中
渡。上會稽、祭大禹、望于南海、而立石刻頌秦德。其文曰：

三十七年十月癸丑、始皇游に出る。左丞相斯從う、右丞相去疾守る。
少子（末の息子）胡亥（秦の第二代の皇帝）を人に愛して慕うようお願いする、
上司許之。十一月、大丈夫だ至雲夢（空想）、望む祀（祭り）虞舜（舜、傳
說中父系氏族社会后期部落联盟领袖。姚姓、一作媯姓、号有虞氏、名重華、史称"虞舜"、
"三皇五帝"之一。舜為東夷族群の代表）於九疑山。浮江下、觀るキルギス族
（Kirgiz）の先祖の地、海の渚さを渡る。過丹陽、至錢唐。臨浙江、水波
惡、乃西百二十里從狹中渡。上會稽、祭大禹、望于南海、而立石刻頌秦
德。其文日：

三皇五帝は三国志にも同じ文字で載っています。蜀書には三国志の著
者の陳寿が載っています。瓶姜が陳寿に在っているかもしれない、と感
じるのは、倭の項だけ詳しすぎるのに加えて瓶姜は史記を見ていますか
ら、陳寿に知らせても可笑しくありません。

皇帝休烈、平一宇內、德惠修長。三十有七年，親巡天下、周覽遠方。

遂登會稽、宣省習俗、黔首齋莊。群臣誦功、本原事跡、追首高明。秦聖臨國、始定刑名、顯陳舊章。初平法式、審別職任、以立恒常。六王專倍、貪戾傲猛、率衆自彊。暴虐恣行、負力而驕、數動甲兵。陰通閒使、以事合從、行為辟方。內飾詐謀、外來侵邊、遂起禍殃。義威誅之、殄熄暴悖、亂賊滅亡。聖德廣密、六合之中、被澤無疆。皇帝并宇、兼聽萬事、遠近畢清。運理群物、考驗事實、各載其名。貴賤并通、善否陳前、靡有隱情。飾省宣義、有子而嫁倍死不貞。防隔內外、禁止淫泆、男女絜誠。夫為寄豭、殺之無罪、男秉義程。妻為逃嫁、子不得母、咸化廉清。大治濯俗、天下承風、蒙被休經。皆遵度軌、和安敦勉、莫不順令。黔首修絜、人樂同則、嘉保太平。後敬奉法、常治無極、輿舟不傾。從臣誦烈、請刻此石、光垂休銘。

　　皇帝の経歴、一りつに平で有り宇宙の内（アジア大陸の中）、德をえて恵みを得て成長した。三十有七年、親は天下を巡る、周りや遠方を見る。遂に會稽を登る、習俗の宣伝省、貴州の首都莊園の部屋。臣下の群れに成功を称賛する、物事の最も重要な部分の痕跡、首都は（一般より）優れている追求するのは明らかである。秦聖臨國（聖靈王國の三代時期又は叫ぶ聖父王國、聖子王國、聖靈王國）、始めに定める刑の名、顯陳（湖北省の地名）使い古した規則。初めは平法式、審査して分けて職を任ずる、以ってすぐに普段の常態。六王（戰國の六王指す齊、楚、燕、韓、魏、趙 六國之王：戦国時代に適用）専ら倍になる、貧しさに戻りにわかに傲慢になる、自ら大衆を引き連れ強情である。勝手気ままに暴れて残虐を行う、負の力而激しい、最も優れた兵を並べて行動する。陰険で通じる用のないときに使う、以って事合い従う、行い為開拓方法。内輪を飾りたて人を騙す、外から來たり周辺から侵入する、遂に起る禍災難。正義を脅す（罪あるものを）殺す之、断ち切る火を消すことは損なう矛盾する、乱れるが賊は滅亡。聖と德は廣く関係が近い、六合（天地や宇宙を指す）之中、浅い湿地帯に被われて境界は無い。皇帝の并州は天地四方、兼ねて萬事を聴く、遠くも近くもすべて澄んでいる。筋道を巡り動く群れの物、本当で

ある事を考えて確認する、変わって載っている其の名。金持ちと貧乏（価値のレベルを指す）并州の通、善か否かとその前に陳述する、浪費を隠している気持ちが有る。飾省宣義、子は有るが而嫁は不（いいえ、……しない）貞は（書）では占い、占う（古代封建時代で云う）貞操で倍死ぬ。防隔内外を隔てて防護する、淫泆（継続的に耽溺した快楽、好色、猥褻）を禁止する、男女は継ぎ誠に絜い。夫為寄豭（他人の家で乱交をする男性のことを言います）、殺之無罪、男秉義程。妻為逃嫁、子不得母、清潔で高潔であっても威嚇に変る。湯あみで洗って父又は叔父を治める、天下承（人の好意を）被る風（時代の傾向）、蒙古の被害は休むので耐える。皆ことごとく従って過ごすことに従う、睦まじくいずくにか勤勉である、何もなく順調でないが良い。貴州の首都は高貴で純粋である、人は樂しく同じく學ぶ、美しさが保たれた静かな平和である。後に敬服し法を奉る、常に治め頂点は無い、傾むいた舟を興す。従う臣下に痛烈に述べる、請う此の石に刻む、垂直に光る古事の銘。

　還過吳、從江乘渡。并海上、北至瑯邪。方士徐市等入海求神藥、數歲不得，費多、恐譴、乃詐曰：「蓬萊藥可得、然常為大鮫魚所苦、故不得至、願請善射與俱、見則以連弩射之。」始皇夢與海神戰、如人狀。問占夢、博士曰：「水神不可見、以大魚蛟龍為候。今上禱祠備謹、而有此惡神、當除去、而善神可致。」乃令入海者齎捕巨魚具、而自以連弩候大魚出射之。自琅邪北至榮成山、弗見。至之罘、見巨魚、射殺一魚。遂并海西。

　吳を過ぎて還る、從に江乘（南朝時代は南京にあった県で長江下流の重要な渡し場で、川があり南北を結ぶ交通の要所です）を渡る。并州の海上、北に至ると瑯邪（山東省南東部の古代の地名）。方士徐市等入海して神藥を求める、年をつけるのは不得意、費用は多い、恐しい譴（官史が罪に問われて降職される）、乃詐曰：「蓬萊の藥を得るのは可のう、然るに常に為大鮫魚（さめ）の所の苦労、故に得るのは不可至、請願する全て始めうまく射る、見るのは以連弩射（弩弓）之。」始皇の夢を始める海と神と

の戦い、如人狀。問う夢を占う、博士曰：「水神不可見、以大魚蛟龍為候。皇帝は祠（ほこら、社）禱（祈る）謹んで備える、而有此悪神、当然除去すべきである、而善神を招来するだけのことはある。」再び命令をする入海者に巨魚を捕らえる道具を贈る、而自以候は弩級で大魚が出たら射る之。自から琅邪（山東省南東部の古代の地名）北に至榮成山（成山鎮の歴史は古く秦の始皇帝、漢武帝等この地に滞在して多くの史跡と伝説を残す）、見るとこは無い。（山の名は芝罘、現在の山東煙台市の北）巨魚を見る、射殺一魚。遂に并州の海の西。

至平原津而病。始皇惡言死、群臣莫敢言死事。上病益甚、乃為璽書賜公子扶蘇曰：「與喪會咸陽而葬。」書已封、在中車府令趙高行符璽事所、未授使者。七月丙寅、始皇崩於沙丘平臺。丞相斯為上崩在外、恐諸公子及天下有變、乃祕之、不發喪。棺載轀涼車中、故幸宦者參乘、所至上食。百官奏事如故、宦者輒從轀涼車中可其奏事。獨子胡亥、趙高及所幸宦者五六人知上死。趙高故嘗教胡亥書及獄律令法事、胡亥私幸之。高乃與公子胡亥、丞相斯陰謀破去始皇所封書賜公子扶蘇者、而更詐為丞相斯受始皇遺詔沙丘、立子胡亥為太子。更為書賜公子扶蘇、蒙恬、數以罪、其賜死。語具在李斯傳中。行、遂從井陘抵九原。會暑、上轀車臭、乃詔從官令車載一石鮑魚、以亂其臭。

至平原津而病（「平原津」は平原県の南西約48キロに位置し、古代の黄河の重要な渡口の1つ紀元前210年と紀元前203年に、ここで2つ大きな出来事が起こります、秦の始皇帝が東征の帰りに重病に倒れ、韓信が斉を襲撃します、これは司馬遷の「史記」に記録されています）。始皇の死を悪質な言葉でいう、群臣はあえて言えば死ぬことに何もない。上の方の病いは甚だ益となる、再び為璽書（古代、輸送中の文書は破損しやすく竹簡や木簡に認め、二枚を合わせて縄で結び、結び目に泥を塗って封印する）を賜り公子（始皇長男）扶蘇曰：「喪にふくす咸陽で会う而葬儀。」書は已を封じる、中に車府令在り趙高（趙高［？～紀元前207年］、嬴姓、趙氏、趙氏の遠方の支流で、中国の秦の時代の宦官

及び有力官僚）行符璽事（秦、漢の時代には、符節令及び丞、元は少府に属して
したが、東漢王朝が独立し、三国、魏通、東漢、晋并が入り御史台となり、符節令
が其のことを掌握）の所、使いの者は未だ授からず。七月丙寅、始皇崩行
於沙丘平臺（附近の王固村の村名）。丞相斯為上が崩れるのは外に在る、諸々
公子は恐れ及天下に變が有る、再び秘密之、喪は発しない。輼涼車の中
に棺を載せた、故に幸せな宦者參乘、所至上食。百の官史が皇帝に述べ
る如故、輼涼車の中の其の奏事に宦者は従い跪くことが出来る。獨子（息
子が一人）胡亥（胡亥［紀元前230年～前207年］、直に秦二世、二世皇帝、嬴姓）、
趙高（趙高［？～紀元前207年］、嬴姓、趙氏、趙国の一族の遠縁、中國秦朝時代
の宦官、權臣）及幸いなことに宦者五六人は上死と知る。趙高故に嘗め教
え胡亥に書き記す及獄中の律する命令法律の事、胡亥は私は幸だ之。趙
高再度公子胡亥に始める、丞相斯は陰謀見破り去る公子扶蘇の者は始皇
の所で封書賜る、而更に偽りを為丞相斯受ける始皇は遺書で戒める沙丘、
立子胡亥為太子。更に為す書を賜る公子扶蘇、蒙恬、數以罪、其れ死を
賜る。語の能力が在る李斯傳（……に）あう。行い、遂いに從う井陘抵
なう九原。暑い夏、皇帝の輼車は臭い、再びの詔きに従事する官史は命
じる車載一石は塩づけ魚、以（心が）落ち着かない其の臭い。

　行從直道至咸陽、發喪。太子胡亥襲位。為二世皇帝。九月、葬始皇酈
山。始皇初即位、穿治酈山、及并天下、天下徒送詣七十餘萬人、穿三泉、
下銅而致槨、宮觀百官奇器珍怪徙臧滿之。令匠作機弩矢、，有所穿近者
輒射之。以水銀為百川江河大海、機相灌輸、上具天文、下具地理。以人
魚膏為燭、度不滅者久之。二世曰：「先帝後宮非有子者、出焉不宜。」皆
令從死、死者甚衆。葬既已下、或言工匠為機、臧皆知之、臧重即泄。大
事畢、已臧、閉中羨、下外羨門，盡閉工匠臧者、無復出者。樹草木以象山。

　從の直道を行く至咸陽、發喪。そろう太子胡亥は（帝王の）位につく。
為二世皇帝。九月、葬る始皇酈山。始皇初即位、酈山に掘って建てる及
并州の天下、天下に徒を送り詣うでる七十餘萬人、三の泉をくぐり抜け

る、銅の棺を下までおろす而形成される、宮殿で觀る百の官史は奇妙な器に珍しい怪しいただ出来るのは収容しかない之。匠に弩弓と矢を作れと命令する、場所はある、すると近者は射て通す之。以水銀為何百もの川江と河大海、弩弓はお互い順番に注ぎ込む、上は天文を、下は地理を。以って人と魚はあぶらっぽい為燭（松明）、不滅者の暮らしも久しい之。

二世曰：「先帝の後に宮殿は子が出来ない者、そこで生まれるが公にしない。」皆に命令するとかたくなに従う、死者は甚だ多くの人。既に奴隷が葬儀をした、或いは工匠が言う為弩弓、よいと皆が知之、良いことが重なる即（鬱憤を）ぶちまける。大きな事は全て終わる、己の蔵、閉じる中は有り余る、下の出入り口から外まで有り余る、このまま閉じる工匠臧者、出ていき戻らない者。樹草木以象山。

二世皇帝元年、年二十一。趙高為郎中令、任用事。二世下詔、增始皇寢廟犧牲及山川百祀之禮。令群臣議尊始皇廟。群臣皆頓首言曰：「古者天子七廟、諸侯五、大夫三、雖萬世世不軼毀。今始皇為極廟、四海之內皆獻貢職、增犧牲、禮咸備、毋以加。先王廟或在西雍、或在咸陽。天子儀當獨奉酌祠始皇廟。自襄公已下軼毀。所置凡七廟。群臣以禮進祠、以尊始皇廟為帝者祖廟。皇帝復自稱「朕」。」

二世皇帝元年、年二十一。趙高為郎中（朗中は正式な名前で皇帝の待者の総称です）令、用いて任命する。二世下詔（皇帝が発布する詔勅）、始皇寢廟犧牲（犧牲に使用される全ての単色の家畜）が増える及山川百祭る之ていねいに対応する。始皇廟を尊重するように群臣は命じられた。群臣皆敬礼言曰：「古者天子七廟（四親族［高祖、曽祖父、祖先、父］の廟、二真廟［父、曽祖父の祖父］、初祖の廟を指す）、諸侯五、大夫三、たとえ萬世ではあるが世代を通じて破滅することはない。今始皇為極廟（秦の宮殿、最高の仕様を備えた眠っている寺院の名前）、四つの海之皇宮のために貢物をささげる、いけにえの家畜を増やす、祭禮に脅して備える、毋以加わる。先王廟は或いは西雍に在る、或いは咸陽にも在る。天子は心惹か

れる始皇廟でふさぎただ一人の酌で（戯曲の中の）言葉を奉じる。自から襄公（2代目の君主）已の下の聖域を破壊する。置く所は普通の七廟。群臣以って祠で祭禮を進める、以て尊ぶ始皇廟為帝者の祖廟。皇帝復自稱「朕」。

二世與趙高謀曰：「朕年少、初即位、黔首未集附。先帝巡行郡縣、以示彊、威服海內。今晏然不巡行、即見弱、毋以臣畜天下。」春、二世東行郡縣、李斯從。到碣石、并海、南至會稽、而盡刻始皇所立刻石、石旁著大臣從者名、以章先帝成功盛德焉：

二世與趙高謀曰：「朕年少、初即位、貴州の首都はいまだに集まらず。先帝が巡行をおこなった郡縣、以って境界を示す、皇宮の中に海（非常に数多く集まるさま）威かくされ服従する。今は安らかであるけれども巡行は不可、即見ると（人が）死ぬ、毋以って臣下家畜の天下。」春、二世東行郡県、李斯（李斯［？～前208年］戦国末楚国上蔡［今河南省駐馬店市上蔡県の人、秦朝著名政治家］）従う。到着碣石、（碣石鎮は、広東省汕尾市陸豊市管轄下にある町で、陸豊市の副中心）、并州海、南至會稽、而盡刻始皇所立刻石、石の傍ら著大臣從者の名、以章先帝成功盛德焉：

皇帝曰：「金石刻盡始皇帝所為也。今襲號而金石刻辭不稱始皇帝、其於久遠也如後嗣為之者、不稱成功盛德。」丞相臣斯、臣去疾、御史大夫臣德昧死言：「臣請具刻詔書刻石、因明白矣。臣昧死請。」制曰：「可。」
遂至遼東而還。

皇帝曰：「金石刻の所にし尽くす始皇帝為也。今大声をあげて襲う而始皇帝は金石刻と呼ばずに別れを告げる、其の於久しく遠く也如後受け継ぐ為之者、皆の心が入り不稱ながら成功する。」丞相臣斯、臣去疾、御史大夫臣德昧死言：「臣請具刻詔書刻石、因明白矣。臣昧死請。」制曰：「可。」

遂至遼東而還。

於是二世乃遵用趙高、申法令。乃陰與趙高謀曰：「大臣不服、官吏尚彊、及諸公子必與我爭、為之奈何？」高曰：「臣固願言而未敢也。先帝之大臣、皆天下累世名貴人也、積功勞世以相傳久矣。今高素小賤、陛下幸稱舉、令在上位、管中事。大臣鞅鞅、特以貌從臣、其心實不服。今上出、不因此時案郡縣守尉有罪者誅之、上以振威天下、下以除去上生平所不可者。今時不師文而決於武力、願陛下遂從時毋疑、即群臣不及謀。明主收舉餘民、賤者貴之、貧者富之、遠者近之、則上下集而國安矣。」二世曰：「善。」乃行誅大臣及諸公子、以罪過連逮少近官三郎、無得立者、而六公子戮死於杜。公子將閭昆弟三人囚於內宮、議其罪獨後。二世使使令將閭曰：「公子不臣、罪當死、吏致法焉。」將閭曰：「闕廷之禮、吾未嘗敢不從賓贊也；廊廟之位、吾未嘗敢失節也；受命應對、吾未嘗敢失辭也。何謂不臣？願聞罪而死。」使者曰：「臣不得與謀、奉書從事。」將閭乃仰天大呼天者三、曰：「天乎！吾無罪！」昆弟三人皆流涕拔劍自殺。宗室振恐。群臣諫者以為誹謗、大吏持祿取容、黔首振恐。

於是二世ふたたび尊ぶそこで趙高（趙高［？～紀元前207年］嬴姓、趙氏、趙国一族の遠い親戚、秦朝時代の宦官）、法令を申す。再び陰険な趙高は謀りごとを興す曰：「大臣は不服、官吏は尚更強情である、及諸公子は必ず我々と争いを興す、為之何奈（リンゴの一種）？」高曰：「臣下を困らす願いを言う而あえて終わりにする勇気がある也。先帝之大臣、
皆天下人世に名を知られた貴人もやつれて気を落とす也、積功勞世に功勞積み重ね以久しく相傳える矣。今少し卑屈であるが平素から事物つけて敬意を示す、陛下に幸という子が出来る、上位から令在り、中（で）出来事をかまう。大臣の鞅鞅（不正や不満を感じる）、特に以って容貌に従う臣下、其心實不服。今上の方を出す、此の時の案は受け継がない郡縣守り安心させて罪の或る者は殺す之、上は以って天下に威嚴を振る、下は以って平所で生きる値打ちのない者が上を除去したい。今時センスの

ない文章而決める於武力で、遂に陛下に従いお願いするそのとこ母は疑、
即群臣は不満及謀。賢明な君主は残った民に（事実や例を）挙げて収める、
身分が卑しいものは貴い之、貧者を豊かにする之、遠者は近くに之、則
上人下人を集め而國は安らぐ矣。」二世曰：「善。」ふたたび行う大臣及
諸公子を誅（罪あるものを）討つ・殺す、以って罪を越え少数の近官と続
けて三人の郎（官名）を捕らえる、無事に手に入れる立者（君主が即位する）、
而六人の公子を殺戮死ぬ於途絶する、閭（村の入り口にある門）のここで
公子はまもなく兄と弟三人を抱禁しようとしている。」将閭曰：「闕廷（宮
廷）之礼儀、以前吾はあえて未だに儀式に従わないならする勇気がある
也：廊廟之位置、吾は以前にあえて物事を失う也；受命應對、吾はいま
だに以前解雇することをうしなった也。臣下の不振を何故言う？　誤り
の願いを聞く而妥協を許さない。」使者曰：「臣下は不得手な謀ごとを興
す、奉に従い書き記す事。」將閭（始皇帝の子）はふたたび天を仰ぎ大声
で呼ぶ天者三（清天 三聖界）、曰：「天に乎（感嘆を表す）」！吾無罪！」昆
弟（兄弟）三人皆涕を流して剣を抜き自殺する。宗室（氏族）振恐（怖く
て震える）。群臣諫者（閣僚）以為誹謗、大吏持祿（官史の俸給）の取得を
容認する、貴州の首都は恐ろしくて震える。

　四月、二世還至咸陽、曰：「先帝為咸陽朝廷小、故營阿房宮為室堂。未就、
會上崩、罷其作者、復土酈山。酈山事大畢、今釋阿房宮弗就、則是章先
帝舉事過也。」復作阿房宮。外撫四夷、如始皇計。盡徵其材士五萬人為
屯衛咸陽、令教射狗馬禽獸。當食者多、度不足、下調郡縣轉輸菽粟芻稿、
皆令自齎糧食、咸陽三百里內不得食其穀。用法益刻深。

　四月、二世還至咸陽、曰：「先帝為咸陽朝廷をいくらか小さくし、故
營む阿房宮（始皇帝が 35 年［紀元前 212 年］に初めて建てられました。永芳宮は、
万里の長城、秦の始皇帝の陵墓　秦の志道とともに「秦の始皇帝の四大建造物」と
して知られる）為室堂（住む家）。未就、上の人に会う（帝王が）崩れる、（職
を）免ずる其の作者（罷其作者は“史記”の作者、司馬遷）、復土酈山（“酈山”

という名前から女媧が麗を継ぎ、商が麗國を継いだ、この山の麓に「麗山」と名付ける、“酈山”と呼ばれる驪山は秦の時代に出来た可能性があり、近年秦の始皇帝陵から発掘された兵馬俑や馬もあります）酈山大（大は秦）の事は全て終わる、今は阿房宮はない釋放するしかない、則是先帝に（章）奏上する文章を舉げる事は過（ある処理・行為）通す也。」復作阿房宮。外周の四夷（東夷、南蠻、西戎と北狄）を慰問する、始皇の計りごとのようである。ことごとく全て出し切る其の勇敢で機知に富む人五萬人為駐屯地の咸陽で防衛する、命令する射手狗（犬）馬禽獸。食者多いとみなす、過ごすには不足、下（場所）を調べ郡縣に轉輸（物の等を第三者を経て回して送る）菽（豆類）粟芻（まぐさ）稿（穀類、植物の）茎・わら、皆に命令する自から細かい食料は食せよ、咸陽三百里內には食料は得ない其の谷。やり方は益々無慈悲である。

七月、戍卒陳勝等反故荊地、為「張楚」。勝自立為楚王、居陳、遣諸將徇地。山東郡縣少年苦秦吏、皆殺其守尉令丞反、以應陳涉、相立為侯王、合從西鄉、名為伐秦、不可勝數也。謁者使東方來、以反者聞二世。二世怒、下吏。後使者至、上問、對曰：「群盜、郡守尉方逐捕、今盡得、不足憂。」上悅。武臣自立為趙王、魏咎為魏王、田儋為齊王。沛公起沛。項梁舉兵會稽郡。

七月、（守備隊）兵卒が守る陳勝（陈胜［？～前208年］字涉、阳城人、秦朝末年に農民蜂起の領袖の一人）等反抗する人が死ぬ荊州の地、為“張楚”。勝って自立為楚王、とどまる陳、残った諸將が宣告した地。山東郡縣の少年は秦の吏官に苦しめられる、皆殺す其の守尉は命令する丞相に背く、以って陳涉承諾する、相立為侯王、合從西鄉、名為誇る秦、不可勝數也。敬意を表す者がもし東方から來たるなら、以って背く者に聞く二世。二世怒、下吏。後使者至、皇帝・国王問、對曰：「群盜、郡守尉方を逐に捕える、今尽くすと得る、不足を心配する。」上は悅。武臣自立為趙王、魏とがめて為魏王、田儋為齊王。沛公起沛。項梁舉兵會稽郡。

二年冬、陳涉所遣周章等將西至戲、兵數十萬。二世大驚、與群臣謀曰:「柰何?」少府章邯曰:「盜已至、衆彊、今發近縣不及矣。酈山徒多、請赦之、授兵以擊之。」二世乃大赦天下、使章邯將、擊破周章軍而走、遂殺章曹陽。二世益遣長史司馬欣、董翳佐章邯擊盜、殺陳勝城父、破項梁定陶、滅魏咎臨濟。楚地盜名將已死、章邯乃北渡河、擊趙王歇等於鉅鹿。

二年冬、陳涉所へ遣わす周章等將西に至る戲、兵數十萬。二世大いに驚、與群臣謀曰:「ない何?」少府章邯曰:「盜已至、大勢の衆は強情である、今發す近縣に及ばない矣。酈山(秦嶺山脈の中)徒多、請赦之、授兵以擊之。」二世乃大赦天下、章邯助けを差し向ける、周章軍擊破而去る、遂に殺す章曹陽。二世遣長史司馬欣を加える、董翳は章邯を奇襲攻撃で助ける、殺陳勝城父、破項梁定陶、滅魏咎臨濟。楚の地盜名將已死、章邯乃北渡河、擊趙王歇等於鉅鹿。

趙高說二世曰:「先帝臨制天下久、故群臣不敢為非、進邪說。今陛下富於春秋、初即位、柰何與公卿廷決事?事即有誤、示群臣短也。天子稱朕、固不聞聲。」於是二世常居禁中、與高決諸事。其後公卿希得朝見、盜賊益多、而關中卒發東擊盜者毋已。右丞相去疾、左丞相斯、將軍馮劫進諫曰:「關東群盜并起、秦發兵誅擊、所殺亡甚衆、然猶不止。盜多、皆以戍漕轉作事苦、賦稅大也。請且止阿房宮作者、減省四邊戍轉。」二世曰:「吾聞之韓子曰:『堯舜采椽不刮、茅茨不翦、飯土塯、啜土形,雖監門之養、不觳於此。禹鑿龍門、通大夏、決河亭水、放之海、身自持筑臿、脛毋毛、臣虜之勞不烈於此矣。』凡所為貴有天下者、得肆意極欲、主重明法、下不敢為非、以制御海內矣。夫虞、夏之主、貴為天子、親處窮苦之實、以徇百姓、尚何於法?朕尊萬乘、毋其實、吾欲造千乘之駕、萬乘之屬、充吾號名。且先帝起諸侯、兼天下、天下已定、外攘四夷以安邊竟、作宮室以章得意、而君觀先帝功業有緒。今朕即位二年之閒、群盜并起、君不能禁、又欲罷先帝之所為、是上毋以報先帝、次不為朕盡

忠力、何以在位？」下去疾、斯、劫吏、案責他罪。去疾、劫曰：「將相不辱。」自殺。斯卒囚、就五刑。

　趙高說二世曰：「先帝が制度をしようとする際には天下は久しい、故に群臣はあえてしない為よくない、邪說が進む。今陛下富む於春秋、初即位、ない何を與すのか公卿が法廷で決着の事？事即有誤、群臣の短所を示す也。朕は天子と稱する、聲を聞かないように封じ込める。」於是二世常居禁中、高は諸々の決め事を興す。其後公卿の希望を朝見で得る、盜賊は利益が多い、而關中卒發東擊盜者母已。右丞相去疾、左丞相斯、將軍馮劫進諫曰：「關東并州で盜賊群興す、秦から出発した兵が誅擊、所で殺され亡くなった甚だしい民衆、然に不生は止まらないようである。盜多、皆以食料を輸送する時に難しい言葉を使うので作業の事は苦しむ、税を徴収するが税が大きい也。請うまさに止めるのをお願いをする阿房宮の作者、省を減らす四の一方守るのに難しい言葉を使う。」
二世曰：「吾聞之韓子曰：堯舜の風采はそらないたる木、チガヤで屋根をふく（はさみで）切らない、ごはんで土留め、すする土形、たとえ門で見張りをしてもでも之（髪の毛やひげを）伸ばす、恐れない於此れで。禹（禹［生年月日は不詳］姒姓、夏后氏，名は文命、上古時代夏后氏首領、夏朝開国君王、歷史上超有名人、史跡では大禹、帝禹、神禹、黄帝の玄孫）は確かである龍門（山西省の龍門？）大夏を通り、河川の真中に決める、放つ之海に、自から身をもって畚（土を掘る器具）を持って筑く、母の胳毛、臣下虜になり之勞を惜しまず於此矣。』凡の所為得難いものが有天下者、思う存分得る意志は極わめて欲する、主に重要な法は表明する、下の者は多分不満為よくない、以って海内を制御する矣。夫虞、夏之主、貴為天子、親の處窮し苦しむ之實、以って百姓に（いっぱんに）お觸れを出す、尚何於法？朕は尊萬乘（帝王：萬乘之尊、戦国時代、戦国時代小国は千乗、大国は萬乘）、母其實、吾欲造千乘之帝王の載る車、萬乘之屬（帝王）のものである、充吾號名。諸侯先帝さえ起き上がる、天下兼る、天下已が定ねる、外は四夷に任せる以安らぐ辺境に願う、宮室を作以奏上する文章

は得意、而君主先に観る帝は建物の事業の成果は有る。今朕即位二年之
間、群盗賊の群が并州で起きる、君主何もできずに我慢する、又先帝の
放棄に欲を出す之所為、是上毋以先帝に報いる、次に不貞為朕は忠実で
努力で全うする、何以在位?」下去疾、斯、劫吏、他の案を責た罪。去
疾、劫曰:「將相いいえと後悔する。」自殺。斯囚人、就五刑に就く。

　　三年、章邯等將其卒圍鉅鹿、楚上將軍項羽將楚卒往救鉅鹿。冬、趙高
為丞相、竟案李斯殺之。夏、章邯等戰數卻、二世使人讓邯、邯恐、使長
史欣請事。趙高弗見、又弗信。欣恐、亡去、高使人捕追不及。欣見邯曰:「趙
高用事於中、將軍有功亦誅、無功亦誅。」項羽急擊秦軍、虜王離、邯等
遂以兵降諸侯。八月己亥、趙高欲為亂、恐群臣不聽、乃先設驗、持鹿獻
於二世、曰:「馬也。」二世笑曰:「丞相誤邪?謂鹿為馬。」問左右、左右
或默、或言馬以阿順趙高。或言鹿（者）、高因陰中諸言鹿者以法。後群
臣皆畏高。高前數言「關東盜毋能為也」、及項羽虜秦將王離等鉅鹿下而前、
章邯等軍數卻、上書請益助、燕、趙、齊、楚、韓、魏皆立為王、自關以東、
大氐盡畔秦吏應諸侯、諸侯咸率其眾西鄉。沛公將數萬人已屠武關、使人
私於高、高恐二世怒、誅及其身、乃謝病不朝見。二世夢白虎齧其左驂馬、
殺之、心不樂、怪問占夢。卜曰:「涇水為祟。」二世乃齋於望夷宮、欲祠涇、
沈四白馬。使使責讓高以盜賊事。高懼、乃陰與其婿咸陽令閻樂、其弟趙
成謀曰:「上不聽諫、今事急、欲歸禍於吾宗。吾欲易置上、更立公子嬰。
子嬰仁儉、百姓皆載其言。」使郎中令為內應、詐為有大賊、令樂召吏發卒、
追劫樂母置高舍。遣樂將吏卒千餘人至望夷宮殿門、縛衛令仆射、曰:「賊
入此、何不止?」衛令曰:「周廬設卒甚謹、安得賊敢入宮?」樂遂斬衛令、
直將吏入、行射、郎宦者大驚、或走或格、格者輒死、死者數十人。郎中
令與樂俱入、射上幄坐幃。二世怒、召左右、左右皆惶擾不鬥。旁有宦者
一人、侍不敢去。二世入內、謂曰:「公何不蚤告我?乃至於此!」宦者曰:
「臣不敢言、故得全。使臣蚤言、皆已誅,安得至今?」閻樂前即二世數曰:
「足下驕恣、誅殺無道、天下共畔足下、足下其自為計。」二世曰:「丞相
可得見否?」樂曰:「不可。」二世曰:「吾願得一郡為王。」弗許。又曰:「願

為萬戶侯。」弗許。曰：「願與妻子為黔首、比諸公子。」閻樂曰：「臣受命於丞相、為天下誅足下、足下雖多言、臣不敢報。」麾其兵進。二世自殺。

三年、章邯（秦末に楚漢と争った時の著名将領章邯）等將其の周りを兵で囲むのは終わる鉅鹿、楚上將軍項羽將楚の兵卒が往く鉅鹿を救う。冬、趙高為丞相、もくろみ考え李斯殺す之。夏、章邯等広げた戦いを退く、二世使人讓邯、邯恐、長史欣を使いお願い事。趙高見ず、又信じない。欣恐、亡去、高人を捕えると使い追うが及ばない。欣見邯曰：「趙高用事於中、將軍有功亦誅、無功亦誅。」項羽秦軍の追撃を急ぐ、王離を捕虜にする、邯等遂に以諸々の諸侯の兵を降参さす。八月己亥、趙高欲する為亂、恐れる群臣は（言うことを）聞かない、ふたたび先に検査をする、持に獣の鹿於二世、曰：「馬也。」二世笑曰：「丞相誤って邪推？謂鹿為馬。」問左右、左右或默、或言馬以お世治と従順趙高。或いは言う鹿（者）、高に応じてずるくて油断ならない連中の諸々の言葉に馬鹿者以法。群臣皆後に高を恐れる。高前の巡り合わせ言「關東を盗む母は上手にできる為也」、及び秦將王離等が鉅鹿つかって項羽は捕虜に而前の、章邯等軍の數人が退却する、有益な助けを上書で請う、燕、趙、齊、楚、韓、魏皆立つ為王、自から關以東、大氐畔で尽きる秦吏應諸侯が應じる、其西郷の民衆を諸侯ことごとく心配する。沛公將數萬人已の武關が畜殺、使人私於高、高恐二世怒、誅及其身、再度謝る病で不朝見。二世の夢白虎がかじる其左驂馬（荷車の横を走っていた二頭の馬、手綱を握るのは集団で、二頭の馬の左側の隊列は歩き続けており、左側は右の刃によって負傷しています）、殺之、心不樂、占いの夢で怪談を問う。卜曰：「涇水為崇拝」。二世ふたたび部屋（書斎等）於望夷宮、祠（一族の先祖の御靈屋［おたまや］）や経典を欲する、四白馬は沈む。使の責任の使いを高にさせておく以盗賊事。高は怖がる、ふたたびあるいはずるくて油断ならないかもしれない其れは咸陽で婿の閻樂が命令する、其弟趙成謀曰：「（耳をかたむけて）聞き入れない上の方を（君主）いましめる、今事急、欲する目的地（結婚？）禍（災難）於吾宗（祖先）。吾れをみくびってほっておく上はしたいと思う、

更に立つ公子嬰。子嬰の中身はつつましい、百姓皆書き記す其の言。」
郎中（官名）は命令に使う為内部は應じる、（言葉で相手の真意を）探る為
大賊（大泥棒？）は持っている、樂史官を呼び寄せ命令を発して終わる、
脅迫する樂母を高舍（尊敬する相手の舍）に置く。樂將吏官や兵卒を千餘
人遣わす至宮殿門に向かう（破壊して）平らにする、衛兵仆（守兵・使用
人）を拘束せよと命じる、曰：「此に賊が入る、何故止めぬ？」衛令曰：
「周りは防舍を設置している甚だしい謹んで終わる、安心を得て賊はあ
えて（思い切って）入宮する？」樂遂に衛を斬れと命じる、直節將吏は入
る、行って射る、郎宦者は大そうに驚く、或走或拒む、拒む者するとい
つも死ぬ、死者数十人。郎中（大臣の次の位）に令じるあるいは樂は共に
入るかもしれない、（光を）放つ上（坐）に坐る幕がある匂いを放つ。二
世怒る、召左右、左右皆びくびくして不安を与え闘えない。ほかに宦者
一人有る、あえて待たずに去る。二世内に入る、謂曰：「公（～侯／公侯）
は何と蚤か我に告げる？　ふたたび至於此（～物／このもの）！」宦者曰：
「臣あえて不謹慎な言葉、故全て得る。使臣蚤言、皆已誅る、安らぎ得
るのか至今？」閻樂前に即二世調べる曰：「あいて・足下（相手に対する
敬語）は思い高ぶり勝手気ままである、誅殺は道に外れている、天下を（敬
意を表する）相手と共にほとりで、相手其自から為計かる。」二世曰：「丞
相可得見否？」樂曰：「不可。」二世曰：「吾願得一郡為王。」ほめるでは
ない。又曰：「願為萬戶侯（漢代の侯爵の最高級）。」ほめるではない。曰：「願
わくば妻子を許す為貴州の首都、比の諸々公子。」閻樂曰：「臣は命令を
受ける於丞相、為天下（天下人）は相手を殺す、相手はたとえ多言でも、
臣下はあえて報いていない。」（軍隊を）指揮する其兵は進。二世自殺する。

　閻樂歸報趙高、趙高乃悉召諸大臣公子、告以誅二世之狀。曰：「秦故
王國、始皇君天下、故稱帝。今六國復自立、秦地益小、乃以空名為帝，
不可。宜為王如故、便。」立二世之兄子公子嬰為秦王。以黔首葬二世杜
南宜春苑中。令子嬰齋、當廟見、受王璽。齋五日、子嬰與其子二人謀
曰：「丞相高殺二世望夷宮、恐群臣誅之、乃詳以義立我。我聞趙高乃與

楚約、滅秦宗室而王關中。今使我齋見廟、此欲因廟中殺我。我稱病不行、丞相必自來、來則殺之。」高使人請子嬰數輩、子嬰不行、高果自往、曰：「宗廟重事、王奈何不行？」子嬰遂刺殺高於齋宮、三族高家以徇咸陽。子嬰為秦王四十六日、楚將沛公破秦軍入武關、遂至霸上、使人約降子嬰。子嬰即系頸以組、白馬素車、奉天子璽符、降軹道旁。沛公遂入咸陽。封宮室府庫、還軍霸上。居月餘、諸侯兵至、項籍為從長、殺子嬰及秦諸公子宗族。遂屠咸陽、燒其宮室、虜其子女、收其珍寶貨財、諸侯共分之。滅秦之後、各分其地為三、名曰雍王、塞王、翟王，號曰三秦。項羽為西楚霸王、主命分天下王諸侯、秦竟滅矣。後五年、天下定於漢。

閻樂歸る趙高に報いる、趙高ふたたび全ての諸大臣公子を召す、告げる以誅（罪状を公表して責める）二世之狀（事の次第を記載した文章）。曰：「秦は昔の王国、始皇君主天下、故稱する帝。今は六國も復旧して自立している、秦の土地も益々小さい、ふたたび以って空名為帝、不可。当然である為王は以前と同じである、すぐに。」立二世之兄子公子嬰（子嬰［?～紀元前206年］秦三世、嬴姓、名子嬰・嬰、秦朝最後の帝です）為秦王。以貴州の首都で葬儀をする二世杜南宜春苑中。子嬰精進せよと命じる、廟を前に見る、王の印象を受ける。精進五日、子嬰其の子二人謀りごとを興す曰：「丞相（丞相の上に宰相が在るがどちらも同じ）高を殺して二世望夷宮、恐れる群臣誅りごと之、ふたたび詳しく話せば正義に我々は立つ。我々は聞く趙高楚との約束を興す、滅秦宗室（君主の血統）は滅びる而王は關中。今我々は廟を見て齋（身身を清める）て会う、此欲のために廟中で我が殺す。我が稱する病ではない、丞相必ず自から來る、來るきまり殺之。」高使人に請う子嬰いちばんやからである、子嬰やらない、高果はたして自ら行く、曰：「宗廟は重き事、王どうした何出来ない？」子嬰遂に高を刺殺於齋宮、三族高家以宣告する咸陽。子嬰為秦王四十六日、楚將沛公は秦軍を破り武關に入る、遂至霸上、子嬰の使人誘われて降る。子嬰即系首に以た組を作る、白馬素車、奉天子璽

189

符（印信、天子所用）、道の傍ら車の軸の先に降りる（軹が地名なら西南省の鎮）。沛公遂入咸陽。封じる宮室・府庫（文書や財物を貯蔵する所）、軍は還る占領して上がる。霸（諸侯の中の中心的人物・権力を後ろ盾にして悪事を働くボス）。居は月を越す、諸侯兵に至ては、項籍（項羽［紀元前232年〜紀元前202年］唐と宋の古典に、周の王家および項州の属国の子孫　として記録され、姓は吉・項姓です、　名は礼名、祥県県［現在の江蘇省宿遷市］秦王朝末期の政治家、楚国の将軍である項燕の孫）為年長者、子嬰及秦の諸々の子宗族を殺す。遂に咸陽で大量に虐殺をする、燒其宮室、其の子女を捕虜（奴隷）にする、其の珍寶貨財を収め、諸侯共分之。滅秦之後、各分其地は各分割する為三つに、名曰雍王、塞王、翟王、號曰三秦。項羽為西楚霸王、主命分天下王諸侯、秦にもくろみで滅する矣。後五年、天下定於漢。

　　太史公曰太史公曰：秦之先伯翳、嘗有勳於唐虞之際、受土賜姓。及殷夏之閒微散。至周之衰、秦興、邑于西垂。自繆公以來、稍蠶食諸侯、竟成始皇。始皇自以為功過五帝、地廣三王、而羞與之侔。善哉乎賈生推言之也！曰：

　　秦并兼諸侯山東三十餘郡、繕津關、據險塞、修甲兵而守之。

　　陳涉以戍卒散亂之衆數百、奮臂大呼、不用弓戟之兵、鉏櫌白梃、望屋而食、橫行天下。秦人阻險不守、關梁不闔、長戟不刺、彊弩不射。楚師深入、戰於鴻門、曾無藩籬之艱。於是山東大擾、諸侯并起、豪俊相立。秦使章邯將而東征、章邯因以三軍之衆要市於外、以謀其上。群臣之不信、可見於此矣。子嬰立、遂不寤。藉使子嬰有庸主之材、僅得中佐、山東雖亂、秦之地可全而有、宗廟之祀未當絕也。

　　太史公曰太史公曰：秦之先伯翳（伯益［紀元前？〜約紀元前1973年］伯翳・也大費、嬴姓、一説"姬姓"、大業の子、嬴姓を賜る、禹の死後、王位を継ぐ）、手柄を褒める於唐虞（古代の文献では唐、虞の時代の堯と舜が禪讓されます、唐、堯、虞、舜は嶺南の蒼梧王国と同時期に存在した部落）之折り、土地を授かり姓も賜る。殷夏にも及ぶ之ひまでわずかにまとまっていない。至周之衰

える、秦興、西垂の領地に。自繆公（繆公、繆氏宗祠の祖宗、伝統の家族信仰、姓は自から嬴姓）以來、諸侯は少し蠶（カイコ）食す、思いに成る始皇の思いに成る。始皇自から以爲功勞を越える五帝、地廣三王、（三皇五帝）而あるいは恥辱かもしれない之ひとしい。善良かなと叫ぶ賈生言葉で広める之也！曰：

　秦と諸侯を兼ねてまとめても山東三十餘郡、渡し場を閉じて繕う、（地勢が）險しいが（不法に）占有し塞ぐ、甲兵が補修工事をする、而守之。陳涉（陳勝［？〜紀元前208年］字涉、陽城人、秦朝末年の農民反乱蜂起の統率者の一人、秦二世元年［紀元前209年］吳廣と同盟守備隊を引きつれて大澤郷［現在の安徽宿州市］補記してから陳郡稱王、張楚政權を樹立します。翌年、陳勝は秦將章邯に敗れ御者の莊賈に殺されて、芒碭山に埋葬されます。王となって六ケ月死後は謚号として"隱王"、歴史上"楚隱王"）以（軍隊が）守る兵は散亂之民衆は數百、うでを振り上げて大声をあげる、不用弓戟（矛）之兵、種を捲いてから鋤き返して棒で抑える、部屋から見渡す而食する、世界中を旅する。秦人を除いて難所は守れない、梁（戦国時代の）魏（改称後の名前）の全部ではないが閉じる、長矛は不刺、弩弓は不射。楚の師（軍隊の最高指揮官）深く侵入する、戦に於鴻（大きい）門、勝手無かった籬（まがき）の囲い之難しい。

　於是山東（"山東"の用語は最初主に崤山、華山、太行山、以東の黄河流域の広大な地域、天皇氏があらわれた処？）大きく乱す、諸侯は并州で決起する、豪快で才知が優れた人がお互いに立つ。秦は章邯將を使う而東征、章邯は受け継ぐ以三軍之市（県）の民衆を驚かさない於外、以謀其上。群臣之不信、可見於此矣。子嬰立、遂に目が覚めたのではない。庸い主の使いは辱められる子嬰之人材、僅かに中ほどが違っているが獲得する、たとえ山東は乱れていても、秦之この地を完全なものにすべきである而持っている、宗廟之祀未當絶也。

秦地被山帶河以爲固、四塞之國也。自繆公以來、至於秦王、二十餘君、常爲諸侯雄。豈世世賢哉？其勢居然也。且天下嘗同心并力而攻秦

矣。當此之世、賢智并列、良將行其師、賢相通其謀、然困於阻險而不能進、秦乃延入戰而為之開關、百萬之徒逃北而遂壞。豈勇力智慧不足哉？形不利、勢不便也。秦小邑并大城，守險塞而軍、高壘毋戰、閉關據阨、荷戟而守之。諸侯起於匹夫、以利合、非有素王之行也。其交未親、其下未附、名為亡秦、其實利之也。彼見秦阻之難犯也、必退師。安土息民、以待其敝、收弱扶罷、以令大國之君、不患不得意於海內。貴為天子、富有天下、而身為禽者、其救敗非也。

秦の地は山帶河（黃河）に……される（行為者がはっきりしない）以為固める、四塞之國也。自繆公以來る、至於秦王、二十餘の君主、常為諸侯雄。どうして時代時代で賢者かな？　其然るに勢力はとどまる也。かつ天下に誉れ同心の并州の力而攻める秦矣。当然此れが之世、賢者の智慧は同等でない、良將は行う其師、賢者は相通じる其計略、然困る於危険而進むのは不能、秦ふたたび戦闘に入るが延びる而為之開くし閉じる、百萬之徒党は北に逃げる而遂に駄目になる。どうして勇力や智慧が不足かな？　形成不利、勢力は不便也。秦小町并州の大城、塞いで守るのは危険而軍、高く積み上げられた石垣（堡塁）で母は戦う、閉關は閉じて立て籠って苦しむ、重い矛而守之。諸侯は決起す於人の数は匹敵する、以当然順調である、どうしても待つ素王之行也。其交る未の親、其下未に寄り付く、名為亡秦、其實利之也。彼を見る秦阻む之難しいが侵害する、必ず退る師。安土する民衆、以待つ其衰える、取り返すが力が無い力を貸すが放棄する、以令大國之君主、不幸な患不得てな意図於海（非常に数多く集まるさま）の中。貴為天子、富有天下、而身為捕らえられた者、其救出は失敗ではない也。

秦王足己不問、遂過而不變。二世受之、因而不改、暴虐以重禍。子嬰孤立無親、危弱無輔。三主惑而終身不悟、亡、不亦宜乎？當此時也、世非無深慮知化之士也，然所以不敢盡忠拂過者、秦俗多忌諱之禁、忠言未卒於口而身為戮沒矣。故使天下之士、傾耳而聽、重足而立、拑口而不

言。是以三主失道、忠臣不敢諫、智士不敢謀、天下已亂。姦不上聞、豈不哀哉！先王知雍蔽之傷國也、故置公卿大夫士、以飾法設刑，而天下治。其彊也、禁暴誅亂而天下服。其弱也、五伯征而諸侯從。其削也、內守外附而社稷存。故秦之盛也、繁法嚴刑而天下振：其衰也、百姓怨望而海內畔矣。故周五序得其道、而千餘歲不絕。秦本末并失、故不長久。由此觀之、安危之統相去遠矣。野諺曰「前事之不忘、後事之師也」。是以君子為國、觀之上古、驗之當世、參以人事、盛衰之理、審權勢之宜、去就有序、變化有時、故曠日長久而社稷安矣。

　　秦王足りる己は問わない、遂に過ぎる而變更不変。二世受ける之、踏襲する而改ためない、暴虐は以重き禍い。子嬰親を無くして孤立する、危弱無輔。三主（孝公既沒、惠王、武王）惑わす（迷わす）而終身悟らず、亡、いいえ亦声をだし広く知らせる？　止めよう此（決まった）時刻也、世に深い関心もなく変わらない之士（人に対する美称・土地柄）也、然所以恐らく背き忠実ではない過ぎたる者、秦の風俗を多くが忌む避ける之禁じる、最後（終わり）の兵卒は忠実と言う於人口而身為まだ殺していなかった矣。故に使う天下之その土地の、傾耳を傾け而聽く、重い足で而立つ、口を締め付ける而言わない。是以三主が道理を失う、忠臣が（君主を）戒め殺さない、智士が殺さずと謀る、天下已乱。姦（ずるい）くないかと上が聞く、どうして悲しまないのかな！　先王は知る取り囲み遮る之傷國の傷也、故置く公卿大夫士、以刑をつくろい隠す法を設ける、而天下治。其境界也、暴誅亂は禁ずる而天下に服従。其弱也、五伯に（政府が）招集する而諸侯從う。其削る也、內を守り外は付け加える而五穀神の社が存在する。故秦之盛大也、複雑な法（程度が激しい）刑而天下奮い立つ；及其衰える也、百姓は望でいたのに恨む而海內の畔矣。故周五番目の順序を得る其道、而千餘歲と絶えない。秦自体の末に并州を失う、故久しく長くは続かない。由此觀る之、安全だが危ない之統一的に管理する互いに遠くに去る矣。野諺日「前の事之忘れない、後事之立派である也」。是以君子為國、觀る之上古、確かめる之當世、參

加する以って人事、盛衰之理、（政治・軍事・社会情勢などの）情勢を権限
で知る之当然である、去就有序、時には變化有、故曠（心が）くつろぐ
日は長く久しい而五穀の神社は安らぐ矣。

秦孝公據殽函之固、擁雍州之地、君臣固守而窺周室、有席天下、包舉
宇內、囊括四海之意、并吞八荒之心。當是時、商君佐之、內立法度、務
耕織、修守戰之備、外連衡而鬬諸侯、於是秦人拱手而取西河之外。

秦孝公は殽函を（不法に）占有する之固まる、雍州を取り囲む之地、
君臣固守而窺う周室（周朝［紀元前1046年〜紀元前256年］中国歴史上周朝の
後に第三奴隷制度国家、周王朝〜共傳国君32代37人王、享国と合わせると計790
年）。天下に席（春秋緯曰諸侯冰散席卷也）有り、家の内で（子を）生まれ包む、
袋を閉める四海（国全体）之意味、并州を飲み込む八荒（周辺地域・四方八
方）之心。當是時、商君（商鞅［約紀元前390年〜紀元前338年］姫姓、公孫氏、
名鞅、衛國の人、戦国時代の政治家、改革家、思想家、軍事家、衛国の君主の後の
代）は助ける之、內立法度、耕織に努める、守り戦い修行する之備える、
衡の外部に連絡する而諸侯は鬬かう、於是秦人の人手で押しのける而取
る西河之外。

やっと繋がった、衛国と秦、秦が登場して衛国が姿を消します、小国
ながら中国史上最長の歴史国家です。衛国は約紀元前11世紀〜紀元前
209年迄続きます、衛国は周朝の姫姓の諸侯国で首都は朝歌の帝岡。

始め代一衛国の君主は康叔封です。紀元前239年に衛元君は追われ
て野王と名乗ります、衛国はこの時に亡くなります。紀元前229年か
ら紀元前209年に衛君角が秦二世によって追放されます、紀元前252
年に魏国に衛懷君は捕らえられ殺されます、衛懷君は魏国の女婿で衛国
は魏国の付属国家になります。紀元前660年には衛国の衛懿公が日本
にきています。

孝公既沒、惠王、武王蒙故業、因遺冊、南兼漢中、西舉巴、蜀、東割

膏腴之地、收要害之郡。諸侯恐懼、會盟而謀弱秦、不愛珍器重寶肥美之地、以致天下之士、合從締交、相與為一。當是時、齊有孟嘗、趙有平原、楚有春申、魏有信陵。此四君者、皆明知而忠信、寬厚而愛人、尊賢重士、約從離衡、并韓、魏、燕、楚、齊、趙、宋、衛、中山之衆。於是六國之士有寧越、徐尚、蘇秦、杜赫之屬為之謀、齊明、周最、陳軫、昭滑、樓緩、翟景、蘇厲、樂毅之徒通其意、吳起、孫臏、帶佗、兒良、王廖、田忌、廉頗、趙奢之朋制其兵。常以十倍之地、百萬之衆、叩關而攻秦。秦人開關延敵、九國之師逡巡遁逃而不敢進。秦無亡矢遺鏃之費、而天下諸侯已困矣。於是從散約解、爭割地而奉秦。秦有餘力而制其敝、追亡逐北、伏尸百萬、流血漂櫓。因利乘便、宰割天下、分裂河山、彊國請服、弱國入朝。延及孝文王、莊襄王、享國日淺、國家無事。

　孝公既に沒、惠王、武王は無学故（ある事業に）従事する、（皇帝が）爵に封ずる詔（みことのり）に応じて残す、南を兼る漢中（漢江にちなんで名付ける）、西で始める巴、蜀、東は割る肥沃で肥えてる之地、収穫を求める災い之郡（秦以前は県）。諸侯恐れ怖がる、會って同盟而謀弱秦の謀は弱い、不用で肥沃な貴重な工芸品之地方、以致る天下士、合從締交、相與為一。當是時、齊に孟嘗あり、趙有平原、楚有春申、魏有信陵。此四君主者、皆明らかに知る而忠信、寬大で温厚而愛すべき人、尊とく賢く重士、約從に離れて衡、并州に韓、魏、燕、楚、齊、趙、宋、衛、中山之衆。於是六國之寧越に土地有り、徐尚、蘇秦、杜赫之屬為之謀かる、齊明、周最、陳軫、昭滑、樓緩、翟景、蘇厲、樂毅之徒が通う其意味、吳起、孫臏、帶佗、兒良、王廖、田忌、廉頗、趙奢之規定して徒党を組む其兵。常以十倍之土地、百萬之衆、叩く閉じ込める而攻秦は攻める。秦人は開關して敵を長引かせる、九國之指揮官は逡時巡り遁そう逃げる而おそらく進めない。秦雑草が茂った所で矢に鏃（やじり）を遺われて亡くなった之費よけいに使う、而天下諸々の諸侯已が困る矣。於是およそ放任すれば散らばているのがわかる、爭って土地を割る而秦に奉じる。秦に餘力がある而抑える其衰える、逐に北え追われて亡くな

195

る、尸百萬は屈服する、流血漂う櫓（で撲殺）。便乗に応じて有利にする、天下を割り主宰する、分裂河山、いこじな國に服を請う、弱國（組織に）入る朝（あした）。延べ及孝文王、莊襄王、享（分かち合う）國日淺、國家無事。

及至秦王、續六世之餘烈、振長策而御宇內、吞二周而亡諸侯、履至尊而制六合、執棰拊以鞭笞天下、威振四海。南取百越之地、以為桂林、象郡。百越之君俛首系頸、委命下吏。乃使蒙恬北筑長城而守藩籬、卻匈奴七百餘里、胡人不敢南下而牧馬、士不敢彎弓而報怨。於是廢先王之道、焚百家之言、以愚黔首。墮名城、殺豪俊、收天下之兵聚之咸陽、銷鋒鑄鐻、以為金人十二、以弱黔首之民。然後斬華為城、因河為津、據億丈之城、臨不測之谿以為固。良將勁弩守要害之處、信臣精卒陳利兵而誰何、天下以定。秦王之心、自以為關中之固、金城千里、子孫帝王萬世之業也。

及至秦王、續く六世、之餘りにも正義のために命をささげた（人）、長い政策に奮立つ而天地四方を內防ぐ、二周（東周王朝と西周王朝）を飲み込む而諸侯は亡くなる、歩む至敬う而制六合（匡制、漢語短語、解釈は匡正の制限で、単語の基本的な説明は：匡 kuāng 糾正：匡正。匡謬。救：匡救。匡復。匡時濟世。輔助，幫助：匡助。匡扶。匡我不逮です）、捕らえて短い棒で打つ以鞭竹板天下人、威振（衝撃的な力や勢い）国の全て。南を取る百越（百越は古代中国の南岸沿いに古越族が分布していた地域、百越の分布は、交趾から会稽まで七、八千里の間に及び点在していた）之土地、以為桂林、象郡。百越之君主はうつむき（犯行を）告発して頸（首）を絞める、下吏に命令をゆだねる。ふたたび北の長城の築造に蒙恬使う而に籬（まがき）を巡らし守、ところが匈奴七百餘里、胡（鮮卑＋烏丸）人はあえて南下しない而牧馬を放牧する、戦闘員はあえて彎弓を持たない而怨は報いる。於是先王が廃した之道、燃やす百家之言う、以貴州の首都は愚である黔首。名城は堕ちこむ、豪快で才知が優れた人を殺す、天下を収めて之兵集める之咸陽、金属を溶かし（刀剣・槍の）矛先や鐘に似た楽器を鋳造する、以為金人（女

真族）十二、以弱い貴州の首都之民衆。然後に華斬為城、河によって為津、（不応に）占有するのは丈は億之城、計ろうとはしない之谷川以為もとより。良将張り合う必要な弩弓を守る害之処置する、信臣（西漢の官史）は賢い（抜け目がない）にわかに都合よく兵を置く而誰が何を、天下以定む。秦王之心、自から以為關中之固める、金城（蘭州市は“蘭”“皋”、古くは金城、これは甘粛省に有る）千里、子孫帝王萬世之業也。

　ここでは金人が出てきます、山岳民族と言われた女真の人も倭に来ています。日本では土蜘蛛と言われ半地下式の住居で生活をします。

　高句麗が朝鮮半島に進出したときに吉（吉林省）、女真の人も戦闘に参加していますが倭に渡ったのかは近年の研究では地名、人名に女真文字が使われているとの研究発表があります。既に息長帯宿祢は播磨国風土記では伊志治、出雲国風土記では伊治見（イジミ）とまだまだあります。

　秦王既沒、餘威振於殊俗。陳涉、牖繩樞之子、甿隸之人、而遷徙之徒、才能不及中人、非有仲尼、墨翟之賢、陶朱、猗頓之富、躡足行伍之間、而倔起什伯之中、率罷散之卒、將數百之衆、而轉攻秦。斬木為兵、揭竿為旗、天下雲集響應、贏糧而景從、山東豪俊遂并起而亡秦族矣。

　秦王は既に沒、餘の威信於殊さら卑劣である。陳涉、牖繩樞（熟語、中国では成語で「翁牖繩樞」の解釈です、翁：壇子、牖：窓戸、樞：門上の轉軸。簡素な家と貧しい家族を表します）之子、地位が低い之人、而徒を遷す之徒弟・仲間、才能はない及中人（大人と子の間）、非有仲尼（孔子［紀元前551年～紀元前479年4月11日］は、姓は孔、名は邱、字は中尼）墨翟（中国戦国時代に活動した諸子百家の墨家の開祖）之賢い、陶朱、猗頓之富、忍び足で行く伍（五人で一つ）之ひまである、而片意地で頑固な叔父がなんていうか起きる之証人、散らばっているのを招請するその率之だしぬけに、將數百之衆、而（周囲を）回り攻める秦。木を切る為兵、竿を揭げる為旗、天下に云う集に響く應じる、（穀物・食料）で利益を上げる而有様に従う、山東豪俊遂并州は起る而秦族は亡くなる矣。

且夫天下非小弱也、雍州之地、殽函之固自若也。陳涉之位、非尊於齊、楚、燕、趙、韓、魏、宋、衛、中山之君：鉏櫌棘矜、非銛於句戟長鎩也：適戍之衆、非抗於九國之師：深謀遠慮、行軍用兵之道、非及鄉時之士也。然而成敗異變、功業相反也。試使山東之國與陳涉度長絜大、比權量力、則不可同年而語矣。然秦以區區之地、千乘之權、招八州而朝同列、百有餘年矣。然後以六合為家、殽函為宮、一夫作難而七廟墮、身死人手、為天下笑者、何也？仁義不施而攻守之勢異也。

そもそも天下さえ小が弱きにあらず也、雍州之地、殽函（殽山と和函谷）之堅固ようである也。陳涉之位、非尊於齊、楚、燕、趙、韓、魏、宋、衛、中山之君主：鋤は優れている棘は不憫に思う、長矛より於武器の矛長めの矛也：適当に（軍隊）守る之多い、抵抗しない於九國之師：深謀遠慮、行軍用兵之道、まずい及いつも鄉之士地也。然而成敗異變、功業相反也。試しに使う山東之國を與す陳涉長く暮らすが清潔で広い、比べても有利な立場で力量は有る、則不可同年而語矣。然秦以區區之地、千乘之權力、八州を招く而向かって同列、百有餘年矣。然後以六合（六合区古称棠邑）為家、殽函（殽山と函谷峠を総称して并称）為宮、一夫作る難かしい而七廟（七寺：四親族［高祖、曾祖、祖父、父］の寺、第二寺［高祖の父、祖父］、初相の寺）落ちる、身は死人の手、為天下笑者、何也？　仁義は施こさない而攻守之勢力は異なる也。

秦并海內、兼諸侯、南面稱帝、以養四海、天下之士斐然鄉風、若是者何也？曰：近古之無王者久矣。周室卑微、五霸既歿、令不行於天下、是以諸侯力政、彊侵弱、衆暴寡、兵革不休、士民罷敝。今秦南面而王天下、是上有天子也。既元元之民冀得安其性命、莫不虛心而仰上、當此之時、守威定功、安危之本在於此矣。

秦すらもとても多い內、兼る諸侯、南に面して適合する帝、以義理の

四海、天下之未婚の男子の（斐）あやがあって美しいさま然に郷の風、若是者何也？曰：近古之無王者久矣。周室（朝（紀元前1046年〜紀元前265年）中国の歴史上続く商朝の後、第三の奴隷制国家で周王朝一共傳国君32代37王、享国とも合わせると790年）卑もわずかに、五霸（夏商周三代五霸：夏昆吾、商大彭、豕韋、周齊桓、晉文、これを五霸）既死ぬ、命令を行わない於天下、是以諸侯の力は政治に、（强←强←疆）侵弱、衆は暴れ不運である、兵は休まないが首にする、士と民はぼろぼろで免ずる。今秦は南に向かう而王の天下、是上有天子也。

　既に元元之民は冀（河北省の別称）を得て満足する其性格が命、びくびくする而上にすがる、此れあたる之しょっちゅう、威厳を定め守れば成功、安全危険之本来在於此矣。

　秦王懷貪鄙之心、行自奮之智、不信功臣、不親士民、廢王道、立私權、禁文書而酷刑法、先詐力而後仁義、以暴虐為天下始。夫并兼者高詐力、安定者貴順權、此言取與守不同術也。秦離戰國而王天下、其道不易、其政不改、是其所以取之守之者 ［無］異也。孤獨而有之、故其亡可立而待。借使秦王計上世之事、并殷周之跡、以制御其政、後雖有淫驕之主而未有傾危之患也。故三王之建天下、名號顯美、功業長久。

　秦王懷が貪しく卑しい之心、自からの行いを奮起する之智慧がある、功臣を信じない、親と士と民と不仲、王道を廢てる、ひとまず私は立つ、禁文書而酷刑法、先に詐（言葉で相手の真意を）探る力而後に仁義、以暴虐為天下は始める。あの人は并州のふりをする者で上手にだます力、安定した者は貴重でしばらく順ずる、此言い分を取り與して守りを不同の術也。秦離れる戰國而王の天下、其の道は容易ではない、其して政策は改めない、是其の所を以取る之守る之者 ［無（存在しないことを表す＆人の命を奪い去る鬼の名］異なる也。孤獨而有之、故其れ亡くなるか生存するかどうか而待つ。利用して使う秦王上（皇帝・国王）の生涯を計る之事、并州は殷周之跡、以御（封建社会で上が下を支配する）政治を制する、後にけれ

ども淫らで驕り高ぶりが有る之主而未に傾く危険がある之患也。故三王之天下に提唱する、名號顯美（三王の名）、功業長久。

今秦二世立、天下莫不引領而觀其政。夫寒者利裋褐而饑者甘糟糠、天下之嗷嗷，新主之資也。此言勞民之易為仁也。鄉使二世有庸主之行、而任忠賢、臣主一心而憂海內之患、縞素而正先帝之過、裂地分民以封功臣之後、建國立君以禮天下、虛囹圄而免刑戮、除去收帑汙穢之罪、使各反其鄉里、發倉廩、散財幣、以振孤之士、輕賦少事、以佐百姓之急、約法省刑以持其後、使天下之人皆得自新、更節修行、各慎其身、塞萬民之望、而以威德與天下、天下集矣。即四海之內、皆讙各自安樂其處、唯恐有變、雖有狡猾之民、無離上之心、則不軌之臣無以飾其智、而暴亂之姦止矣。二世不行此術、而重之以無道、壞宗廟與民、更始作阿房宮、繁刑嚴誅、吏治刻深、賞罰不當、賦斂無度、天下多事、吏弗能紀、百姓困窮而主弗收恤。然後姦偽并起、而上下相遁、蒙罪者眾、刑戮相望於道、而天下苦之。自君卿以下至于眾庶、人懷自危之心、親處窮苦之實、咸不安其位、故易動也。是以陳涉不用湯武之賢、不藉公侯之尊、奮臂於大澤而天下響應者、其民危也。故先王見始終之變、知存亡之機、是以牧民之道、務在安之而已。天下雖有逆行之臣、必無響應之助矣。故曰「安民可與行義、而危民易與為非」、此之謂也。貴為天子、富有天下、身不免於戮殺者、正傾非也。是二世之過也。

今秦二世立つ、天下に引き出す領土はない而觀其政。そもそも貧しい者うすい裋（粗末な木綿の服）褐（荒い綿布の服）而にまずしいが身分の低い者甘（人が嫌がることを）進んでする糠に糟漬けにする、天下之嗷嗷（痛みや苦しみなどのためにあげる悲鳴や鳴き声で）ううん、ううん、ひいひい、わあわあ、新しい主に之資する也。此言う民は労働する之見くびる為思いやり也。故郷・故郷の人を使う二世雇い主で有る之行い、而に忠実な賢者に任す、臣主の心を一つにすると而とても多くて憂慮する之患い、無地の白い絹而正し先帝之越える、裂地を民に分ける以功臣封じる之後

に、建國立君以禮天下、牢獄馬屋びくびくしている而殺す刑を免じる、汗で汚れを除き公金を収める之罪、使各反其郷里、穀物を倉庫から出す、財物貨幣を援助する、以孤（旧時の君主の呼称）は奮起する之男士、与えるのはたいしたことでない少事、以って百姓を助ける之急ぐ、法省の刑罰は拘束する以持に其後、天下は使う之人は皆新しい自分を得る、更に修行になる、各謹慎其身、辺境の地萬民之望む、而以天下は威嚇と徳を始める、天下は集める矣。

　即四海之内、皆喜び各自は安樂する其住む處、唯恐れる變化が有る、雖有狡猾之民、無離な上の人之心、則従わない之臣下には無い以覆い隠す其智慧、而暴亂之止めねば姦（奸）上手く立ち回る矣。二世は行なわない此の手法、而重い之以無道、宗廟壊れる民が興す、更に作り始める阿房宮、繁刑は複雑で（罪あるものを）討つ・殺す、嚴しい、官吏が治めるのは深刻、賞罰不當、収束は無理と推測する、天下多事、官吏はいないが記憶でできる、百姓困窮而主はいない助けて収める。然に後に裏切者も偽まとめて興す、而上も下も相逃げる、欺く罪者衆、相望む刑で殺す於道理、而天下苦之。自から君主卿（君主が臣下に対して用いる呼称）以下至衆において平民、人の（心に）抱く自から危なくする之心、親の處貧しくて苦しい之實際、脅すと不安其の立場、故に見くびり働かす也。是以陳渉は（陳勝［？～紀元前208年］、字渉、陽城人。秦朝末年に農民決起の指導者、秦二世元年［紀元前209年］、連合呉廣を率いて大澤郷［現在の安徽宿州市］を放棄して秦王朝に反抗し陳郡の王になり、張楚政権を樹立します）不用足あとは滔々と水が流れる（様子を表す）之賢實、公侯の辱めはない之尊ぶ、奮いたつ腕於大きな恩惠而天下に鳴り響き応える者、其民は危険也。故先王初めに見て終之變化する、存亡を知る之事の起こるきっかけ、是以遊牧民之道、安心して力を出し生存する之而己。天下であるが逆行も有る之臣、必ず響には應うじない之助矣。故曰「民の安全は可能行義も興す、而民は危ない物の交換を興す為非」、此之無意味な話也。貴為天子、富有天下、体は逃れられない於戮（さりく）殺す者、正に傾くではない也。是二世之過ぎる也。

襄公立、享國十二年。初為西畤。葬西垂。生文公。

文公立、居西垂宮。五十年死，葬西垂。生靜公。

靜公不享國而死。生憲公。
憲公享國十二年、居西新邑。死、葬衙。生武公、德公、出子。

出子享國六年、居西陵。庶長弗忌、威累、參父三人、率賊賊出子鄙衍、葬衙。武公立。

武公享國二十年。居平陽封宮。葬宣陽聚東南。三庶長伏其罪。德公立。

德公享國二年。居雍大鄭宮。生宣公、成公、繆公。葬陽。初伏、以御蠱。

宣公享國十二年。居陽宮。葬陽。初志閏月。

成公享國四年、居雍之宮。葬陽。齊伐山戎、孤竹。

繆公享國三十九年。天子致霸。葬雍。繆公學著人。生康公。

康公享國十二年。居雍高寢。葬竘社。生共公。
共公享國五年、居雍高寢。葬康公南。生桓公。
桓公享國二十七年。居雍太寢。葬義裏丘北。生景公。

景公享國四十年。居雍高寢、葬丘里南。生畢公。

畢公享國三十六年。葬車里北。生夷公。

夷公不享國。死、葬左宮。生惠公。

惠公享國十年。葬車里康景。生悼公。
悼公享國十五年。葬僖公西。城雍。生剌龔公。

剌龔公享國三十四年。葬入里。生躁公、懷公。其十年、彗星見。

躁公國十四年。居受寢。葬悼公南。其元年、彗星見。

懷公從晉來。享國四年。葬櫟圉氏。生靈公。諸臣圍懷公、懷公自殺。
肅靈公、昭子子也。居涇陽。享國十年。葬悼公西。生簡公。

簡公從晉來。享國十五年。葬僖公西。生惠公。其七年。百姓初帶劍。

惠公惇國十三年。葬陵圉。生出公。

出公享國二年。出公自殺、葬雍。

獻公享國二十三年葬囂圉。生孝公。

孝公享國二十四年。葬弟圉。生惠文王。其十三年、始都咸陽。

惠文王享國二十七年。葬公陵。生悼武王。

悼武王享國四年、葬永陵。

昭襄王享國五十六年。葬芷陽。生孝文王。

孝文王享國一年。葬壽陵。生莊襄王。
莊襄王享國三年。葬芷陽。生始皇帝。呂不韋相。

獻公立七年，初行為市。十年、為戶籍相伍。
孝公立十六年。時桃李冬華。
惠文王生十九年而立。立二年、初行錢。有新生嬰兒曰「秦且王」。悼武王生十九年而立。立三年、渭水赤三日。
昭襄王生十九年而立。立四年、初為田開阡陌。
孝文王生五十三年而立。
莊襄王生三十二年而立。立二年、取太原地。莊襄王元年、大赦、修先王功臣、施德厚骨肉、布惠於民。東周與諸侯謀秦、秦使相國不韋誅之、盡入其國。秦不絕其祀、以陽人地賜周君、奉其祭祀。

始皇享國三十七年。葬酈邑。生二世皇帝。始皇生十三年而立。

二世皇帝享國三年。葬宜春。趙高為丞相安武侯。二世生十二年而立。

右秦襄公至二世、六百一十歲。

孝明皇帝十七年十月十五日乙丑、曰：

　周歷已移、仁不代母。秦直其位、呂政殘虐。然以諸侯十三、并建天下、極情縱欲、養育宗親。三十七年、兵無所不加、制作政令、施於後王。蓋得聖人之威、河神授圖、據狼、狐、蹈參、伐、佐政驅除、距之稱始皇。

　周歷已に移る、慈しみ・悲しみは母の世代ではない。秦直す其敬意をもって人を数える、呂政殘虐。然以諸侯十三、しかも創立する天下、極めて状況を放任しょうとする、養い教育をたしなむ上品な言葉。三十七年、兵の無い所は加入しない、制作政令、施於後王。傘を得る聖人（聖

204

人は先史時代の世界観に於ける頂点）之脅かす、河（黄河）の神から絵を授かる、立て籠もる狼、狐、踏みつける人参、伐採、助ける政驅除、隔たる之始皇と称する。

始皇既歿、胡亥愚、酈山未畢、復作阿房、以遂前策。云「凡所為貴有天下者、肆意極欲、大臣至欲罷先君所為」。誅斯、去疾、任用趙高。痛哉言乎！人頭畜鳴。不威不伐惡、不篤不虛亡、距之不得留、殘虐以促期、雖居形便之國、猶不得存。

始皇既歿、胡亥愚かである、酈山終わらない、阿房は再び作る、以遂に前の画策をする。云「普通の場所為貴ぶ天下者が有る、思う存分やる意思極めつけの欲、大臣は招請する欲で先君の所に至る為」。誅る斯、去疾、任につく趙高。心を痛めああと言うし叫ぶ！人頭畜鳴（人間でありながら家畜のように愚かである・非常に愚劣）威張らない自慢しない惡、忠実でなく虛弱ではない滅びる、隔たる之留めるのは不得手、殘虐以促がすまる一年、たとえば住むと実体は便利之國、猶はない心に留める。

子嬰度次得嗣、冠玉冠、佩華綬、車黃屋、從百司、謁七廟。小人乘非位、莫不怳忽失守、偷安日日、獨能長念卻慮、父子作權、近取於戶牖之間、竟誅猾臣、為君討賊。高死之後、賓婚未得盡相勞，餐未及下咽、酒未及濡脣、楚兵已屠關中、真人翔霸上、素車嬰組、奉其符璽、以歸帝者。鄭伯茅旌鸞刀、嚴王退舍。河決不可復壅、魚爛不可復全。賈誼、司馬遷曰：「向使嬰有庸主之才、僅得中佐、山東雖亂、秦之地可全而有、宗廟之祀未當絕也。」秦之積衰、天下土崩瓦解、雖有周旦之材、無所復陳其巧、而以責一日之孤、誤哉！俗傳秦始皇起罪惡、胡亥極、得其理矣。復責小子、云秦地可全、所謂不通時變者也。紀季以酅、春秋不名。吾讀秦紀、至於子嬰車裂趙高、未嘗不健其決、憐其志。嬰死生之義備矣。

子嬰の順位を推測すると受け継いで出来上がる、冠は玉冠、華やか

な丝帯（印章や玉を結ぶリボン）を着ける・ぶら下げる、皇帝の戦車（内部が黄色）、従に多く司る、七廟（祖先の霊をまつるところ）を拝謁する。小人（凡人 凡夫　狗賊）乗るでない（帝王の）位、何もないと思えばあたかも守りを失ったようだ、人目を盗んで安らぎ日日、ただ一人（世代が）上と思い知らせるのに考える、ひとまず父子が作る、近くで（物件が有る場所から所有者者として）受け取る於門、門戸之（家屋や物が）空いている、謀を考える狡る賢い臣下、為君主賊を討つ。高死之後、客（客人を迎える）は最後になる結婚する（気に入るか）どうかわずらし最後にまで尽くす、粉末の食事をする及下の方まで飲み込む、酒は終わり及唇をぬらす、楚兵已關中で大量に虐殺する真人（道教用語・修行を収めた人）飛ぶ霸上（霸上は灞上で西安市東、霸水西高原の名）、素車（葬儀に使う車）まといつく組、奉其護符璽（天子の印章）、以歸る帝者。鄭伯チガヤの旗の先に（伝説中の）鳳凰に類した霊鳥と刀と五色の羽毛を飾り付けた、嚴王放棄して退く。河が決壊修復は不可これを塞ぐ、魚は腐って全て戻すのは不可。賈誼、司馬遷曰：「向うの使いに嬰の雇用主有り之いましたが、僅かに隔たらず中ほどを得る、山東けれども亂る、秦之すべての土地にかなう而有る、宗廟之当然末迄絶えてはいけない也。」秦之衰え閉じる、天下土崩瓦解、では有るが周旦之人材、没になった場所を戻すと述べる其功名、而以一日責める之人を騙す者、誤かな！俗に傳わる秦始皇起きる罪悪感、胡亥極、得其理矣。復責小子、云全部秦の土地にすることが出来る、そのとき言われたことは通じない変わり者也。紀季以酈、春秋不名。吾は秦紀を読む、至於子嬰車裂（人の頭と手足をそれぞれ5台の荷車に縛り付け、馬や牛を利用して人の体を5つに引き裂く）趙高、誉めたことことではない不健康其決り、憐其志。嬰死生之正しい道理か備わる矣。

　古代漢語を訳していると、現代でも読める幾つかの文章に出会います。まず驚きました、記載された文章は今から 2,400 年前に古漢字で書かれています。

史記巻七

項羽本記第七

項籍者、下相人也、字羽。初起時、年二十四。其季父項梁、梁父即楚將項燕、為秦將王翦所戮者也。項氏世世為楚將、封於項、故姓項氏。

項籍少時、學書不成、去、學劍、又不成。項梁怒之。

と続きます。

日本の人は始皇帝と云えば大規模な兵馬俑を連想しますが、華夏族を追い出し私（始皇帝）が此の国の始祖と三皇五帝の天皇から地皇それから始皇帝と云われています。我が国はいくたびか形を変える魏にも関係しています、魏は我が国に関係が深いことがわかります。

史記巻六

秦始皇本記第六

二十五年、大興兵、使王賁將、攻燕遼東、得燕王喜。還攻代、虜代王嘉。王翦遂定荊江南地：降越君、置會稽郡。五月、天下大酺。

出雲国風土記

法吉郷。郡家正西一十四里二百三十歩。神魂命御子、宇武加比売命、大井浜。則有海鼠、海松。又造陶器也。邑美冷水。東西北山、並嵯峨南海澶漫、中央鹵。□□々、男女老少、時々叢集、常燕会地矣

前原埼、東北並蘢莚、下則有陂。周二百八十歩、深一丈五尺許三辺草木、自生涯。鴛鴦、鳧、鴨、隨時当住、陂之南海也。即陂与海之間浜、東西長一百歩、南北広六歩。肆松蓊鬱、浜鹵淵澄、男女隨時叢会、或愉楽帰、或耽遊忘帰、常燕喜之地矣

史記にも出雲国風土記にも燕の最後の王、燕喜が出雲の国に来ていると載っています。しかし、紀元前200年代に出雲国に来たのは燕の燕

207

喜だけではありません。徐市（徐福）も来ています。徐市の義理の父が燕喜になりますが父君と分かれて播磨の国（播磨国風土記：昔　大汝命（燕喜）之子　火明命（徐市）心行甚強是以　父神患之　欲遁棄之　乃　到因達神山　遣其子汲水　未還以前　即発船遁去　於是　火明命　汲水還来見船発去　即大瞋怨　仍起風波　追迫其船　於是　父神之船　不能進行　遂被打破　所以　其処号船丘）から火明命の名で播磨の国から脱出します。

　童男童女を集めて日本の国に不老長寿の薬を求める話はよく知られています。この話は燕の方士盧生（卢生）の発案で斎の徐市が実行役を請負います。当時は原則として子供と女性（子女）は殺しては成らないと言われていましたので秦が侵略するたびに女性と子供の処置に苦労している始皇帝に盧生が謀に近い話を伝えます、それだけでも渡航費から莫大な費用が掛かるのに航海中にサメの被害を防ぐためにと弩弓の催促までします、なんとなく利用された始皇帝にも人のいいところが感じられます。此の弩弓は四百年後に野王が現れるまで受け継がれています。

第十二章

瓶姜の栄光

　長年にわたり瓶姜とは誌上の御付き合いですが、ほんのちょっと少し心は通います。仕事の内容は天と地ほどに、いやそれ以上にかけ離れていますが、ただ一つ "知った苦しみ" は分かります。三国志を知り慌てふためき唯ひたすらに伝える苦しみ、史記から我が国の真実を知り、この事項は守らねばと働いた瓶姜と事の大きさに違いはありますが、真実を伝え守る苦しみは同じです。

　瓶姜の粗相君（父親）は甄逸（156年～186年）と云います。蜀書の劉備と同じ中山の人で東漢の時代に活躍した人物で、東関末期に登場します。幽州の知事の袁熙、魏文帝曹丕の義父、また甄堯、甄儼等とその妻の張の父親。また家族は妻の張氏：常山人、1番目は甄堯（甄逸三子、舉孝廉）。2番目は甄儼（甄逸の次男）、3男は甄豫。甄逸の長男は早くして亡くなります。女姓陣は、1番目に甄姜（卑弥呼）。2番目が甄脱。3番目が甄道。4番目が甄榮で、5番目が甄氏（文昭甄皇后、魏明帝曹叡の生母）です。

　実質的には長男が亡くなっていますから長男の役目もしています。袁家として瓶姜だけ倭に渡り、義理の姉に仕えます。そして姉を天災で亡くし、主のいない共に渡来した女の人を纏めて世話までして、挙句の果てに景行天皇の妃になり、二人の御子を設け皇位継承戦を戦い、土台を創り自らは魏の妹の所に帰る。帰ってからも妹のために女族と戦う。倭から帰る前には伊勢神宮・出雲大社（木次社）を建立しています。財力

権力を一身に握ったから瓶姜なら出来ます。このような筋書きですが、あらゆる日本の古代史には記載されています。邪馬壹国を邪馬台国、卑彌呼を卑弥呼と称した御人にはどう思われたでしょうか。当然、彼女は長女ですから自らの事はさておいて身近な人の利を優先しています。初めて絢爛豪華な異人の瓶姜に会われた景行天皇も、戸惑いを消化するのは苦労を為されたことでしょう。倭武は瓶姜にとっても景行天皇にとっても可愛いお子でしょう。いつの世も親の心を子は知らず、常陸の国では倭武は天皇と名乗り、名も神武天皇に似せている。景行天皇の苦渋の考えが伊吹山に倭武を送ります。

播磨の国を舞台に15才未満の女子が、皇位継承戦等出来るはずがありません。まず初めから鬼道を調べました。どうも普通の宗教と変わりりません。やっと分かったのは歳をとってから、鬼神道、人が暮らす邪魔をする者、これが鬼で表現されています。日本の神道、仏教の一番のもとになります。神道は、鬼道は鬼神道といいます。自然界に起きる出来事はどうにもなりません。これに対応したのが神道です。風神、雷神と絵で表わしています。仏教は地獄道、閻魔さんの世界です。畜生道は桃太郎の鬼ヶ島、畜生にも学べと教えてくれています。餓鬼道は節分の豆をまく、福は内、鬼は外、随分と身勝手な話しです。

神様にお願いをする、いいえ、神様に私はこういう事を為しとどけます。見ていてくださいね、と自分を鼓舞します。神、仏さまにはお供えをします。今、此のように恵まれていますと伝えます。日本の国は昔からそのようにしてきたのです。どのような祭りも立派で歴史があります。着物も紀元前から、文字に至っては、殷、周、漢字と現代まで使われてきています。家庭の御仏壇さえそれなりのお飾りをしています、気が付いてみたら誇らしいことが多くあります。

瓶姜はなぜ、やみくもに皇位に入っていったのか。袁家の財宝があり、ゆったり暮らせばいいものを、命までかけてのめり込んでしまいました。

私が三国志の必要な箇所を訳して理解した後で、私は史記に入りました。初め神農さんの話にも驚きましたが、三皇五帝の話が史記にも三国志にもどちらの史書にも載っています。これで蜀書に登場する陳寿が瓶姜（卑彌呼）に会ったことを確認できました。

　三国志の倭の項だけは名前を伏せていますが、他の項目に比べて詳しすぎるし文章の書き方も違います。三国志にも三皇五帝が載っています。史記から私ごときが気づいたのですから瓶姜は当然分かっていたでしょう。衛国の衛懿公です。日本にきてから神武天皇と名乗りますが、神は（世界の指導者・統治者としての）神、武は（歩くとき）足を踏み出しただけの長さを書き言葉で云います。初め神姓は五帝の初め「赤（炎）帝」と思っていましたが、次の代から神姓は使っていません。世界に対する認識も現在とは違います。古代ですから古代の世界観はアジア大陸の中心地、黄河、長江が中心になります。

　朝の日の出の赤いお日様は、世界中の人が見られるわけではありません。地球上の一部の人しか見ることが出来ません。衛懿公は鶴が好きだと云われていますが、この公は現代でも衛国の話が出れば衛懿公です。掛け軸の日の出と鶴、仏教の世界でも鶴は象とよく見られます。紀元前660年に日本に渡来されたなら景行天皇は衛懿公の末裔になります。瓶姜は驚いたでしょう。小国ながら中国史上最長の歴史を刻んだ衛国の祖の王が身近に居ます。あとは無我夢中で倭武のことしか考えなかった姿が浮かびます。衛国が秦の進出と共に姿を消しますが、国名だけが消え滅んだわけではありません。魏も変節が多い国ですが、魏に衛は溶け込みます。魏と繋がりました。

　新石器時代に黄河で12人天皇が現れます、神話の世界ですが。それから（約紀元前11世紀〜紀元前209年）初代は衛康叔（康叔封）衛封、周文王姫昌の御子、周成王の時代です。周の国も一つにまとまった国ですが地域がまとまってできたのではなくお互い協力をする国の集合体です。朝鮮半島南端の蓋国が周に滅ぼされますが、周とは隣接してはいません。すぐ北に燕国があります。蓋国は後に百済になります。

衛懿公が日本に来てからでも、衛国は秦に紀元前 209 年に消滅される
るまで続きますが、民族が滅亡した訳ではありません。紀元前 11 世紀
から紀元前 660 年を挟んで今日まで、日本の人の歴史が伝わっている
のは稀有なことです。

　改めて瓶姜がたどった道をもう一度、辿ってみます。

　200 年に曹操に敗れた袁紹が病で亡くなるのが、202 年です。この時
に袁紹の兄の袁基の長男袁譚に后として瓶姜、袁紹の長男袁熙の后とし
て瓶蜜（曹丕に奪われて文紹瓶皇后）、弟の袁尚は独身、瓶蜜が 13 〜 14 才、
瓶姜が 15 〜 16 才、袁紹の喪に服したならば 202 ＋ 3 ＝ 205 年に日本（倭）
に渡ります。この時瓶姜 16 ＋ 3 ですから 20 才前後で、あくまで仮定です。
　これから年代がわかりません。倭に来て景行天皇に会います。仲介は
伊志治（生長帯宿祢）で景行天皇の妃になって倭武と豊（壹興）をもうけ
ます。壹興の壹は大王のこと、初めから自分に奮い起たせた言葉です。
場所は纏向の宮殿？　年代は？　その後に伊志治から離れて豊は穴戸で
仲哀天皇と 8 年暮らします。場所と年代は？　既に瓶姜は豊を“壹興”
と名づけますが、壹は邪馬壹国の壹で大王を表しています。その前の仲
哀天皇と倭武の話は、『播磨国風土記』でも景行天皇と印南別姫のお子
が仲哀天皇、瓶姜と景行天皇のお子が倭武で、お二人を大碓、小碓と言っ
て印南別姫が育てます。豊も景行天皇と瓶姜のお子ですが、伊志治（息
長帯宿祢）が育てます。景行天皇は異国の瓶姜に対して全て信用してい
るわけではありません。
　『常陸国風土記』では倭武は天皇を名乗っていますが、いつの世も親の
心と子の心は必ずしも同じではありません。景行天皇の御心に触れたの
でしょうか、母親を訪ね、刀を預け伊吹山で自ら旅たちをします。倭武
を亡くした瓶姜は、仲哀天皇が行幸した後、豊を立てて皇位継承戦に臨
みますが戦費は私財が十分にあります。麛坂兄弟に勝って、仲哀天応と
豊のお子、応神天皇の成長に合わせて、瓶姜が実権を掌握します。共に
来た劉夫人と袁買は当時ではとてつもない高い社を作りお祀りします。

景行天皇の祖、皇大神は豊（神宮皇后）が守る、神宮を創建します。権力と財宝を保持していた瓶姜でなければできないことです。

　倭での仕事は終わった。魏では今はなき曹丕が奪った袁紹の長男の嫁の瓶蜜（文昭瓶皇后）が待っています。帰ってからも妹のために賊退治に、男装の麗人瓶姜の生涯です。

あとがき

　初めて歴史小説なるものを出版したのが2015年。今から14年前です。今のように強い意志はなく、振り返って読めば何と未熟なことで我ながら呆れています。

　まだ、15歳に満たない女性が、皇位継承で戦うなんて、まったく意味不明です。調べていくうちに、三国志の存在について私たちの国の人は誤解していることに気づき筆をすすめました。調べれば調べる程に私達の国の誇らしさと素晴らしさを知っていきます。これは是非とも海外の人に知って欲しい。そして私たちの国の人々にも分かって欲しいと願い、其の一心でこの本を書くところまで来ました。

　この本の翻訳は90％日本の辞書に頼っています。辞書にも出てこない文字もありますが、翻訳は一字一字拾い出して文章を構成しています。見本ですが、以降はその一部です。

蜈蜍…… たこ

汴……… 古水名

神衣…… 神姓の楚

卑彌呼… Bēi mí hū　　Bǐ mí hū　　　　俾彌呼　Bǐ mí hū

卢生…… 燕の方士　斉の方士徐市（徐福・徐士）

毛遂	東周	前285年-前228年	今河北鸡泽	平原君食客
毛宝	東晋	?-339年	今河南原阳	将领，官至庐江太守

犻……… 漢字ではない

売……… 漢字ではない

傈僳族… 物姓

董卓…… 袁紹の兄、袁基を襲う

黄帝・軒轅　　姫姓

康熙…… 漢字辞典

遏……… 止める　　　淇水入白溝

果……… 果物　はたして　結果

盾……… 逃げる　隠れる

侯……… 高位高官の人

懼……… 遣わす

盡……… 尽きる　ありったけだす　全うする

獲……… Huò　得る　手に入れる

輜重…… 古代の車の一種　重複　重ねる

鉞……… おの　まさかり

綬……… さずかる

沮……… 拒む　こばむ　阻止する

臨……… 向かい合う　面する　〜をしようとする際に

涕……… 痛哭

繒……… 絹織物

絮………… 衣装や布団

廩………… 米蔵　穀物蔵　穀物

由………… ～になる　～から　～で　～に基づいて　～によって

皃………… 容姿　姿

折………… 折れる　切れる　ひっくり返る　回る　畳む

節………… 大切なとき　記念日

附………… 付け加える　付け足す　従う　従属する

交………… 引き渡す　納める　任せる　友達に為る　交わる　境め

稍………… 少し　やや

務欲綏和戎狄　Wù yù suī hé róng dí

綏………… 平安

戎………… 兵器　武器　軍事　軍隊

狄………… 中国の北方民族の称

息………… 征伐 xī zhēngfá

息………… 子女　息　消息　やめる

征伐……… 討伐する

羈縻兩部而已　Jīmí liǎng bù éryǐ

羈………… くつわ　拘束　束縛　長くとどまる

縻………… つなぐ　Jīmí

兩部……… 双方　両方

已………… ～とき

悉………… すべて　全部　知る　Xī

保………… 請け負う　保証する　責任を持つ

寇鈔……… 強盗　侵略者　Kòu chāo

驍………… 勇猛である　たけだけしい　Xiāo

幢麾……… 旗の一種　仏命や石柱　建物　撃鉄・軍隊を指揮する旗　（書）
　　　　　　指揮する　Chuáng huī

曲蓋……… こうじ　曲がっている　ふた　覆いかぶさる　Qū gài

其山有丹, 其木有枏、杼、豫樟、櫲櫪、投欓、烏號、楓香, 其竹筊箤、桃支。

其········ 人名に用いる　所属を表す　彼らの　その　そんな　あんな　文
　　　　のリズムを整える

山········ 山　一つの山　山に似たもの

有········ 持つ　持っている　ある　いる　また

丹········ 赤色　朱色

木········ 反応が鋭い　木　樹木

枏········ 楠（くすのき）　紅〜 / タブノキ

杼········ 筬（おさ）zhù

豫········ Yù　喜ぶ　楽しい　不快の色を見せる　案じる

樟········ Zhāng　クス　クスノキ　そのやまに赤い色がある、その木はま
　　　　たタブノ木　筍　不快な色を見せるクスノキ

陛········ 宮殿の階段

召········ 周代の国名　姓　呼ぶ　呼び寄せる

議········ 議論する　討論する　意見主張

入········ 入る　入れる　加入する

虎········ 怖い顔をする

賁　······（ピンイン：bì、bēn、fén、fèn）は、中国の一般規範における第
　　　　2レベルの文字です [1]　。戦国時代の篆書に初めて見られ、本来
　　　　は装飾を意味し、華麗を意味する「碧」と読み [2]　、また「大きい」
　　　　を意味する「フェン」と読み、「」のように使われる。　ben» は
　　　　走ることを意味し、bēn と読みます。また、「墳」としても使用
　　　　され、突出することを意味し、fèn と読みます。

將········ まもなく〜しょうとする。

劫········ 略奪する　強奪する　かすめ取る　脅迫する　無理やりさせる

既········ 〜得　〜の上に〜だ　〜でもあれば〜である　〜し、かつ〜もす
　　　　る　既に〜且つ〜　〜したからには、〜する以上、した以上、

勤········ こまめである　勤勉である　しきりに　まめに　頻繁である

閹········ 去勢する　（書）官宦官

因········ （書）〜元づいて　〜応じて　によって

台……… 檀　舞台

経……… 経る　経過する（書き言葉）　経験する　体験する　耐える　受け
　　　　　る

過……… 超過する　越える

譯……… 訳す　翻訳する

通……… 使う　使用する　派遣する　使いに遣る　〜に〜させる　〜をし
　　　　　て〜をせしめる

豈……… あに〜や　どうして〜か

哉……… 〜かな　〜わい　ああ　かなしいかな　嗚呼

被……… 〜から（…される…られる）　覆う　受ける　被る　遭う

殺……… 殺す　死なせる　戦う　戦闘する　（勢いや怒りなど）をそぐ　減
　　　　　らす　痛む　割る（スイカ等）

兵敗被殺　兵は敗れ殺される　兵は戦闘に遭遇し敗れる

幸……… 願う　希望する　寵愛する　かわいがる　幸福である　幸せであ
　　　　　る

矩……… おきて　決まり

焉……… これに　ここに　いずくんぞ　どうして　そこで　はじめて

茲……… これ　この　しゅ

音喚…… 大声で呼ぶ　叫ぶ

悉……… すべて　全部

像……… 似ている　〜みたいだ　たとえば〜のようだ

詔……… 告げる　戒める

将……… 間も無く〜しょうとする　間も無く〜であろう　〜近くに為る
　　　　　〜となるであろう　〜したり　〜を　（書）助ける　手を貸す
　　　　　養生する　保護する　将棋の駒　（兵）を率いる　（書）こいねが
　　　　　う

縫……… 縫う　縫い合わせる　縫い目　継ぎ目　隙間　裂け目

夢……… 夢　夢のようなこと　願望　空想

當……… 当　担当する　〜になる〜に　〜で　〜を前に　先端　端　（書）

阻止する　防ぐ

君………　君主　国王　男子に対する尊称

杖………　（書）（武器）を持つ　手にする　頼みにする　頼る　戦い　戦争
　　　　　戦闘　戦闘の数を数える　武器　儀仗

宣………　公にする　広く知らせる　（たまり水など）はかす　宣言する　発
　　　　　表する

占………　うらなう

對………　対　そのとおりだ　正しい　二つで一組になって物を考える　～
　　　　　に（向かって）

夫………　夫

起………　起きる　起き上がる　上がる

夢………　夢　願望　空想

非………　～ではない　～にあらず　ぜひとも　どうしても　でなければ
　　　　　して～　はじめて～てできる

富（当）　担当する　～になる　先端　端

倶………　（書）ともに　すっかり　全部

祥………　詳しい　詳しく話す　詳しく述べる

衾………　布団　経かたびら　本義

崎………　（書）傾いている　平たんでない

耶………　多義性

鋤………　すき　（土）鋤おこす　鋤かえす　除く　粛清する

支………　支える　ひろげる　突き出る　支持する　枝のように分かれたも
　　　　　の

太………　～すぎる　あまりにも～　ひどく　おおきい　高い

衝………　くわえる　肩書　官職名　（書）（命令や支持を）受ける　心に抱
　　　　　く

三………　三つ　（多くの回数を表す）再三　何度も

身………　体　身体　衣服を数える：着　揃い

挂………　（物をある場所に）掛ける　掛かる　未解決のままである　引っ掛

ける　心にかける　気にする　附着する　塗ってある

葛……… クズ　表面に模様のある織物

爾……… （書）ますます　さらに　いよいよ　一面に広がる　はびこる
　　　　　満たす　多い隠す

豆……… まめ　高杯（たかつき）植物を盛る高い足の付いた台

絶……… 絶える　尽きる　きわめて　けっして　絶対に

夫……… （書）あの　その　この　彼　あの人

将……… まもなく～しょうとする：まもなく～であろう　～ちかくになる
　　　　　～となるであろう　やっと　どうにか～　したりする　～したり
　　　　　かつ

坐……… すわる　乗る　位置する　～にある　火の上にのせる　跳ね返る
　　　　　実をむすぶ　病気になる

給……… 与える　やる　くれる　食らわせる　～させる　～することをゆ
　　　　　るす　～に対して　～ために　私のかわりに

彌……… （書）ますます　さらに　いよいよ　一面に広がる　はびこる

平……… 平らである　なだらかである　並ぶ　等しい　抑える　しずめる
　　　　　落ち着かす

吟……… うめく　うなる　嘆息する

慷慨…… 慷慨する　義憤に燃えて激高する　物惜しみしない　気前が良い

磨……… 摩擦する　こする　研ぐ　苦しめる　悩める　ぐずぐずして時間
　　　　　をつぶす

箭……… 矢　枝、支、根　矢の届く距離を指す

鋭……… 鋭い　急激に

鋒……… （刀剣・槍）の矛先　切っ先

撰便…… ～書く　便りを書く

祇……… 大地の神

并……… 山西省太原市　漢時代并州が置かれた

海……… 普通：大海　海上　とても多い　やたらに　非常に多く集まる
　　　　　さま　海

若……… 般若：心理を見極める　もしも　もし〜ならば　（書）なんじ
　　　　おまえ　〜のようである

悉……… すべて　全部

依……… いうこと聞く　従う：招致する　頼る　頼りにする

乞……… 請う　請い求める　所望する　懇願する

耶……… Yé

見……… 見る　見える　合う　面会する　（光・風などに）当てる　当たる
　　　　触れる　（効果・成果）現れる　目に見えて　〜になる

詔……… （書）告げる　戒める

鋤……… すき　（土を）鋤き起こす　鋤き返す　除く　粛清する

支……… 支える　広げる　突き出る　そばだつ　持ちこたえる　支持す
　　　　る　上手く言いくるめてその場を離れさせる　（金銭）受け取る
　　　　支払う

太……… 〜すぎる　あまりにも　ひどく　すごく　大変　とても

衝……… 衛　守る　防衛する　（明代では）軍隊の駐屯する場所

別……… 〜するな　〜するには及ばない　〜かもしれない　〜ではなかろ
　　　　うか

須……… 〜しなければならない　〜すべきである　（書）待つ　髭

支……… 支える　広げる　突き出る　金銭を受け取る　支払う　上手く言
　　　　いくるめてその場を離れさす　持ちこたえる

別……… 〜するな　〜するには及ばない　意外なことが起きているのでは
　　　　ないか

挂……… 易で陽交と陰交　組み合わせ

霜……… 霜　霜のようなもの

葛……… くず　表面に模様のある織物　（植）イシクラゲ

耶……… Yé　（書）疑問を表す

爾……… ěr　汝　かくの如く　あの　その　この

生……… 生む　産む：生まれる　成長する　起こる　生じる　発生する
　　　　生きる　生存する

神巫……（書）巫女　祈祷師

能………（書）に同じ　〜することが上手である

敦………古代キビ等を入れる器

敏………素早い　すばしっこい

堅………丈夫

訖………終わる　済む　終了する

布………布　分布する　敷く

都………いずれも　全部　みんな　もう　すでに　（旧）県と郷の間に置
　　　　かれた行政機関

欲………（書）（〜することを）必要とする

不………いいえ　いえ　〜ではない　〜しない

見………見る　見える　会う　面会する　（光、風などに）当てる　当たる
　　　　（効果　現象）現れる　目に見えて

即………（書）すなわち〜である　すぐ　直ちに　たとえ

坐………座る　腰をおろす　乗る　（建物が）位置する　〜にある（書）〜
　　　　のために　居ながらにして　みすみす　なにもせず

石………石（容量の単位）岩　岩石　（古）（治療の）石器

芒畢露

卑 Bēi …（書）（位置が低い）（身分が）低い

彌 Mí …（書）ますます　さらに　いよいよ　（素）一面に広がる　はびこ
　　　　る

弥＝彌

呼 Hū …息を吐きだす　大声を上げる　呼ぶ　呼び寄せる

Bēi Mí Hū

伊奢沙別命 Yī shē shā　伊聲耆 Yī shēng qí　伊志治 Yīzhì zhì

克 Kè …グラム　チベット地方で用いる要領単位　〜できる　よく〜し得
　　　　る

殷 yīn …（書）盛んである　豊富である　豊かである　懇である　ていね
　　　　いである　（情が）厚い、深い　（史）殷　紀元前 16 〜紀元前 11

世紀

紂 zhòu　（書）鞦（しおがい）馬や牛のしり掛けて鞍や車の轅（ながえ）に
　　　　　結びつける　殷代末の君主・暴君と云い伝えられている

奉………　献上する　捧げる　（目上の人から）受ける　頂く

祀………　祀る　祭る

勿………　ながれ　〜するな

絶………　絶える　すっかりなくなる　尽きる　きわめて　最も　決して
　　　　　絶つ

爲………　〜為に　（書）〜に対して　〜に向かって　〜が原因で

庚………　年齢　末集

旦………　Dan　女形　おやま　太さの単位　明け方　朝

讒………　讒言する　中傷する

伋………　姓に使う　子を思う。

黔 Qián　（書）黒い　貴州省の別称

牟 móu　むさぼる　もうける

陰………　曇っている　陰険である　ずるくて油断ならない

刻………　刻む　彫り付ける　時刻

將軍

印………　印　後を残す　しるしを付ける

假………　休み　休暇

可………　〜してよろしい　〜することができる　〜する値打ちがある　〜
　　　　　かどうか

卒………　突然　にわかに　だしぬけに　（書）終わる　終える　兵　兵卒

珩………　（古）帯紐の飾り玉

一………　ひと　同じ　等しい　もう一つの　いっぱいの　あるまる全体の
　　　　　ちょっと　少し

濯………　（書）洗う　すすぐ

則………　ならう　に学ぶ　（〜する）と〜　〜こそ〜である

形………　形　形状　姿

容………　容れる　納める　（きもちのうえで）許す　容赦する　あるいは〜かもしれない　あらためて〜する　許可する　〜させる

端………　捧げ持つ　さらけ出す　持ち出す　徹底的に取り除く

正………　1月　正月

負………　負う　引き受ける　責務がある　負ける　失敗する

給………　与える　やる　くれる　食らわせる　してやる　〜させる　〜することを許す　供給する

結………　結ぶ　ゆわえる　くくる　編む　結合する　固まる　終わる　締め

方………　方向　方角　方面　サイド　側　平方の略　いましがた　ちょうどいい　まさに

苑………　（書）鳥獣を飼ったり珍しい植物を植えている庭、帝王の御苑　（学術や芸術）の中心

囿………　「囗」は範囲や範囲を意味します。本来の意味は、古代の皇帝が動物を飼育していた庭園を指します。[3]

馳………　（書）（思いを）馳せる

獵………　狩猟　犬の声

恣………　気楽である　勝手気ままである

繚………　まつわる　まといつく

蜂準、長目

…………　中国語の慣用句で、発音は fēng zhǔn zhēng mù です。上がった鼻筋と細長い目を説明します。

挚鳥膺、豺聲

…………　hý láng xīn と発音します。それは貪欲、残酷さ、圧政の比喩を意味します。解釈は、貪欲、残酷さ、圧政の中心を指します。

輕………　軽い　たいしたことがない　簡単だ　若い　重要でない　軽くそっと

食………　食う　食べる　（書）たべさせる

體………　ごく親しい　内輪の

解……… 護送する

軻……… 「柯」はもともと二本の木でつながった車軸を持つ荷車を指す漢
　　　　字で、のちに人名に多く使われるようになりました。　車軸車

徇……… 拡張された意味は大衆に宣言する

益……… （書）ますます　すればするほど　利益

發……… 発送する　出す　放つ　生じる

卒……… （書）突然　にわかに　だしぬけに

效……… 効果　効能　（人の為）尽くす

璽……… 天子の印章　國璽尚書

服……… 飲む　服用する　服従する　心服する　従事する　慣れる　適応
　　　　する

爰……… 書　媛（書）美女昧（書）暗い　礼を失する

符……… 導師がかいた魔除けの札　符号　記号　符合する　合致する

剛……… 堅い　強い　〜したばかりである

請……… たのむ　お願いする　招く　呼ぶ　招待する　ご馳走する　どう
　　　　ぞ（〜してください）

毅……… 売　殻

休……… めでたいこと　喜び

地……… 地球　大地　陸地　土地　田　畑　床　地区　地方　所　場所
　　　　地点　道のり

順……… 筋道がとおっている　順調である　従う　服従する　会う

承……… 〜にあずかる　〜していただく　ささえる　引きうける

勿……… なかれ　〜するな

革……… 改める　変える　（書）病気があらたまる　危篤になる

夙……… 早く　朝早く　平素の

寐……… 眠る　仮眠する

建……… 建てる　造る　建設する　提唱する　創立する

訓……… 教え諭す　説教する　戒める　しかる

經……… 経過する　経験する　体験する　絶える　受ける

宣……… 公けにする　広く知らせる

達……… （道が）通じる　（場所に）到着する　（目的を）達成する　表現する　伝える

畢……… （書）終わる　完了する　完全に　すべて

遠……… 遠い　隔たっている　遠縁である　大きい　はるかに

近……… 近い　（書）わかりやすい　親しい　つながりがちかい

理……… 道理　筋道　理屈　整える　相手にする　かまう

咸……… （書）みんな　全部　ことごとく　塩辛い　しょっぱい

貴……… 高い　貴ぶ　重んじる　貴重な　大切な

賤……… 値段が安いこと、ひいては地位が低い

分……… 分ける　分れる　分配する　割り当てる　分け与える　識別する　区別する　見分ける

明……… 明らかである　明白である　はっきりさせる　明らかにする

省……… 節約する　省く　中国の行政区　その位置

卒……… （書）終わる　終える　兵　兵卒

士……… 未婚の男子　卿　太夫　と庶民の間にあった階層：転）男性に対する美称

行……… 行　列　業種：職業　〜何番目にあたる　商店：商社　（能力が）すばらしい　すごい　（書）まさに〜しようとしている：道　よろしい：大丈夫だ

盡……… 尽きる　（補語として）〜し尽くす　ありったけを出す　全部出しきる　努力して成し遂げる

莫……… （書）一つもない　誰もいない　〜するなかれ　〜するな

敢……… あえて（思いきって大胆に）〜する　確信をもって（きっぱりと）失礼ですが　恐れ入ります

辟……… 開く　切り開く　開拓する　（書）法律　法　洞察力があって鋭い

肅……… うやうやしい　慎み深い　粛清する

荘……… 村落　荘園

端……… 水平に保つようにして持つ　捧げ持つ　さらけ出す　持ち出す
　　　　 徹底的に取り除く

直……… 真っすぐである　垂直である　しきりに　やたらに　まったく
　　　　 まるで

敦……… （古）キビなど入れる器

忠……… 忠実である　誠実である

殖……… 植える　立てる　樹立する

功……… 手柄　功労　仕事　技　技能

蓋……… 蓋ふた　覆い　押す　圧倒する　他をしのぐ　（書）大概　大方
　　　　 思うに

澤……… 浅く水のたまった澤　湿地　湿っている　恵　恩恵

撫……… 慰める　慰問する　保護する　いたわる　なでつける

土……… 土　泥　ほこり　土壌　その土地の　地方的な　野暮ったい　田
　　　　 舎くさい　古臭い

猶……… のかつ　いまだに　（書）〜のようである

刻……… 刻む　程度がはなはだしい

同……… 同じくする　〜と同じである　〜と　路地

不……… いいえ　〜しない　〜ではない

假……… 偽りである　偽である　（書）借りる　仮定する

威……… 威厳　威勢　脅かす　脅す

欺……… 欺く　だます　いじめる　馬鹿にする

歿……… （書）死ぬ

武關歸

原……… もとの　元来の　本来の　もともと　最初の　初めの　野原　原

念……… 心にかける　懐かしく思う　声を出して読む　思い　念

休……… 休む　〜するな　〜するなかれ　（書）めでたいこと　よろこび
　　　　 やめる　停止する

烈……… 激しい　厳しい　（書）事業　功績　（気持ちが）激しい

追……… 追う　追いかける　ただす　求める　追及する　（異性に）言い

寄る

誦……… 朗読する　暗唱をする　述べる　称賛する

聖……… 皇帝に対する総称　最も崇高な　聖なる

度……… 限度　ほどあい　度量　過ごす　感動差

光……… 光　光の波　つるるるしている　すべすべしている　裸にする
　　　　　あらわにするただ　だけ　ひかっている

文……… 文系　刺青をする　銅銭をかぞえる　字　文字　みやびらか　自
　　　　　然現象　繕う　覆い隠す

義……… 正しい道理　正義　義理　よしみ　人工の

理……… 道理　筋道　理屈　整理する　整える　相手にする　かまう
　　　　　節目

回……… 向きを変える　回す　めぐらす　帰る　戻る　返答する　取り次
　　　　　ぐ　申し上げる動作の回数を表す　曲がる

奮……… 奮い立つ　奮起する

揚……… 高くあげる　上がる　あがる　（うえへ）まき散らす　（人々に）
　　　　　広く知らせる　広く伝える　空中ではためく　容姿が美しいこと

武……… （歩くとき）足を踏み出しただけの長さ　足あと　半歩　武力　軍
　　　　　事　武術　勇ましい

徳……… 道徳　品行　（政治的）品性　心

義……… 正しい道理　正義　正義にかなった　交易のための　義理　よし
　　　　　み　義理の関係　義理の　人工の

誅……… （つみあるものを）討つ　殺す　罪状を公表して責める

威……… 人を抑えてり恐れさせたりするような力　威厳　威勢　威
　　　　　力

燀……… 焼く　燃やす　非常に熱い

旁……… ほかの　他の　別の　そば　かたわら　横　付近

達……… （道が）通じる　（場所に）到達する　（目的を）達成する　通ずる
　　　　　及ぶ　表現する　伝える　表す

莫……… （書）一つもない　誰もいない　（書）〜ない　〜するなかれ　〜

するな

不……… いいえ　いえ　〜しない　〜ではない

賓……… 客

服……… （薬を）飲む　服用する　服従する　心服する　心服させる　従
事する　慣れる　適応する　繰り返す　行ったり来たりする　反
復する

烹……… 煮る　湧かす

滅……… （火や光が）消える　消す　なくす

彊……… いこじである　頑固である

暴……… 荒々しい　粗暴である　膨らむ　（書）損なう　粗末にする　に
わかで激しい

振……… 奮い立つ　奮い起こす　奮起する　振る

黔……… 黒い　貴州省の別称

經……… 経過する　経験する　体験する　耐える　受ける

緯……… 横糸　緯度　古くは

承……… （人の意見をうけて）こうむる　〜にあずかる　〜していただく

聖……… 最も崇高な　聖なる

于……… 〜で〜において　〜〜で　〜より　〜たいして

逮……… 逮捕　捕らえる

昭……… （書）表現する　明らかにする　明らかである　はっきりしてい
る明白である

臨……… 向かい合う　面する〜しょうとする際に　来る　訪れる

麗……… 地名に用いる麗水は　浙江省

振……… 奮い立つ　奮い起こす　奮起する　振る　振動する

動……… 動く　移動する　動作する　行動する　動かす　触れる　触る
使う　働かす　食べる　飲む

四極…… 四方八方に遠い場所を意味し、四方八方に遠く離れた国を指しま
す。古代の神話や伝説に登場する

六王…… 楚、燕、韓、魏、趙 六國之王

闡⋯⋯⋯ 明らかにする　述べる　はっきり

并⋯⋯⋯ 山西省太原市別名　并州

天⋯⋯⋯ 空　天　天空　一昼夜　日（しばしば）昼間　天気　天候　下
　　　　下の方　下りる　下がる　〜もとに

偃⋯⋯⋯ （あおむけに）倒れる　倒す　停止する

戎⋯⋯⋯ 兵器　武器　軍事　軍隊

理⋯⋯⋯ 道理　筋道　理屈　相手にする　かばう

宇⋯⋯⋯ 家のひさし　すべての空間

臨⋯⋯⋯ 〜をしようとする際に　来る　訪れる　向かい合う　臨む

尤⋯⋯⋯ なおさら　さらに　最も優れたもの

嗣⋯⋯⋯ 嗣ぐ　受け嗣

循⋯⋯⋯ 従う　沿う

嘉⋯⋯⋯ 良い　美しい　喜ばしい　よしとする　ほめる

祇⋯⋯⋯ （書）大地の神

罘⋯⋯⋯ 山東省の山の名　芝罘

碣石鎮⋯ 広東省陸豊市、汕尾市の管轄下にある町で、陸豊市の副中心であ
　　　　ります。

羨⋯⋯⋯ （書）あり余った　うらやむ　称賛する

門⋯⋯⋯ 出入り口　昇降　扉　こつ　やりかた　学科・技術を教える

一⋯⋯⋯ いち　同じ　等しい　もう一つの　またの　ちょっと　少し
　　　　さっと　ぱっと　（書）語勢を強めるために用いる　〜すると
　　　　〜すれば

平⋯⋯⋯ 平らである　なだらかである　同じ高さである　対等である
　　　　（怒りを）抑える　静める　落ち着かせる　穏やかである　平穏
　　　　である

夷⋯⋯⋯ （書）平らかである　安らかである　異民族　滅ぼす　皆殺しに
　　　　する

地⋯⋯⋯ 地球　地殻　大地　土地　田　畑　床　地区　地方　所　場所
　　　　地点　みち

勢………　勢力　気勢　勢い　様子　情勢　形勢　姿　形　道のり

黎………　（書）多くの人　大衆　黒い

庶………　（書）平民　人民　多い　あなたの、　もろもろの　どうにか〜できる

無繇……　李侯にも民を教える暇はない

儀………　（書）心惹かれる　あこがれる　風采　風貌

矩………　おきて　きまり

邊………　ふちどり　周辺　周り　〜の側

嘗………　名声　誉れ

逋………　逃げる

亡………　逃げ隠れする　逃げる　死ぬ　死亡する　死んだ　亡くなった　滅びる　滅ぼす

贅………　煩わしい　手がかかる　無駄である　余計である　不必要である　余分な　婿入りする　容姿に行く

枝………　（花の付いた）枝を数える　棒状のものを教える

輔………　（書）都に近いところ　助ける　補佐する　救助する

拂………　そっとかすめる　はらう　はたく　（書）逆らう　背く

過………　過ぎる　（ある場所を）通る　渡る　越える

固………　（書）もともと　もとより　もちろん　むろん　頑固である　断固として

率………　割合　率　歩合　率いる　従う　依る　おおよそ　だいたい　軽々しい　軽はずみである

顛………　上下に揺れる　（あわただしく）走る　頭のてっぺん　たおれる　始め

闕………　過失　あやまち　欠ける

象………　象　姿　形　ありさま　様子

弗………　（書）〜ない　〜ず

能………　能力が有る　ゆうのうな　〜するのが上手である　〜できる

得………　手に入れる

232

可……… ～してよろしい　～することができる　～する値打ちが有る

帷……… 巾　はば

帳……… とばり　幕　借り　借金　債務

剛……… 堅い　強い　～したかと思うと　するやいなや　～しようとする
　　　　と　ぴったり　やっと　どうにか（ある程度に達成する）　ちょう
　　　　ど

用……… 用いる　使う　飲食する　召し上がる　必要がある

倚……… もたれる　寄りかかる　頼りにする　利用する　（書）偏たる

辨……… 論じる　弁論する　論争する

敢……… あえて（思い切って、大胆に）～する　確信をもって（きっぱりと）
　　　　恐らく　たぶん：ことによって　よもや～ではあるまい　勇気が
　　　　ある　度胸がある　勇～／勇敢である

懾……… （書）養生する　保養する　摂取する　代理する　政権について
　　　　いう→～政

中……… 中（に、で）よろしい　できる　位置・時間が中ほど　中央　仲
　　　　介人　（～に）適する　合う　具合が良い

訞……… 怪狡猾之人矣

謫……… 高官を遠隔地に左遷する（こと）　神仙が罰せられて人間世界に
　　　　生まれる（こと）　責める　咎める　非難する

邊……… 周辺　周り　ほとり

因……… ～によって　～ために　（書）～に基ずいて　～に応じて　～な
　　　　ので　～ために　（書）受け継ぐ　～によって

其……… 所属を表し　彼女らの　それ（ら）の　そんな　あんな　そのよ
　　　　うな　あんなような

游……… 泳ぐ　各地をぶらぶらする　（書）付き合う　交際する

柯……… （書）草木の枝や茎　斧の柄　キルギス族　Kirgiz

畢……… （二十八宿の一つ）あめふり（ぼし）　（書）終わる　完了する　完
　　　　全に　すべて

清……… 清い　澄んでる　明白である　はっきりしている　綺麗にさっぱ

りと　数え調べる　しんとしている　ひっそりしている

運………　運ぶ　運搬する　巡り動く　運動する　運行する　めぐり合わせ　運命

理………　道理　筋道　理屈　整理する　相手にする　かまう

群………　群れ　群

化………　使う　費やす　変わる　変化する　とける　〜化する　（仏教、道教）お布施を求める・死ぬ　漢化する　教化する

和………　仲が良い　睦まじい　強調する　争いを終わらせる　引き分けに成る

數………　つける　塗る　敷く　並べる　広げる

歳………　年齢を数える　とき　時間　取り入れ　作柄

譴………　（書）官史が罪に問われて降職される　責める

詐………　いつわる　騙る　だます　さぐる　かまかける

累………　（書）やつれて気を落としてしまうさま　物が連なるさま

世………　代　先代　人の一生　生涯

天下……　空　天　天空　一昼夜　最上部におかれた　生涯の　自然の

舉………　挙げる　持ち上げる　高く差し上げる　推す　進める　（書）子を産む

動作……　ふるまい　こぞって

采………　摘み取る　摘む　風采　風貌

椽………　たる木

刮………　（風が）吹く　そる　こする　（財産を）かすめ取る　略奪する

茅………　チガヤ

茨………　かやあしで屋根をふく　ハマビシ

翦………　（はさみで）切る　裁つ　鋏上の物

啜………　（書）すする　すすりなき

愨………　（書）恐れる

畱………　スコップやシャベル　土を掘る器具

徇………　宣告する　おふれを出す

234

卒………　終わる　おえる　ついに　兵　兵卒

圍………　（周りを）囲む　囲う　まわり　周囲

鉅………　（書）硬い鉄　かぎ　ひっかるもの

卻………　退く　後退する　～のに　かえって　にもかかわらず

聽………　（耳をかたむけて）聞く　聞き入れる　ほら　ちょっと　缶詰　缶
　　　　　　判断する　統治する

諫………　（書）（君主　目上・友人を）いさめる　いさめ

仁………　なかみ　感覚　関心がある　相手に対する尊称にもちいる

儉………　倹約する　つつましい

縛………　縛る

衛………　衛　周代の国名　守る　防衛する　威海　山東省の威海

仆………　（前に向かって）倒れる　転ぶ　つんのめる

廬………　考える　思いを計る　心配する

如………　～　のごとくである　～ようである　…と同じである　～を越
　　　　　　える　～をうわまわる　もし～ならば　というありさま　（書）
　　　　　　行く　趣く　かなう　合う　～の通りのありさま

故………　ゆえに　だから　従って　わざと　故意に　（人が）死ぬ　死亡
　　　　　　する　もとの　昔の　以前の　古い

便………　もう　すぐに　～であれば～だ　たとえ～しても　よしんば　便
　　　　　　利である

微………　やや　わずかに　おとえる　衰退する　身分　地位が低い　奥深
　　　　　　い　深奥である

散………　バラバラである　散らばっている　半端である　まとまっていな
　　　　　　い

閒………　暇である　用事がない　（家屋や建物）空いている　遊んでいる
　　　　　　ひま　ひまなとき

邑………　都市　県　諸侯の領地

于………　～で　～に　～において　～あまり　以外　後　のち

繕………　繕う　修繕する　書き写す

津………（書）渡し場　つば　汗

關………閉じる　閉める　かかわる

據………〜に基ずいて　〜によって　（不法に）占有する　占領する　立
　　　　てこもる　よりどころ　証拠

險………地勢が険しい　危うく　もう少しで　難所　危険　災難　悪いた
　　　　くらみ

塞………（隙間を）詰める　押し込む　塞ぐ

鉏………（土を）鋤起こす　鋤き返す　除く　粛清する

擾………（人に）世話になる　ごちそうになる　（書）乱す　混乱　不安を
　　　　与える

寤………（書）目が覚める

藉………（書）踏みにじる　辱める

壘………（レンガや石などを）積み上げる　積み上げる　築く　砦　堡塁

據………〜に基づいて　〜によって（不法に）占有する　占領する　立て
　　　　こもる

阨………険しいところ　災い　災難　悩む　苦しむ

戟………（武器の）矛　（書）刺激する

敝………（書）破れた　ぼろぼろの　衰える

收………（中に）入れる　収める　取り返す　取りもどす　（利益を）得る
　　　　獲得する　収穫する　取り入れる　徴収する　取り立てる　受け
　　　　取る　受け入れる（感情や行動を）抑える　制御する　（捕らえて
　　　　獄に）拘禁する　おしまいにする　（仕事を）終る　引き締める

扶………（倒れないように手で）支える　助けおこす　助ける　力を貸す
　　　　援助する

罷………終わる　やめる　放棄する　（職を）免ずる　解雇する　力が無
　　　　い

危………高くて険しい　危ない　危険である　危なくする　損害を加える
　　　　害する

弱………力が無い　勢力が無い　劣る　（書）（人が）死ぬ　（年が）若い

若い人

無………～しない　存在しない　～にかかわらず　～も区別せず

輔………（書）都に近いところ　助ける　補佐する　援助する

敢………あえて（思い切って、大胆に）～する　～する勇気がある　確信
　　　　をもって（きっぱりと）　恐らく　多分　（書）失礼ですが　恐れ
　　　　入って　勇気がある　度胸がある

忌………忌まわしい　嫌う　避ける　断つ　やめる　ねたむ　おそれる
　　　　はばかる

豈………（書）あに～や　どうして～か

哀………悲しむ　哀れむ　同情する

稷………穀物　食用作物の名　五穀の神　穀物の神

擁………取り囲む　（書）擁する　率いる　抱える　抱く

因　……～によって　～に基づいて　～に応じて　（書）受け継ぐ　～な
　　　　ので　～のために

遺………（書）贈る　失う　紛失する　落とし物　忘れ物　余す　残す
　　　　死者が残した

冊………冊　（書）（皇帝が）爵に封ずる詔（みことのり）　冊子　とじ本
　　　　～帳簿

執………（手に）持つ　取る　（書）捕らえる　司る　行う　固辞する　堅
　　　　持する　友人　親友

棰………（書）短い棒　棒でたたく　むち　むちで打つ　槌

拊………（書）打つ　たたく

笞………（書）杖　むち　竹板で打つ（昔の体罰の一つ）

俛………うつむく　下をむく

頸………首

銷………のける　取り除ける　取り消す　売る　売り出す　金属を溶かす
　　　　消失する　消費する　使う　棒状の金具　止め釘　栓　差し込み

鋒………（刀剣・槍の）矛先　切り先き　先列　先陣　先手

鑄………鋳る　鋳造する　作り上げる　形成する

鐻……… 鐘に似た楽器

谿……… （古くは）谷川　（広く）小川

蹢……… そっと歩く　忍び足で　（書）踏みつける　踏み込む　参加する
　　　　　あとをつける

倔……… 不愛想である　片意地で頑固である

什……… なに　どんなもの　どういう　なんという　なにか（の）なにも
　　　　　いかなるもの　も　なんていう　なんて　〜だなんて　驚きを表
　　　　　す

鋋……… 長矛

鎩……… 長い矛の一種　（書）損なう　傷める

戟……… （武器の）矛　（書）刺激する

夫……… 夫　成年の男　肉体労働に従事する人　労役に服する人　（書）
　　　　　あの　その　この　彼　あの人　そもそも　それ

褍……… 粗末な木綿の服

囹……… 牢獄

圂……… 馬屋

帑……… 国庫　国庫金　公金

穢……… 汚い　不潔である　醜い

廩……… 穀物倉　米倉　穀物

姦……… 利己的である　ずるい　上手く立ち回る　悪賢い　硬骨きまわる
　　　　　人　海千山千　不忠である　（国家・民族あるいは階級）を売り渡
　　　　　した者　裏切者　みだら　不義

度……… 限度　程合い　過ごす　暮らす　推測する　推し量る

次……… 劣る　回　同　遍　（書）旅先で滞在するところ　順序　順位

嗣……… 嗣　継ぐ　受け継ぐ

佩……… つける　ぶらさげる　帯に結び付けた装身具の一種　敬服する
　　　　　頭が下がる

紱……… 丝帯　りぼん　印章や玉を結ぶリボン

悗……… （突然語るさま）はっと　あたかも〜ようだ

忽……… 突然急に　〜と思えば　また〜になる　おろそかにする　なおざ
　　　　　りにする
旌……… 旗の先に五色の羽毛を飾り付けた
鸞……… （伝説中の）鳳凰に類した霊鳥

［著者］

山田　勝（やまだ・まさる）

英国から基軸通貨が米国に変更した1939年生まれ。神戸市東
灘区で管工事業、三東工業株式会社を経営する。会社を閉じ
た後にふとしたきっかけで播磨風土記を題材にした播磨物語
を出版する。播磨風土記編纂1300年の節目の年でした。卑弥
呼の御子は息長帯媛後の神宮皇后です。
卑弥呼の話に違和感を覚え、新たに一から調べ直しました。
著書に『奴国王卑弥呼』『ふたりの卑弥呼』『卑弥弓呼と俾弥
呼』（いずれも東洋出版）がある。

俾彌呼と神武天皇　　瓶姜と衛懿公

発行日　　2024 年 1 月 26 日　　第 1 刷発行

著者　　　山田　勝（やまだ・まさる）

発行者　　田辺修三
発行所　　東洋出版株式会社
　　　　　〒 112-0014　東京都文京区関口 1-23-6
　　　　　電話　03-5261-1004（代）　振替　00110-2-175030
　　　　　http://www.toyo-shuppan.com/

編集　　　秋元麻希

印刷・製本　日本ハイコム株式会社